# 公共关系理论与实务

主　编　吴丽兵
副主编　李　静
编　委　（按姓氏笔画排列）
白　云　吴丽兵　李　静
周　彬　罗金辉　闻　学
钟云霞　葛为群
主　审　刘志迎

合肥工业大学出版社

**图书在版编目(CIP)数据**

公共关系理论与实务/吴丽兵主编.—合肥:合肥工业大学出版社,2004.8

高职高专通用教材

ISBN 978-7-81093-130-4

Ⅰ.公… Ⅱ.吴… Ⅲ.公共关系学—高等学校:技术学校—教材 Ⅳ.C912.3

中国版本图书馆 CIP 数据核字(2004)第 083620 号

**公共关系理论与实务**

**主编** 吴丽兵　　**责任编辑** 陆向军

出　版　合肥工业大学出版社

地　址　合肥市屯溪路 193 号

电　话　总编室:0551-2903038　发行部:0551-2903198

版　次　2004 年 9 月第 1 版

印　次　2008 年 8 月第 3 次印刷

开　本　710 毫米×1000 毫米　1/16

印　张　17　　字　数　290 千字

发　行　全国新华书店

印　刷　合肥现代印务有限公司

邮　编　230009

网　址　www.hfutpress.com.cn

E-mail　press@hfutpress.com.cn

ISBN 978-7-81093-130-4　　定价:23.50 元

如果有影响阅读的印装质量问题,请与出版社发行部联系调换

# 序

公共关系是一个组织如何处理好与其公众之间关系，获得公众的信任和好感，保持本组织在公众心目中的良好形象的管理活动。国际公共关系协会对公共关系的定义是：公共关系是一种管理职能，属于一种经常性和计划性的工作，不论私人机构或组织，均通过它来保持与相关公众的了解、同情和支持，也即审度公众的意见，使本机构的政策与措施尽量一致配合，再有计划地运用大量的资料，争取建设性的合作，而获得共同的利益。从这一定义中我们知道，它首先是一种管理职能。该职能的任务就是理顺与各种类型公众之间的关系，积极维护本组织的形象。任何一个成熟的组织都应该有这样的管理部门，至少应该有人专门负责这一管理职能，来完成这项重要的管理任务。

公共关系理论是关于公共关系活动理性思考的结晶，学习公共关系理论有利于我们充分认识和理解公共关系活动的规律性，使我们在从事公共关系活动时，不会犯违背客观规律的错误。同时，学习好公共关系理论，也将为我们进行公共关系活动策划和从事公共关系活动提供理论依据和指导。我们知道，任何没有理论指导的策略和行为，都会带有盲目性和随意性。因此，所有想在实践中有所成就的人，都应该学习并掌握一定的理论。本教材首先对公共关系的一些基本原理进行了阐述和讲解，让学生在接触到公共关系实务之前，先掌握一些基本理论，奠定一定的理论基础。

从学生将来工作的角度出发，不管我们是从事什么工作，都要与人打交道，都要面对各种各样的公众，如果我们不懂得起码的公共关系礼仪礼貌、公共关系的技巧、处理突发事件（也称危机事件）的基本方法，我们就很难在社会上立足，那就更难以成就一番事业。公共关系实务部分，本着简明实用的编撰精神，从大量的实用案例和使用方法入手，比较系统地介绍了若干种类型的公共关系实务性知识，特别是面对网络经济时代，如何利用网络进行公共关系活动，是新课题、新内容，可以说是本书的编者第一次将其引入公共关系教科书。

在中国，有关公共关系活动自古有之，春秋战国时期各国的说客就可以算作是国家级的公共关系人员，他们为了国家的利益，塑造国家的形象，对友邦国家甚至是敌国，进行公共关系游说，融通国与国的关系，建立广泛的国家联盟，一致对付敌国，或者说服敌国放弃战争，求得和平共处。无论是据《三国志》的记载，还是根据《三国演义》的描述，都可以看出诸葛亮是融通公共关系的高手，每次进行公共关系活动都获得了惊人的成功。然而，有关公共关系理论在中国却没有得到很好的发展。现代公共关系理论主要是来自于西方发达国家，并且发展很快。在20世纪80年代中期被引入中国，刚刚引入之初，曾经在全国上下产生过一股公共关系热，影视界也曾经拍摄了一部在公共关系界引起轰动的电视片《公关小姐》，使公共关系活动和公关小姐为广大社会公众所认知。但是，由于当时的社会经济环境还不成熟，现代公共关系并没有真正为企业和其他机构引以足够的注意和重视。社会上有的人认为，什么公共关系，不就是要搞好人际关系，搞关系网，甚至有人认为，"公关"就是要"攻官"或"攻关"。也有人认为，所谓公共关系，就是找几位美女，去疏通各方面的关系。这些粗浅的或歪曲的认识，让具有现代公共关系意识和知识的人，感到啼笑皆非，而又无可奈何。

随着我国改革开放的深化，市场经济的发展，人们逐渐认识到公共关系对组织形象的影响，使过去关于公共关系的粗浅或歪曲认识，逐渐地端正起来，各个企业和其他机构都逐渐地意识到公共关系的重要性和迫切性，都需要融通公共关系。企业需要融通公共关系，来塑造和维护企业形象和品牌形象；政府需要融通公共关系，通过各种公共关系活动和公共关系宣传，取得百姓对政府政策的理解和支持，促进政府政策的贯彻与实施，提升政府的形象；政党需要融通公共关系，来取得人民群众对他们的认可和信赖，赢得政党在人民群众中的威望；学校需要融通公共关系，以优异的教育水平和教育成果，塑造学校的形象，维护学校的声誉，吸引更多的生源；军队需要融通公共关系，科研机构需要融通公共关系，名人需要融通公共关系，普通百姓也需要融通公共关系……可以说，所有机构、组织和个人都需要融通公共关系，来帮助自己赢得公众的支持、理解和信赖，赢得一个和谐顺畅的生存发展环境和祥和的氛围，这不仅有利于各个机构或组织的发展，有利于个人的心情舒畅，更重要的是有利于国民诚信修养水平的提高，有利于国家的安定团结。

希望青年学生认真学习并学好这门理论性和实用性相结合的课程，掌握公共关系理论和实战技巧与方法，并各自在将来的岗位上灵活应用，极力营造良好的公共关系，为自己所在的组织，也为自己塑造优异的形象。

合肥工业大学

刘志迎教授

2004年8月18日于月光花园寓所

# 目 录

# 第一章 公共关系学导论

凡是有益于公众的事务必有益于企业和组织。

——艾维·李

**【本章要点】**

本章主要介绍公关的基本内涵、构成要素，以及公关与交际宣传、广告、市场营销等相邻范畴的联系和区别，记述了公共关系产生与发展的历史，以及公关在中国的发展概况等。

**【核心概念】**

公共关系　公众　媒介　市场经济

## 第一节　公共关系基本概念与要素

### 一、公共关系的基本内涵

“公共关系”一词源于英文的 Public Relations。Public 在英文中有两个基本的含义：一是指公开的、公众的、公共的；二是指公众、民众、群众。Relations 指复数的关系、联系、交往。Public Relations，可缩写成 PR，译成中文为“公众关系”，但在中国习惯称之为“公共关系”，简称“公关”。

对公共关系的学科性质，有不同的看法。从公共关系的基本内涵及公共关系的应用实践来看，它的主要性质应该是：

1. 公共关系学是一门边缘学科和交叉学科

公共关系学运用社会学、心理学、市场学、传播学、管理学等学科的研究成果，研究公共关系现象和规律。它带有典型的多学科交叉的综合性特点。

2. 公共关系学是一门应用科学

公共关系学带有突出的应用性的特点。它对所有的公共关系现象和规律进行细致的研究和深入的探讨，就是让公共关系工作人员能把握和自觉运用这些规律，从而提高公共关系工作的实效性。

3. 公共关系学是一门艺术，是在一定基础知识上形成的经验和技能

如运用传播学的原理和方法，有效快速地传播和收集信息；运用心理学、社会学的原理和方法，巧妙地化解组织与对象公众的矛盾，拉近组织与公众的距离，树立良好的组织形象等。

4. 公共关系学是一门重要的现代管理哲学

公共关系学就是在社会化大生产的历史背景下，在组织或企业要求提高管理和运营的实效的条件下产生的，这也就成为公共关系学产生的理论和实践的基础。

## 二、公共关系的基本要素

### （一）公共关系的主体——社会组织

公共关系的主体即指公共关系的建构者和承担者，它在公共关系中处于核心地位。

1. 社会组织的涵义

社会组织可以简称为组织，它是人类社会的组合方式，是社会关系有组织有秩序的体现。所谓社会组织，是指人们为了有效地达到既定目标和任务，按照一定的程序和结构建立起来的共同活动集体。

2. 社会组织的特征

（1）目的性。任何组织的形成，都是为了实现一定的目的，否则它的存在就毫无意义。社会组织的目的对组织的生存与发展有导向作用，对内部成员有规范的作用。无论是内部的还是外部的种种联系交往，都是为了实现组织的目的而进行的。

（2）整体性。所有的组织都有明确的行为规范和权力体系，这样才能保证组织中的每个成员都能互相协调与合作，高效地发挥作用，真正使每个人都能意识到所在的组织是一个“命运共同体”，大家都要为了实现组织的目标而努力奋斗。

（3）适应性。任何组织都不是孤立和封闭的，它是整个社会大系统中的一个子系统，组织要想生存和发展必然要和社会大环境发生联系，正是通过与环境之间的输入输出过程，组织才能保持自身的正常运行。

3. 社会组织的类型

从不同的角度进行分类，社会组织的类型是不同的。从获益的角度进行分类分析，社会组织有以下类型：

（1）互益性组织。这类组织是保障成员利益和权益的组织，重视内部成员对组织本身的归属感和凝聚力，重视组织内部系统的沟通。如互助团体、政党组织、宗教组织等。这类组织要努力塑造遵纪守法、关注社会的组织形象。

（2）服务性组织。这类组织是为社会大众服务，让大众获益的组织，如社会福利工作机构、公益学校、医院等。这类社会组织的公共关系活动以特定服务对象的需要为目标，必须与其资助者、协助者保持稳定关系，努力塑造精通业务、热情周到的组织形象。

（3）公益性组织。这类组织以社会各界为服务对象，以国家及社会公众的整体利益为目标。如政府、军队、警察机关。这类组织的公共关系活动要努力塑造勤政廉洁、无私为民的组织形象。

（4）盈利性组织。这类组织以其所有者、经营者的利益为目标，通过提供物质产品、精神产品或服务项目来谋求利益。如工商企业、旅游服务业、广告公司等。这类组织的公共关系活动要努力塑造质优价廉、诚信待人、优质服务的组织形象。

（二）公共关系的客体——公众

公共关系也称公众关系，是因为公共关系的工作对象就是公众。做好公共关系工作，就必须了解和研究公众。

1. 公众的涵义

“公众”（the public）是公共关系学中最基本的概念之一。所谓公众，特指与特定的公共关系主体发生联系及相互作用的个人、群体或组织的总和。

2. 公众的特征

组织的公共关系活动必须针对公众的特点对症下药，才能取得良好的效果。这就必须了解公众的特征。

（1）整体性

任何组织面对的公众都不是单一的，而是涉及面广泛的公众群体，这个公众群体就构成了组织所面对的公众环境。所谓公众环境就是指组织运行中所面临的各种社会关系和社会舆论的总和。这些社会关系和社会舆论涉及组织的内部和外部。

（2）共同性

公众作为某一社会组织的公共关系对象，不是一盘散沙，而是具有内在共同性的群体。通常是因为共同的利益、共同的需求、共同的目的、共同的问题、共同的兴趣等使一群人或一些团体和组织具有相同或类似的态度和行为，从而构成组织所面临的一类公众。

（3）多样性

多样性是指公众的存在形式不是单一的，而是复杂多样的。具体的公众形式可以是个人，也可以是群体、团体或组织。日常的公共关系工作对象包括多种多样的个人关系、群体关系、团体关系、组织关系等。即便是同一类的公众，也可以是不同的存在形式，如消费者公众，可以是松散的个体，也可以是特殊的利益集团（如消费委员会）等。

（4）变化性

变化性是指组织的公众时常处于变化之中，它的性质、形式、数量、范围等等都会随着主体条件、客观环境的改变而发生变化。如企业内部公众，随着新成员的加入，老职工的退休，数量会经常发生变化；生产企业的原料供应商，今天可能是钢材供应商，明天就有可能是木材供应商。有些公众从表面上看是比较稳定的，但从长远看来，仍然是不断变化的。

（5）相关性

一群人之所以成为某一组织的公众对象，是因为他们与该组织具有一定的相关性，即他们的意见、观点和行为与该组织相关，并存在相互作用。组织的公众对象对组织的目标和发展具有实际或潜在的影响力、制约力，甚至可以决定组织的成败。同样，组织的决策和行为对它的公众群体也具有实际或潜在的影响力、作用力，制约着公众所面临问题的解决或需求的满足。这种相关性是组织与公众形成公共关系的纽带。

3．分类

组织面对的公众是复杂多样的，可以按不同的方法对组织的公众进行分类：

（1）按公众与组织的内外关系可将组织的公众分为

①内部公众；

②外部公众。

（2）按公众的组织构成分类

①个体公众；

②组织公众。

(3) 按公众的组织状态分类

①零散型公众；

②组织型公众。

(4) 按照公众发展过程分类

①非公众；

②潜在公众；

③知晓公众；

④行动公众。

(5) 按照公众的态度分类

①顺意公众；

②逆意公众；

③边缘公众。

对公众的分类标准不同还会有其他多种多样的分类形式。具体内容我们将在第四章加以展开并作详细解释和论述。

(三) 公共关系的媒介——传播

1. 传播的涵义

传播一词译自于英文的Communication。在公共关系学中，传播是社会组织利用各种媒介，将信息或观点有计划地与公众进行交流的沟通活动。其基本涵义包括以下几个方面：

(1) 传播是有计划的完整的过程。传播是按照组织的公共关系战略目标而有步骤地开展的，并且传播过程符合传播学的五个“W”模式，即Who(谁)；Say What(说什么)；Through Which Channel(通过什么渠道)；To Whom(对谁说的)；With What Effect(产生什么效果)。

(2) 传播是双向的交流和信息的共享过程。传播不是一般意义上的单向性信息传递，而是双方的信息交流和沟通的过程。在此过程中，双方在某种程度上取得一致的了解、理解，达成共识。

2. 传播的特征

(1) 社会性。信息传播自古就有，它是人们建立联系、维持社会生活的一种社会行为。人们通过各种各样的信息传播来丰富社会生活，推动社会进步。

(2) 普遍性。传播无处不在，人们的表情、服饰、行为是传播的形式，广播、电视、报纸也是传播的形式。随着科技的进步，传播的普遍性会得到更多的表现。

（3）工具性。信息传播是人类认识和改造环境的工具。不管是科技的进步还是文明的传承，都是以信息传播为基本工具的。

（4）符号性。人类进行信息传播要借助于一定的符号，符号是人们进行传播的媒介，主要包括语言符号、文字符号、图画符号、形象符号、表情符号、动作符号等等。

（5）时代性。随着科技的发展，信息传播体现出明显的时代性，特别是电子技术的应用，使得传播的速度加快、容量变大，而且不受时空的限制。

在现实的公共关系活动中，公共关系的三大要素，存在着多种多样的组合。一切公共关系活动所追求的都是这三大要素的最优状态和优化组合。

### 三、公共关系的相邻范畴

（一）公共关系与交际

大多数中国人知道和认识公共关系是在电视剧《公关小姐》的热播之后。因为缺少理论的学习和宣传，有不少人认为公共关系的工作主要就是靠交际来完成。当看到在现实的公共关系活动中也的确有不少交际、接待应酬等现象，而且从事公共关系活动的也大多是青年人，再加上某些报纸杂志每每谈及公关必然拉上"公关小姐"的宣传，这些都加深了人们对公共关系的误解——"公关"即"交际"。

实际上，公共关系并不等同于交际。交际是指以个人为支点的与他人的交往，而公共关系是指一定的组织机构和与之相关的社会公众之间的互动关系。在具体的公共关系活动中，公关人员也需要运用各种各样的社交技巧和手段，包括利用宴会、酒会、舞会等社交方式来开展工作，结交朋友，建立友谊，消除误会，创造合作的气氛。但是社交应酬并不等于公关，交际只是公关众多手段中的一种，而且也不是公共关系的最主要手段。纯粹依靠交际应酬的公关，也是属于公共关系中较为低层次的工作。

所以，我们不能把公共关系简单地看作是接待应酬，从而降低了公共关系工作的层次，把它庸俗化了。

（二）公共关系与宣传

宣传与公共关系有密切的联系。美国政治学者、宣传研究奠基人之一哈罗德·拉斯韦尔（Harold Laszwell，1902～1978）认为宣传有两个定义，第一个定义将宣传归结为一种以符号来控制意见的特殊传播活动；第二个定义则将宣传归结为一种影响人们行动的技巧。拉斯韦尔的定义影响是深远的。《不列颠百科全书》中，把宣传定义为："宣传是一种借助于符号（文字、手势、旗帜、纪念碑、音乐、服饰、徽章、发型、硬币图案、邮票等等）以求操纵他人信仰、态度或行为的或多或少的系统活动。"宣传和公共关系都是信息传播活动，因而在一些具体的工作方式和内容上有共同之处。从活动的形式、使用的工具看，它们都需要运用新闻媒介开展新闻报道，印发一些有宣传性质的简报、杂志和小册子，通过演讲来影响对象公众。所以，有人认为公共关系工作就是宣传。在现在英美等主要西方国家中，宣传一词通常也被"公共关系"、"广告"等名词所代替。

尽管公共关系和宣传活动在一些具体的工作方式和内容上有共同之处，但不能据此认为公共关系工作就是宣传，甚至认为有了宣传就不必再搞公关活动了。其实，公共关系不是宣传，宣传也代替不了公共关系，二者是有区别的。最主要的区别有：

1. 一般的宣传是一种单向的传播，单向的灌输，单向的教育，缺乏一个反馈的过程，仅仅限于把"信息"传播出去。而公共关系活动中的宣传是一种双向的沟通交流的过程，输入输出的通道都畅通。对一个组织来说，有时对对象公众信息的收集和对反馈信息的收集比传播组织本身的信息更重要。

2. 一般的宣传所传播的总是某种观念，它通常表现为一定的理论、纲领、方针、道德主张等等，即便传播某些事实，这些事实也是为上述观念服务的。再加上它本身的功利性（旨在对宣传客体进行操纵和控制），常常宣传有"报喜不报忧"的现象。而公共关系的宣传是建立在事实的基础之上，既报喜又报忧，其目的是期望以诚实和诚意，拉近与对象公众的距离，为组织的生存优化环境，为组织树立良好的形象。

（三）公共关系与广告

所谓广告，从汉语的字面意义理解，就是"广而告之"，即向公众通知某一件事，或劝告大众遵守某一规定。这是对广告的一种广义的解释，说明广告是向大众传播信息的一种手段。从狭义解释，广告则是一种付费用的宣传。

公关和广告从总体上看有一些共同的特征，最主要表现为"CCS"（creative business，communication business，salesmanship），即它们都是一

种创造性的工作，都要研究对象的心理，研究传达的技巧等；它们本质上都是信息传播工作；它们也都推销某种东西，如商品、观念等。比如一个企业开新产品推销会，公众来参观，企业得到了公众的认识和了解，同时这些有新闻价值的活动，也会被诸多新闻媒体报道。于是有些不了解公关和广告真正内涵的人常常把二者混为一谈，认为公共关系就是免费的广告宣传。

其实二者是有一些原则区别的：

1. 目标不同。广告是以直接推销产品或劳务为目标，而公共关系则是以树立组织良好形象、增进公众对自己的好感为目标。

2. 传播手法不同。广告为了在尽量短的时间引起人们的注意，促使购买行为的发生，允许使用各种艺术手法，包括夸张手法的运用来达到目的。公开自我宣扬是这种传播显而易见的特点。而公共关系的传播是以事实为依据，手法上尽量朴实真挚，不自我标榜，更多的是让第三者说话，如让记者发表评论。

3. 与传播媒介的关系不同。从狭义上理解，广告就是付费宣传，客户付费，大部分媒介的主要经济来源就是广告，所以主动权在客户。只要不违背法规，广告的传播决定权在客户。而公共关系工作与媒介的关系却不同，除了小部分的公关广告外，大部分的新闻稿件的传播、发布决定权在新闻媒介部门，不在组织机构本身。

4. 传播的周期和效果不同。广告传播的周期较短，而公关活动周期较长，有时可以长达十几年。广告的传播效果一般是直接可见但也比较单一，而公共关系的活动效果一般较间接，一时不易察觉，因而是较稳定的、复杂的和长期的。

5. 在组织机构中所处的地位不同。广告是企业实现目标的一种工具，它的成败不会直接构成对整个企业决定性的威胁。而公共关系是属于决策层的职能，是战略性的工作，它的成败直接影响到整个组织的全局，对整个企业的生存发展起决定性作用。

以上分析可以看出，公共关系活动不等于“免费的广告”，但它也需要广告这一工具。有公共关系指导的广告也会具有更长期全面的影响，二者有区别也有联系。

（四）公共关系与营销

美国市场营销协会（AMA）于1985年对市场营销下了一个较为全面的定义：市场营销“是对思想、产品及劳务进行设计、定价、促销及分销的计划和实施的过程，从而产生满足个人和组织目标的交换”。

公共关系在众多非商业性机构的应用，使得人们已经逐渐认识到公共关系不等于市场营销。但是企业的公共关系活动却常常被人误解或等同于市场促销活动，常被人简单地称之为“无形的推销术”。

这种误解是有历史原因的，因为在早期的企业中，开展公共关系活动常常把它与推销产品、占有市场的目标联系在一起。特别是20世纪70年代以来，公共关系作为一种促销的手段被引进市场营销之后，公关手段在市场活动中得到普遍的运用，在市场学中普遍地被视为市场营销组合活动的一个重要内容来加以研究。企业的市场营销活动也表明公关活动已成为企业市场活动成败的一个关键的因素。在现代社会，对于企业来说，营销和公关都可以称得上是两种非常重要的职能。一个企业的良好公共关系可以为市场营销铺平道路，反之，成功的市场营销，对顾客需求的满足，也会使企业与对象公众建立和保持良好的关系变得更容易。

但在企业管理中，公共关系和市场营销毕竟是两种不同的管理职能。公共关系活动虽然有助于企业营销，但公共关系不是简单的推销术，它有更广泛、更深刻的内容。公共关系活动介入营销，使得市场营销活动的一个方面——促销的观念发生了巨大变革：企业必须以消费者为中心，面对不断变化的环境，做出正确的反应，以适应消费者不断变化的需求。满足消费者的需求不仅包括现在的需求，还包括未来潜在的需求（现在的需求表现为对已有产品的购买倾向，潜在需求则表现为对尚未问世产品的某种功能的愿望）。此外，企业不仅向消费者提供商品信息，还要让社会大众了解企业的方针政策及发展前景，促销也要进入“树立组织形象”的目标之中。

在市场竞争中，市场营销主要是推出一种具体的产品参与竞争，而公共关系更强调的是以整个企业的形象参与市场竞争。这是企业对社会适应性的竞争需要发展起来的、更高层次的竞争。在市场中，营销主要的作用是引导企业的产品或者服务从生产者、经营者手中流向消费者和用户，顺利地通过市场交换取得满意的经济效益和社会效益，它更强调“物”。而公共关系活动的重要作用就在于企业与公众的交流和沟通，关注公众的态度和社会各界的评价，它更关心的是“心”。虽然二者都遵循互惠互利的原则，但市场营销的这一原则更多的只着眼于市场上的等价交易。相比较，公共关系对此原则的理解要广泛深刻得多，它不仅考虑物质的问题，还要充分考虑心理的、情感的问题以及双方的根本利益问题。这是二者在活动目标上的区别。

# 第二节　公共关系的产生与发展

## 一、人类早期的公共关系

同任何一门学科一样，公共关系学也有一个从萌芽到成熟、从低级到高级的发展演变过程。人类早期由于历史条件的限制还没有严格意义上的公共关系思想和实践，但是在人们的各种社会活动中却体现出了一些公共关系的意识和倾向。

春秋战国时期，诸子百家从他们各自的学派立场出发，就如何处理人际关系进行了一些论述。例如：孔子认为，“仁”是人际交往的最高道德原则，且是与人际交往俱生的；此外，孔子还主张“己所不欲，勿施于人”、“己欲立而立人，己欲达而达人”，并强调人际交往中要讲求诚信，认为“人无信不立”、“人而无信，不知其可也”。孟子提出的“君轻民重”的观点明确表达了他对民众的重视，并进而论证道：“桀纣之失天下也，失其民也；失其民也，失其心也。”孟子对舆论也很重视，主张“仁言不如仁声之入人心也，善政不如善教之得民也”（见《孟子》）。汉武帝时期，“罢黜百家，独尊儒术”，儒家学说的思想观点更是影响深刻。比如，唐魏徵与李世民论及人民与帝王的关系时所说的“水可载舟，亦可覆舟”，便是早期“君轻民重”思想的进一步发挥。这种重视民意、注重人际关系协调的思想，都包含着朴素的公共关系意识。

与中国不同，古代西方更加重视对公共关系的具体操作问题方面的研究。在2300年前，亚里士多德在他的经典著作《修辞学》中，论述了如何运用语言艺术来争取和影响听者的思想和行动，认为政治家与公众之间的桥梁是靠修辞艺术来构架的。因此西方公共关系界对这本《修辞学》评价甚高，认为它可以称得上是一本最早的公共关系学理论论著。古罗马的独裁统治者儒略·恺撒，是一位沟通技术的精通者，他认为要获得民众的支持就必须以自己的思想观念去影响他们。为了标榜和宣传自己，他还专门写了一本记载他的战绩的纪实著作《高卢战记》。这本书被称为“第一流的公共关系著作”。

公共关系的思想在古代相当活跃，与其相伴随，在古代中国和西方社会也存在着类似的公共关系活动，有些还比较典型、完善。

以中国为例，早在商周时就有比较有代表性的类似公共关系的活动。如春秋战国时期，群雄争霸，类似的公共关系活动相当频繁。由于领主之间不断发生兼并战争，阶级分化复杂，经济制度变革，各个统治集团为了巩固政权，争当霸主，纷纷雇佣专职人员四处游说，向对方和民众宣传本国或本君主的政策与方针，以争取民心或者瓦解敌方士气。这些专司游说宣传职责的所谓的“士”，就是当时的公共关系从业人员。在古代西方社会同样可以找到许多准公共关系活动的事例。在古希腊，据说整个社会都必须推崇沟通技术，一批从事法律、道德、宗教、哲学研究与宣传的教师和演说家在社会上十分活跃，被史学家们称为诡辩学者。其代表人物有苏格拉底、柏拉图和亚里士多德。西方教会在通过宣传手段影响教徒方面的成功，在很大程度上也是依靠公共关系的技术。

## 二、现代公共关系的形成和发展

公共关系作为一种科学系统的理论和新型的专业化的社会职业发端于19世纪末、20世纪初的美国，此后随着资本主义的经济、政治、思想、文化和其他社会历史条件的不断进步，公共关系也进一步得到发展。

### （一）公共关系在美国的肇始和发展

#### 1. 现代公共关系的起源——巴纳姆时期

有组织的公共关系活动发端于19世纪中叶——在美国风行一时的报刊宣传代理活动。19世纪30年代，美国就出现了一场较大规模的“报刊宣传运动”。当时，不少公司和财团雇佣专门人员炮制煽动性新闻，为自己作夸大和虚假的宣传，这便出现了当时的报刊宣传代理活动。菲尔斯·巴纳姆（Phines T. Barnum）是这一时期最有代表性的报刊代表人，他因制造舆论推动马戏演出闻名于世，他利用报纸为自己的马戏团制造了不少神话。此外，1882年，美国律师、文官制度倡导者多尔曼·伊顿在耶鲁大学法学院发表题为《公共关系与法律职业的责任》的演讲。在这篇演讲中，他首次使用了“公共关系”的概念。1897年，美国铁路协会的《铁路文献年鉴》也第一次正式使用了“公共关系”这一名词。

总之，这一时期的公共关系活动已经带有一定的组织性和较为明确的目的性。公共关系已经不再局限于政治活动和宣传活动，而是逐渐与谋取某种利益结合起来。但是这一时期的报刊宣传活动对公众的利益全然不予考虑，在根本上与公共关系的宗旨背道而驰。

2. 现代公共关系的问世——艾维·李时期

1904年，美国《纽约时报》记者艾维·李（Ivy Ledbetter Lee）（1877～1934）在纽约创立了世界上第一家“宣传顾问事务所”，标志着现代公共关系的诞生。

艾维·李宣称自己的工作是公开进行的，专门为企业或者社会组织提供传播与宣传服务，协助客户建立和维护与公众的关系。1906年，艾维·李向新闻界发表了《原则宣言》以阐述其活动宗旨。他指出：“我们的责任，是代表企业单位及公众组织，就公众关心并与公众利益相关的问题，向新闻界和公众提供迅速而真实的消息。”在《原则宣言》中，他还呼吁企业不要唯利是图，应实现企业人性化，并倡导公共关系工作应该进入企业的最高管理层次。艾维·李卓有成效地开创了公共关系这一新行业，促使公共关系正式成为一门职业，使公共关系事业开始在美国各行各业中迅速发展起来。因此，他后来被称为“公共关系之父”。

当然，艾维·李的公共关系咨询工作还存在许多不足。比如，他从未进行过公众舆论的科学调查，而只是凭经验、直觉进行工作。尽管如此，他在公共关系发展史上仍占有十分重要的地位。

3. 公共关系理论的创立——伯内斯时期

艾维·李作为现代公共关系的创始人，虽然有着丰富的公共关系实践经验，但是还没有提出科学系统的公共关系理论。真正奠定公共关系理论基础，使之成为一个独立的科学体系的，是美国著名的公共关系顾问爱德华·伯内斯。

1913年，伯内斯担任美国福特公司的公共关系经理。一战期间，他在威尔逊总统成立的官方公共关系机构“克里尔委员会”担任委员，负责向新闻媒介提供有关美国参战情况的材料。1923年，伯内斯以教授的身份首次在纽约大学讲授公共关系课程，同年出版了被称为公共关系理论发展史上“第一个里程碑”的专著《舆论明鉴》。在书中，他第一次使用并详细解释了“公共关系咨询”的概念。之后又于1928年写了《舆论》，1952年编写了教科书《公共关系学》。

伯内斯公共关系思想的一个重要组成部分就是他提出的“投公众所好”的主张。他认为，劝说活动在一定科学理论的指导下有着巨大的威力。伯内斯对公共关系学的贡献在于，他把公共关系理论从新闻传播领域中分离出来，对公共关系的原理和方法进行了科学的研究，并使之系统化，最终促进了公共关系学成为一门独立完整的新兴学科。

继伯内斯之后，1937 年，雷克斯·哈罗博士在斯坦福大学开设公共关系课程。1947 年，波士顿大学成立了第一所公共关系学院，培养公共关系学士及硕士。许多关于公共关系的论著也相继出版。

（二）现代公共关系在世界范围内的发展

公共关系在美国肇始之后，大约从 20 世纪 20 年代开始自美国向全世界输出。美国公共关系事业对世界范围内公关事业的产生和发展起到了开拓和推动的作用。

20 世纪 20 年代，公关传入英国，但直到 40～50 年代才在英国发展起来，并带动了欧洲公关事业的迅速发展。欧洲几个主要的资本主义国家先后成立了全国性的公共关系组织。1946 年，公共关系在法国迅速流行，出现了专门性的公共关系机构；同样荷兰出现首批公共关系事务所，公开承接有关企业、公司的咨询和宣传工作。1959 年，在比利时成立了比、英、德、荷、希腊等国参加的欧洲公共关系联盟。

20 世纪 30 年代，公关传入日本。二战后，日本正式推行公关管理。目前，日本有公共关系专业机构 40 多家，营业额达 7 亿日元的有 10 家。

1959 年，泛美公共关系联盟在墨西哥城成立。1975 年，在肯尼亚首都内罗毕举行了第一届全非公共关系工作会议。

各国公共关系事业的不断发展，也促进了国际公共关系事业的繁荣。国际公共关系协会（IPRA）于 1955 年在英国伦敦成立。国际公共关系协会得到了联合国的正式承认，而且，它的会员是作为顾问服务于联合国经济社会理事会的。1961 年，在维也纳召开的第二届世界大会制定并通过了《国际公共关系协会行为准则》。1965 年，在希腊雅典召开的第三届世界大会，采用了基于联合国人权宣言的雅典准则，又通过了《国际公共关系协会大会行为准则》。1978 年，在墨西哥世界大会上通过了《墨西哥宣言》。这些会议与文献对公共关系职业的规范化，对促进全球公共关系事业的发展都起到了积极作用。

与此同时，公共关系的学科化发展也很迅速，公共关系教育事业蓬勃发展。仅在美国，1955 年就有 28 所院校开设“公共关系专业”，招收本科和研究生，66 所院校开设“公共关系”课程。1977 年，在全美的公共关系从业人员中，已经有 54%的人具有学士学位，29%的人具有硕士学位。20 世纪 80 年代以来，公共关系教育逐步向着更细、更深的领域发展。

美国的斯科特·卡特利普、艾伦·森特、詹姆斯·格鲁尼格和英国的萨姆·布莱克、弗兰克·杰夫斯金等一批公共关系的专家和学者，总结了半个多世纪公共关系的实践和理论探索，把公共关系这门学科推向了新的历史发展阶段。

## 三、现代公共关系产生和发展的基本条件

### （一）经济条件——商品经济的高度发展为现代公共关系的产生和发展提供了现实的土壤

古代社会占压倒优势的是自给自足的自然经济。自然经济是一种自给自足的封闭性经济，人们的社会关系相当狭隘，商品交换基本上不用广为宣传，更没有必要去开展公共关系活动。在这种经济条件下，人们之间的联系与交往仅局限在血缘、地缘、人缘关系，靠传统的伦理观念和义务来维系。

随着时代发展，特别是工业革命以后，经济突飞猛进，工业社会逐渐代替了农业社会。大工业的市场经济突破了时空和血亲的局限，形成了以市场为轴心的广泛的社会分工协作，人与人之间、组织与公众之间形成了极其活跃的开放性的关系网络。为此，任何社会组织都需要构建公共关系，以增进相互理解，提升组织形象和声誉，从而得到社会广泛承认，获得社会整体的支持，这样才能在越来越复杂的经济交往中生存和发展。

此外，市场经济的高度发展使商品的供给大大丰富，消费者的消费水平也在不断提高，其消费从满足温饱、安全等基本需要为主转向以满足消费者的个性、情感等选择性的需要为主。生产者、销售者必须对消费者多样的、多变的选择需求有及时、深入而全面的了解和掌握，以便能够提供适销对路的商品，这就需要公共关系工作来促进双边沟通和了解。在市场经济条件下，企业能否与市场接轨，能否争取顾客，赢得市场，争取广大社会公众的支持，就成为企业生死攸关的课题，这就直接促使了公共关系的兴起。

### （二）政治条件——社会政治生活的民主化是现代公共关系产生和发展的制度安排

在封建专制统治下，君主是当然的统治者，他们在政治上施行专制独裁或强权高压，老百姓与统治者之间根本就谈不上建立一种平等互利的公共关系。这种高压和愚民政策使公共关系的产生成为完全不可能的事。

资产阶级革命以后，《自由大宪章》、《人权宣言》、《独立宣言》等政治文告的传扬，使民主观念深入人心，在客观上促成了社会各方有必要维持一

种相互依赖、彼此合作的关系。资产阶级民主政治的建立，破除了君主主权神圣不可侵犯的信条，把政府的合法性建立在公民认可的基础之上，迫使统治者不得不注重自己的施政方针被公众的信任和支持程度，并改善与公众的关系。在这一民主化的进程中，公民的参与意识和人民主体意识不断提高，公众的意愿成为竞选者和执政者必须加以认真考虑的问题，成为资产阶级政府、政党及各利益集团所面临的新问题。这就为公共关系的产生和发展提供了重要的政治环境。

（三）物质条件——大众传播手段和通讯技术的迅速发展为现代公共关系的产生和发展提供了技术支持

在生产力水平低下的古代农业社会，由于受到落后的交通工具和信息传播手段的限制，人们没有也不可能发生广泛而深刻的社会联系和交往。而在工业社会中，商品经济日益发达，科学技术日新月异，世界市场逐步形成，人们交往的空间不断扩大，人们需要了解的信息量也越来越大。这些都促进了交通运输和信息传播手段的飞速发展和广泛应用。印刷技术、电子技术、人造通讯卫星、电脑技术等现代技术使人们之间更加深刻而广泛的社会交往具有了现实的可能性，并将促使一个多空间、多层次、多元化的传播体制在全世界范围内形成。

（四）心理条件——经营管理思想和观念的深刻转变是现代公共关系产生和发展的社会心理因素

随着工业化的推进，在社会政治领域，资产阶级民主政治已经基本确立，统治阶级和集团的统治和管理思想开始从过去的强权压制转向争取民众的支持和信任；在社会经济领域，生产力的提高和科学技术的巨大进步使得劳动从体力密集型向智力密集型转化。消费者的消费水平逐渐提高，这就迫使企业必须考虑内部员工和大众的态度和心理需求的变化，因此导致了企业经营管理思想的重大转变。西方管理理论中的人际关系理论、需要层次理论、Y 理论、Z 理论等等应运而生。这些理论普遍认为，企业和社会组织必须顺应民众和员工的心理需求，消除其与公众之间以及劳资之间的隔阂与冲突，与公众之间建立一种类似于人际情感的良好关系，这样才能有所成就。因此，社会心理因素的变化和人们的经营管理思想和观念的深刻变革，为现代公共关系的产生和发展奠定了思想基础。

（五）精神条件——人文主义取代理性主义及其在管理中的运用是现代公共关系产生和发展的精神源泉

美国是世界上少有的移民国家，文化根基并不深厚。美国文化体系中有三个突出特点：个人主义、英雄主义和理性主义。管理科学的创始人泰罗是理性主义的典型代表。他的管理思想虽然在短期内能够取得高效率，但是它把人当作机器的一部分，颠倒了人和机器的关系，使手段异化为目的，因此使阶级矛盾和劳资矛盾日趋尖锐激化，孕育着社会的动荡不安，也孕育着社会文化意识的嬗变。20世纪初，人们逐渐认识到纯理性文化的弊端和局限，在管理中注重人性，注重个人和群体的文化精神理念迅速得到人们的认同。此外，社会化大生产和大众传播的快速发展，也使社会生活和社会交往更趋开明化、开放化。这种尊重人性、尊重个人情感和尊严的、人文的、开放的、人性化的人文主义文化，正是公共关系得以产生和发展的精神源泉。

## 第三节　中国公共关系的发展

### 一、现代公共关系在我国的发展与成就

早在20世纪50年代，现代公共关系就在我国的香港、台湾地区兴起。香港、台湾的一些大中型企业纷纷设立了公共关系部，聘用受过专门训练的公共关系人员从事公共关系活动。1963年，台湾地区《世界日报社》社长成舍我先生创办的世界新闻学校正式开设了公共关系课程，开始了台湾地区的公共关系教育。同年，澳洲伟特公共关系公司在香港设立了分公司。1975年，魏景蒙在台湾创办了第一家中国人自己办的公共关系公司“联合国际公司”。到20世纪70年代，港台地区的公共关系事务已经相当普遍，并达到了较高的水平。

公共关系全方位地落户中国是在20世纪80年代以后。80年代初，中国内地实行对外开放的政策，由此，公共关系作为一种新的经营管理和技术开始传入中国，并呈现出由南向北、由东向西，由服务行业向工业企业，由外资企业向国有企业，由企业组织向各种社会组织逐步发展的格局，并促进了中国公关事业的快速发展。

（一）公共关系实务

由于东南沿海地区经济比较发达，而且又是我国对外开放的窗口，所以公共关系首先是在这些地区得到传播和发展的。我国当代的公共关系最初发端于沿海地区的宾馆、饭店和旅游业。最初在深圳、广州的一些中外合资企

业和外商独资企业按照海外的管理模式设立了公共关系部，并从香港和海外聘请公共关系专业人员来主持公共关系工作。1980年，中国与香港地区合资的深圳蛇口华森建筑设计顾问公司率先成立，这是我国第一家公共关系性质的专业公司；1981年，深圳竹园宾馆设立中国第一个公共关系部门，开展以招揽顾客为目标的扩大影响的服务性公共关系活动。随着改革开放的深入，公共关系这一新的管理模式在我国内地也逐渐流传开来。1984年，广州白云山制药厂率先在国有企业中设立公共关系部门，这是公共关系正式引入中国内地企业的标志。

经过20多年的发展，中国的绝大多数企业都开展了公共关系活动，公共关系活动还扩及到政府部门、事业单位、社会团体以及社会性个人等领域。公共关系的实践活动逐渐从自发走向自为、从盲目走向自觉、从照搬走向自主创造，全国有一大批公共关系专家、学者分别主持、策划、操作企业公共关系，企业CIS，政府公共关系或城市CIS和城市形象塑造。

（二）公共关系教育和培训

公共关系实务在我国的迅速发展，客观上要求提高公共关系的工作水平。因此，旨在提高公共关系工作人员素质和水平的教育和培训工作越来越引起教育界和新闻界的注意和重视。

在社会需求的推动下，1985年，深圳大学传播系创办了中国内地第一个公共关系专业。1986年3月，在广州和北京分别召开了“公共关系现代化”、“公共关系和新闻工作”研讨会。1994年，原国家教委批准广东中山大学正式试办四年制本科公关专业。目前中国已有1 000多所高校开设公共关系课程，几十所高校设立公共关系专业。此外，各地一些成人业余大专、电视大学、职工大学、党校、函授大学等，也开设了公共关系课程或专题讲座。一些企业还委任或者聘请公共关系专业教师、专家为他们培训员工。中国的公关教育开始走向正规化、系统化、多层次化。新闻界、教育界、学术界通过培训公共关系从业人员，普及公共关系知识，为推动我国公共关系事业的发展奠定了基础。

（三）公共关系的科学研究

随着我国公共关系实践和教育事业的迅速发展，学术界开始结合中国的政治、经济和思想文化特点来探索公共关系的一些重大理论问题。1984年，《经济日报》发表了长篇通讯《如虎添翼——记广州白云山制药厂的公共关系工作》，并配发重要社论《认真研究社会主义公共关系》，由此揭开了国内公共关系科研与著述的序幕。1986 年 11 月，中国社会科学院新闻研究所明安香编著出版的《公共关系学》，带动了全国著书立说的热潮。据粗略估计，包括教材、专著、译著、案例、手册、辞典、论文集在内的各种公共关系论述已经达到四五百种，范围已涉及公关原理、公关媒介、公关礼仪、公关实务、公关调查、公关策划、公关心理等多方面。

1988 年 1 月，我国第一份公共关系的专业报纸——《公共关系报》由浙江省公共关系协会在杭州创办。1989 年 1 月 25 日，中国第一份公开发行的《公共关系》杂志在西安创刊。作为行业杂志，还有《公关世界》等等。

（四）公共关系行业组织和职业发展

随着公共关系在中国内地的迅速传播和普及，各种类型的公共关系组织纷纷成立。1986 年 11 月，中国第一个公共关系协会——上海市公共关系协会成立；1987 年 5 月，全国性的公共关系团体——中国公共关系协会在北京成立。此后，全国各省、直辖市、自治区陆续成立了公共关系协会或群众团体。1991 年 4 月，中国国际公共关系协会成立，促进了中国公共关系事业的国际化。

1999 年 5 月，国家劳动和社会保障部正式将“公共关系员”作为一种职业列入《中华人民共和国职业分类大典》，这标志着国家正式承认“公共关系员”这一职业。2000 年 3 月，劳动和社会保障部将“公共关系员”列入 90 个持证上岗的职业之一，并于当年 7 月 1 日起开始实施。2000 年底和 2001 年 6 月，近15 000人参加了初、中、高三个等级的全国公共关系员职业资格统一考试。与此相应，中国国际公共关系协会（CIPRA）又根据行业发展需要以及我国即将进入 WTO 的需要，借鉴国际经验，结合中国国情，于 2001 年制定了《中国国际公共关系协会会员行为准则》，以强化行业规范和从业人员素质。年轻的中国现代公关事业迅速走向产业化。

## 二、中国公共关系事业存在的问题与不足

改革开放以来，中国的公共关系事业无论在深度上还是在广度上都有了较大的发展，取得了明显的进步和巨大的成就。但是同时我们的公共关系还面临着许多困难和障碍，也有许多值得总结，需要反思的地方。具体来说，我国公共关系面临如下困难和障碍，亟待克服和消除：

（一）公共关系活动和工作本身的不足

1. 我国的公共关系工作的功能与作用还没有全方位地发挥出来，而只

是停留在进行对外宣传和作为促销的手段上。公共关系工作始终处在相对表面的层次上，不能满足组织在发展、竞争中的各种深层次需要。仅停留在表面的公共关系难免影响公共关系工作的自身形象，造成人们对公共关系工作的误解。

2. 我国公共关系理论建设相对滞后，在实践中，绝大多数公共关系活动也缺乏科学性和计划性，而主要凭借公共关系人员的主观经验和习惯。虽然不少国内学者致力于编写公共关系方面的教材和著作，但大多数仍采取“拿来主义”的态度，偏重于从其实用的工作方法、手段和案例等具体方面入手，较少进行理论上的深入探讨和本土化建设。公共关系虽然是一门应用学科，但仍然需要科学理论的指导和规范，否则既不能形成其内在的生命力和社会适应性，实现自身的不断创新和健康发展，也无法以自己的独特功能和作用有效地影响和服务于社会组织及公众。

3. 我国的公共关系还存在工作水平较低，技术手段简单，从业人员的职业化水平也较低的弊端。公共关系人员缺乏创新能力，许多公共关系活动形式雷同，没有新意，不注意体现公共关系工作的创新性和艺术性；而且，我国公共关系工作在很多情况下仍然主要依赖传统的人际传播方式，各种先进的信息传播手段没有在公共关系中得到广泛应用，因此其工作效率比较低，向公众传播的信息在数量、质量、速度和效果上都很有限。另外，队伍建设落后作为制约公共关系事业发展的瓶颈也引起了人们的普遍关注。十多年来，中国公共关系事业虽然经历了从无到有，并迅速大规模发展的过程，但是专业化队伍的建设和稳定、高素质专业人员的培训却存在严重不足。

（二）社会环境对公共关系事业的影响

当前我国正处于经济、政治、文化等各方面的转型期，社会上还存在着许多影响公共关系事业发展的不利因素：尚未成熟的市场经济体制缺乏公平合理的竞争环境和游戏规则，长官意志、行政权力对企业和其他组织的经营活动进行了过多的干预，诸如腐败等严重影响社会风气的行为使许多社会组织开展公共关系活动时步履维艰，也影响公共关系的健康发展；企业的经营机制和管理水平存在一系列问题，企业的主动性和自主性不强，缺乏活力，条块分割和各自为政的封闭状态尚未彻底打破；个人权利和公共权利界限模糊，个人之间的人际关系还较多地影响着社会关系和公共事务，这样就造成了许多公共关系工作发生畸变，并使其庸俗化：过于偏重人际交往，将目光紧紧盯在个别对组织产生重要影响的掌权者身上，相反对于广大公众则只是做表面工作，不能发掘公众在公共关系中的真正作用。

### 三、开拓中国公共关系事业新局面

21世纪的中国正处在经济全球化、产业知识化和社会信息化所带来的巨大震荡之中。由此而引起的一系列深刻变化，使步履尚不稳健的中国公共关系不得不面临新的压力和挑战，同时，这些变化也给公共关系的发展提供了前所未有的机遇。我们所要做的是抓住机遇，迎接挑战。正如在1999年8月召开的第十二届全国省市公共关系组织联席会议上审议通过的“21世纪中国公共关系展望”所言：“市场经济体制的建立过程和‘形象’问题的提出，为新世纪中国公关实务的开展提供了良好环境和丰富内涵；高新技术的发展和知识经济的兴起，对公关人员的综合素质提出了更高要求，为新世纪中国公关传播手段的创新和现代化提供了机遇；我国经济的可持续发展和经济全球化，为开展国际公关业务提供了机会，加速了中国公关与国际接轨的进程；政治体制的改革和政府职能的转变，对各级公关社团组织赋予了新的使命，为中国公关专业化、职业化、规范化建设提供了机遇。”

**【思考题】**

1. 试分析公共关系学的性质以及研究对象。
2. 试比较分析公共关系与交际、宣传、广告、市场营销的联系和区别。
3. 试举例说明为什么人类早期的“公共关系”只有类似于现代公共关系的特性？
4. 你认为如何建立适合中国国情的公共关系体系？

**【案例】**

## 奇特商店的奇特开张

广州市有一个乡办的工艺电镀厂，知者寥寥。新上任的厂长为了打开销路，决定生产塑料雕塑，并在表面电镀一层金属，制出的工艺品有许多是仿出土文物，那斑驳的外表，几乎可以乱真。

为了提高企业的知名度，这个乡办厂向广州各界人士发出函告，告诉大家出售电镀工艺品的商店即将开张，下面注明：“开张提价酬宾。”许多接到函告的人都深感震惊，有些人认为打印错了。因为一般新开张的店铺，都是减价酬宾，以谋个人缘，图个热闹，这叫“开业大吉”。有好事者便打电话询问电镀厂，是否打印错了。回答是："没有错，就是提价酬宾。"这就引起人们的好奇。新闻媒体素来好探奇，一位记者带着疑虑采访了该厂厂长，询问开张为何提价酬宾。厂长答道："工艺品造价以艺术价值论。开张出售的电镀工艺品都是著名的雕塑家制作的，而且件件限制生产，件件都是绝活。物以稀为贵，所以开张提价酬宾。"记者深感在理。

开张的日子到了，工艺品小店铺没有放鞭炮，也没有请客。他们在店铺门口放上了真人大小的一位傣族少女电镀雕塑，古铜颜色，婀娜多姿，既有现代美，又呈古典情，立刻吸引了无数过往行人。加之接到函告的那些单位和个人，都想一睹这个提价酬宾商店的风采，于是小小店铺人山人海，记者也来了不少，越看越有兴致。

这家电镀厂很快就成了各报报道的主角。广州《羊城晚报》头版进行了报道，大标题是《奇特商店的奇特开张》，外加一幅店铺照片。小店铺成了大明星，工艺品电镀厂的声望顿时大增，前来购买的顾客也从此络绎不绝。

**问题：**从历史的角度，分析以上案例所体现的思想。

# 第二章 公共关系功能与目标

把公关理解为“靠的是脸蛋、耍的是嘴皮，玩的是手腕”，这样的“关系学”同我们要提倡的公关是背道而驰的，我们要理直气壮地加以反对。

——三门峡市公关协会副会长兼秘书长，公关天地网杜明国先生语

**【本章要点】**

本章主要从公共关系角色地位上讲述了公共关系的功能和目标。要理解公共关系工作的基础和对象是目标公众，理解公共关系的功能是为主体建立良好的声誉和组织形象；从理论和实践上掌握公关工作的职责，自觉反对和抵制对公共关系职业的不正确理解。

**【核心概念】**

公众　公关的功能　公关的目标　信息沟通

公共关系的功能，是指它在履行其职责的基础上对公共关系主体、公共关系的客体，以及整个社会所发挥的作用和功效。公共关系之所以能在历史上出现，是因为历史对它提出了客观需要。人类历史发展到公众社会，组织与公众之间的相互依赖和沟通出现了极为复杂的情况，只凭少数人的经验和常识已经不能处理好这种复杂的关系，必须有专门的工作者队伍去管理组织与公众间的信息沟通问题。职业公共关系工作的功能，最根本的就是要保证组织与公众之间的良性互动，使组织的全部政策和行为满足公众根本利益及实际需要；使公众理解、支持组织，使整个社会协调运行。

本章就公共关系的功能和目标作进一步的阐述与分析。

## 第一节　公共关系角色地位

公共关系职业是历史的产物，它所处的社会角色地位是由历史的社会环境决定的。

从历史的发展来看，之所以出现公共关系职业，是因为出现了公众这一社会力量，使组织和社会环境显得复杂化，迫切需要有专门的职业工作者去完成。

### 一、公众在公共关系中的地位

公众作为一种崭新的社会力量，是在近代社会形成并逐渐成熟的。

从社会学角度看，人类社会是个有机的统一整体。这个整体在社会生活的各个方面是分工的，形成了不同的社会角色；每个社会角色都有其社会地位决定的社会职责；各个社会角色的职责不是孤立的，它们作为社会分工链条中的一个环节，相互协调，共同维持着社会有机体的运行。每个社会角色都必须依赖其他社会角色，同时每个社会角色之所以能够存在，其价值和意义必须满足于整个社会和其他社会角色对它的期望，必须能够担负起社会赋予这个角色的职责，服务于整个社会和其他的社会角色，满足社会的需要，否则，这个社会角色就将被淘汰。

真正意义上的公众是在 19 世纪末才开始大量出现的。公众之间彼此是平等的，他们不能接受任何强加于自身的他人意志，也不能把自己的意志强加给他人。公众有独立的自我决定权利和能力，能自主地对他人的行为做出自己的评价，并选择自己的态度。任何组织和个人必须取得公众的支持、认可，才能生存和发展。公众成了社会中决定性的力量，是任何组织和个人得以立足于社会的最重要的资源。

因此，获取公众的支持和认同成了任何组织和公众人物的头等大事，但这并不是一件简单的、单凭经验就能够做好的事情。公众人数众多，空间分布范围广，心理和行为特征复杂多样，任何人要想仅凭狭隘的个人经验处理好同公众的关系，都是不可能的。在公众社会的整体有机结构中，必须有专门的机构或人员负责组织同公众的关系，运用专业知识和技术科学地协调组织和公众之间的关系，保持整个社会有机体的稳定和良性运行。

## 二、组织与公众关系的基础

组织与公众人物能否得到公众的理解、支持和认同，关键在于他们的实际行为及其后果是否符合公众的根本利益和需求，这是组织和公众人物与公众关系的基础。公众根据自己的根本利益和实际需要对社会上的组织和公众人物做出取舍选择，从而决定某个组织或公众人物的命运。

在公众即力量，公众即资源的社会环境中，取得公众的理解、支持、信任和合作，是任何组织和个人立足于社会的必要条件，这已成为大多数组织决策者的共识。但是，如何取得公众的理解、支持、信任和合作，组织应该做什么，怎么做，这个问题并非那么容易解决。有的组织把大吹大擂，制造轰动效应，强化外包装，“大树特树”声誉看得很重，认为凭借这样的活动，组织就能在公众心目中树立起高大、完美的形象，这是个致命的误区。

形式主义的“假、大、空”的不良风气，言行不一，表里不一的事情很多，人们深受其害。为此，人们总结出一套对付它的有效办法，其中之一就是“听其言，观其行”，“言必行，行必果”。任何组织，它要讨好公众，获得公众的理解、支持、信任和合作，其思想和行动的出发点及归宿点必须放在更好地满足公众需求，起码是不能损害公众利益的基点上。这是唯一的出路，除此没有其他办法。在现实生活中，不少组织的决策人恰恰想舍此要害性的原则，企图另谋招数去争取公众，这无论对这些组织本身还是对整个社会，都将是个悲剧。

组织的行为及其后果要满足公众的根本利益和实际需求，必须有合理正确的政策，必须把为公众服务的口号体现在实际政策上。而政策的出发点是否落实到为公众服务的方向上，取决于组织的管理理念。依照中国传统的道德观念，做一个正派人，首先是“正心，诚意，修身”，而后才能“齐家，治国，平天下”。一个组织也是如此。正派组织的管理观念，第一应该是“正心”，即把为公众服务作为全部政策和行为的出发点及归宿；其次是意要诚，即真心实意视公众为“衣食父母”。只有在这样的前提下，公共关系工作才能派上用场。有的组织看重公共关系工作，只是想利用它对自己的形象进行外包装，或干一些其他的拉拢、联络“感情”的“攻关”，这是对公共关系工作职责的歪曲。如果公共关系主体的心不正，意不诚，这样的形象外包装只能是“金玉其外，败絮其中”。公共关系工作的实质就在这一虚一实之间，这“实”就是组织管理工作的真实定位。公共关系工作的神通不小，但它不能从根本上决定组织与公众关系。英国公共关系协会 1991 年 5 月的《银皮书》中说到："公共关系永远不可能替代组织正确的方针政策，它必须永远促进组织的正确动作，而不能取而代之。"只有在组织心正意诚的条件下，职业公共关系工作才有可能帮助组织搞好与公众的关系。

### 三、信息沟通是组织与公众关系的关键

信息所扮演角色的重要性是现代社会一个重要特征，也是确立职业公共关系职责的前提。

组织要真心实意依靠公众，服务于公众，其决策和实际行为必须真正满足公众的根本利益和需求，这就需要加强组织与公众的信息沟通。

信息，是指能够引起知识变化的消息。任何社会的实体单位，包括群体、组织、社区，都是通过相互之间的信息沟通形成的。在一定意义上，社会关系就是社会成员之间的信息沟通关系。没有信息沟通，也就没有人类社会。社会的文明程度越高，信息沟通在社会交往中的作用越突出。在传统社会中，人们的活动空间范围很有限，相互接触的人们，或是有血缘关系的，或是在狭小的地域内固定不变的熟人，他们保持着一种直接的相互了解。随着交往的扩大，人们的社会活动的多样性增强了，知识、情感、意志也趋于多样，信息沟通的困难随之增大了。这个困难的解决出路，是各种大众化的传播媒介，如报纸、期刊、广播、电视、书籍以及当代的互联网，并相应出现了公共信息沟通的职业。

任何一个单位都是一个开放型的组织，它既有一定的内在联系，同时又受到外部环境的影响，因此，组织的各部门之间以及组织与外部公众之间的协调是非常重要的，这种协调能使组织内所有部门的活动同步化、和谐化，并使组织与公众相适应。协调影响到组织中的所有部门和人群，也影响到组织的外部环境，缺乏协调就会使组织在时间、人力、金钱等方面造成浪费，使组织形象受到损害。公共关系在现代组织管理中，能够恰到好处地发挥这种协调作用，使组织在和谐稳定的环境中健康发展。

公共关系在组织管理中的协调作用主要表现在与公众沟通信息、建立感情、取得理解和支持等方面。与公众的信息沟通是组织公共关系的基本职能，对内包括管理者与员工之间的沟通、各职能部门之间的沟通、组织与股东之间的沟通；对外有组织与客人之间、与社区之间、与新闻界之间、与政府之间的沟通等。

公共关系在组织内部的信息沟通方面起着十分重要的作用，它可以及时向员工传达和解释组织的政策、决策、指令和意向；向各级部门反映员工的建议和要求；提高员工的参与意识和参与管理的热情。如南京金陵饭店在这方面就取得了许多成功的经验，他们通过“当一天总经理”等一系列活动，唤起员工对组织的责任感和使命感，尽可能发挥员工的聪明才智，这样不仅使组织管理出现了生机勃勃的局面，同时，也使组织与员工在感情上贴得更近。股东关系与员工关系一样，也是组织内部公共关系的重要内容，必须经常了解股东的动向，听取他们的意见和建议，鼓励股东参加组织的经营活动，以使其与组织同呼吸共命运。

组织公共关系的协调作用对外部公众而言，首先是与客人沟通，这种沟通工作既是大量的，也是极为重要的，必须始终树立“顾客第一”、“客人总是对的”等经营思想，尽力根据客人的要求建立和完善服务项目和服务设施，真正与客人做到相互沟通，彼此信任，互促互进。此外，还要注意发挥与政府、社区和新闻界之间的信息沟通作用，取得他们的理解和支持，为组织的发展创造一个良好的外部环境。

## 第二节　公共关系功能

公共关系作为一种社会的实践活动，本身是公共关系主体的有目的的活动，这个目的就是树立主体的良好信誉和形象，增强主体的竞争能力，化潜在的矛盾、争议、纠纷为相互谅解，卓有成效地提高主体和社会的经济效益。把公共关系这种有目的的实践活动，置于社会组织运行的大系统之中，公共关系所起的独特功能，也就是它的职能。

公共关系活动不是一般的社会实践，而是一门适应现代社会需要的艺术实践和科学应用。现代社会生活的显著特征之一，是高度的专业化和社会化，社会组织或集团成为社会结构的一般形式，各社会组织相互依存不断加强。现代社会的另一特征是市场经济的高度发展，以及随之而来的社会联系的泛化与竞争机制的增强。这种时代的变化突出了公共关系的地位和作用，换言之，强化了公共关系职能。在本章，我们将较系统地讨论公共关系的独特功能。

# 第二章　公共关系功能与目标

## 一、建立组织的良好信誉

### （一）信誉与社会组织

目前，公共关系学已在世界各国的实业界、政界和非营利组织中广泛运用，这些不同领域里的公关工作是各有其特殊性的，但他们的一个共同职能，就是都要树立本组织的良好信誉和形象。

对于一个社会组织来说，信誉的重要性是显而易见的。“取信于民”在中国早已是千年不移的古训。据史书记载，先秦商鞅变法，恐民众存疑，特在都城南门设一圆木，告示称：如能依约搬动圆木者，赏以重金。知情者以一传十，以十传百，闻者纷纷而至。木头并不太重，人群犹豫半晌，终于走出一条汉子不甚费力就搬动了圆木。商鞅当即予以重赏。此事轰动了秦国，也为商鞅变法创造了良好的信誉环境。

这便是历史上著名的“南门徙木”。在现代社会，随着社会联系的泛化、竞争机制的增强和社会民主的发展，组织的信誉愈益左右着组织自身的生存和发展。无论是政治组织还是非政治组织，也无论是商业组织还是非商业组织，都是如此。

在欧美等国，由直接选举而激起的强烈竞争使各种政治组织不惜耗置巨金，目的便是取得选民的信任。在中国内地，国民党政府曾有过长期的统治，其方式是专制而非民主的，尽管它在当时掌握着强大的国家机器，然而它的最终失败绝不仅仅是军事上的原因。因为它的所作所为使人民对之彻底丧失了信心，声名扫地！有位大学教授说，当时他之所以拒绝随国民党到台湾，倒不是对中国的明天已有什么认识，而主要是对国民党已经彻底失望了。在现代社会，商业性组织所面临的竞争挑战更为频繁，对于信誉的要求也更“苛刻”些。譬如前些年的“晋江假药”事件，一度曾使该地区几乎所有的商业活动大受影响。浙江某市家电的伪劣名声，迫使该地区许多其他的产品也不得不挂上外地厂家的招牌，可谓殃及池鱼。在商品经济活动中，不仅要求有商品的信誉，同时也需要有企业的信誉。譬如，在我国有某些名牌产品，如某名牌自行车曾一直享誉市场，备受消费者青睐。但是由于近年来通过联营、组装等各种方式，许多质量不合格的产品也戴上了该名牌车的桂冠，其结果反倒使名牌失去了名牌的信誉。为了弥补影响，一些厂家专门对自己的产品进行特殊的标志处理，以示正宗。一般的顾客也要设法弄清楚它们究竟是地道的某厂产品还是一般的跨地区的各厂协作产品。这里所论及到的，不仅有商品的信誉，还有生产企业的信誉。有鉴于此，杭州某生产儿童营养液“娃哈哈”的中药厂，当它的产品享誉市场后，干脆把原厂名改为与产品名称相同的厂名，这便是同时兼顾了商品与企业的信誉。信誉在商品经济中的重要性是极其显然的。总之，在高度商业化和竞争激烈的现代社会，信用是社会的一大基石。信用危机必然造成社会危机，对于全社会来说是这样，对于一个社会组织来说更是这样。因为现代社会组织是相互依存的，信用危机意味着相互合作和支持的链条断裂，失去公众的信任和支持，因而意味着社会组织的失败、破产。这就是树立组织良好信誉的重要意义。可以毫不夸张地说：信誉和形象是现代社会组织的生命。公共关系的任务，正是要通过自己的工作，争取社会各方面的理解、信任和支持，通过与社会联系和运用各种方式使企业及产品的信誉在市场上不断扩散，宣传优质产品、优质服务及组织经营有方和科技先进，树立企业良好市场形象和产品形象，取得社会的认同，理解和偏爱程度不断提高。因此，它的存在至关重要。在社会组织遇到困难和挫折时，依靠公共关系争取社会舆论支持，得到有关组织的支援，其重要意义就更加显而易见了。

（二）信誉与公共关系

首先应当明确的是建立组织的良好信誉不仅是公关工作的任务，也是组织内其他部门的工作任务；完成这样的任务也不是公关部门一家的力量所能胜任的，但没有公关工作肯定不行。以企业为例，要想建立企业的良好信誉，必须由生产和推销部门提供优良产品和优质高效的服务，有这样的基础公关工作才能大有作为。但有了基础不等于大厦就能建成，而建大厦方是公关工作的职责所在。

在社会组织的内外关系中，公共关系只是主体同客体关系的特殊部分，即使主体是专门从事公共关系咨询服务的组织，其活动也可以依样进行公关与非公关的区别。现在的问题是，公共关系工作在树立组织的良好信誉和形象上，担负着怎样的职责，以及它应如何守职尽责。

1. 公共关系参与组织管理

公共关系不是组织的管理中心，但也须参与管理。譬如 1978 年墨西哥举行的国际公共关系学会为公共关系所下的定义称：公共关系是“分析各种趋势，预测其后果，同组织领导人商议并实施计划好的既为组织又为公众利益服务的行动”。这清楚地说明公共关系执行着特殊的管理功能。需要强调指出的是，公共关系参与管理的着眼点和归宿点不是眼前的实惠，而是长远的根本性的战略利益。公关工作行为不能短期化，不然就失掉了其自身的价值。在管理这个范围内，公共关系的职责一半立足于单位外，站在其他部门的边缘起作用，充当兼顾统筹各方利益和行为调节者的角色。公共关系以组织的目前利益和长远利益为己任，努力促进管理层的公仆意识，创立用户至上、民众利益第一的企业精神和企业文化。

公共关系的这些管理功能，是管理部门所不能取代的，因而它与管理部门的管理职能是互补的。有人因此把公共关系看作是管理的“参谋”和“助手”，并不是没有道理的。

2. 公共关系实行传导沟通

公共关系还可运用自己的传导媒介作用，沟通组织同内外公众的关系，达到树立组织的良好信誉和形象的目的。公共关系的这种传导媒介作用，也叫做公共关系服务。公共关系服务同商品推销层次的服务不同，它的格调更高。它主要通过通报社会环境的变化，通过随时反映舆论对企业正反两方面的评价，通过各种途径向公众介绍企业决策、战略、经营状况，通过公关政策和活动，使人们形成对企业信誉和形象的良好印象。

3. 自觉树立组织的良好信誉和形象

公关工作要反复调查公众的意向和审美情趣，发起多种多样的宣传组织宗旨、显示组织实力与信心的专门活动，例如发起、赞助各种文体活动、募捐活动。还要善于利用商标、厂徽、厂名等，塑造易于传播，便于记忆，受人欢迎的企业形象。公共关系广告也是树立组织良好信誉和形象的常用形式。公共关系广告不同于一般商品销售广告。一般商品销售广告的目的，是为了推销商品，占领市场，带有浓厚的商业色彩；公共关系广告的目的则不是劝说人们购买商品，而主要是为提高组织的信誉和知名度，唤起公众对组织的注意、兴趣、好感和信赖，从企业文化的层次上树立企业的高大形象。当然，如果这个组织是企业，公共关系广告和商品销售广告也有相反相成的一面：公共关系广告可以创造购买商品的气氛，而一般商品推销广告如果搞得好，也可以收到相当大的提高企业信誉和知名度的效应。不过，两者的功用毕竟不同。

### 二、扬长避短，增强组织的竞争力

竞争是现代社会进步的一个强有力的杠杆，也是现代社会中一切组织的行为规则。尤其是在社会经济生活中，一切经济组织都必须在竞争中生存发展，优胜劣汰，任凭社会选择。竞争作为一个社会学概念，表示着社会组织相互之间关系的性质，就它涉入公共关系的领域说，则主要表示着公关主体同客体的相互适应关系。

（一）充分发掘信息资源

公共关系之所以能增强组织的竞争能力，首先是由于它具备传导信息的媒介作用。竞争力是对环境的适应力，也可以说是对外部世界祸福信息的反馈力。《三国演义》第一百零三回魏将司马懿与蜀丞相诸葛亮争锋于西蜀五丈原一带。司马懿屡战屡败，显然已处下风，一时高挂免战牌。但是，当他后来侦知诸葛亮积劳成疾，将不久于人世的消息后，拟定策略，坚壁深壕，以时间赢得机会，有效地在军事竞争中取得了胜利。现代社会是信息社会，信息就是资源。1986 年，前苏联切尔诺贝利核电站发生意外事故，由于大面积的放射尘埃的污染，欧洲北部和东部的水果、蔬菜及其相关产品都受到严重影响。我国有家生产花粉口服液的公司获知信息后，敏感地认为它将导致国际市场蜂蜜价格上涨，并进而连带地扩大中国的蜂蜜出口，最终，它将造成国内蜂蜜货源紧缺和价格的上涨。鉴于这一分析，该公司决定大量收购蜂蜜。果不其然，国内蜂蜜市场终于出现了预料中的情况，而这时，该公司早已贮足了价格较低的蜂蜜，获取了较高的效益。由此可见，信息就是机遇，就是胜利。

公共关系以对有关信息资源的充分发掘为己任，公共关系把研究各类信息的收集、处理、传递作为日常业务，它的这项业务是组织对环境做出及时、正确反应的必要条件，是组织扬长避短的触角。譬如，美国亨氏集团与我国合资在广州建立的婴儿食品厂，就是充分运用了公共关系。他们为了确定产品的配方，一共在几个地区征集了上千人的意见，前后反复调查五次，并通过诸如“母亲座谈会”，免费试用样品等多种形式获取信息，从而为形成具有我国特点的产品设计提供了确切的数据。他们根据中国儿童食品中缺少微量元素，从而造成营养不平衡的现状，特意在花粉中配入适量的钙、铁质，这使产品尤其适应国内消费者的需要，迅速打开了销路。又例如，1981 年广东湛江家电公司开发电炊具产品之初，正是国内市场表面呈现为严重供过于求之际，不少厂家都做出了压缩生产甚至转产的决定。但是，该公司详尽分析了国家保护森林水土资源的有关政策和趋势，我国农村小水电的发展速度和农民的富裕速度，认为以电代柴将会主导我国农村能源消费，农村将成为电炊具的主要市场。现有电炊具生产不仅应该坚持，还应加紧开发新品种，扩大生产。果然，1982 年，国家就做出了在农村大力推进小水电建设，实行以电代柴的能源政策的决定。结果，该公司当年生产的 80 多万只多用电饭煲成了抢手货，全部被订购，该公司也一跃成为全省生产电炊具的最大厂家。我们通常所说的“情况明，方向对，行动快，决心大”，这一切都是以“情况明”为基础的。

当然，对于一个社会组织来说，除了公共关系部门，也会有许多部门进行收集信息的工作，譬如人事部门关注人事信息，供销部门关注技术情报资料的信息等。公共关系与它们的区别在于，它要掌握的是有关组织的全方位的信息，如产品形象信息、组织形象信息；组织内部公众的信息、组织外部公众的信息；以及诸如国内外政治、经济、文化、科技甚至军事信息，并通过选择和梳理，及时将组织所需要的信息反馈给组织有关部门和决策者，从而不断增强组织对环境的适应力，增强组织在社会中的竞争力。

（二）协调组织系统

公共关系之所以能增强组织的竞争能力，还由于它作为组织的一个子系统，发挥着对内部其他子系统的组织功能。换句话说，公共关系通过研究和处理组织内部各方面的关系，如企业内部股东与职工的关系，经理同股东和职工的关系，生产系统和供销系统的关系，管理职能部门和生产运营部门的关系等，来增强组织的力量。组织应运用各种有效的传播沟通手段，为组织各部门的理解和合作创造良好的气氛，增强组织成员对组织的归属感、向心力和凝聚力。组织也是生产力的一个要素，这个要素也就是竞争力的要素。

以企业的职工关系为例，美国学者梅奥做过一个著名的实验——继电器绕线机组观察研究。原先以为工人为取得高报酬，会致力争取个人的高工效。但实际情况是：在决定每个工人的工作效率上，群体的融洽性和安全感比工资、奖金有着重要得多的作用，即工人是一个“社会人”而不单纯是个“经济人”。在我国，工人是企业的主人，如何充分发扬工人们的主人翁意识，妥帖处理好他们中间所发生的问题，仍然值得深入探讨。有家企业，厂长在年初职工大会上号召：“苦干加巧干，产值三千万。”本来是句鼓舞干劲的话，却引得许多人一阵哄笑。有的说，这还不是说着顺口诌出来的，不如改成“领导起个意，利润一个亿”。厂长的报告没有达到预期的效果，原因在哪里呢？主要是因为厂里平时和工人缺乏必要的沟通，极少向工人们传播他们应该知道的本厂有关信息。工人对厂里的决策自然也就无法认同了。如果不尊重工人的地位、价值和观念，在根本上也就难以激发起工人的积极性。

又譬如，有些企业内部，职工和领导的关系、职工和职工间的关系紧张。有个船厂周末加班，一个女工因家里老人有病、爱人上班，只得把小孩带到车间。可领导不问就里，当着大家的面拉长了脸："哟，你怎么还带个小崽子来!"女工流着泪说："我是为二三元钱来的吗?"不用说，这样的心情还有积极性吗?评劳模、评先进本来的积极意义是很明白的，然而一些企业不适当地以劳模所生产的产量为平常工人的定额，逐年升级；对于先进者不善于保护，求全责备。本来的目的也许是让落后赶先进，先进更先进，结果却闹得先进者很苦恼，平常的工人也很有意见。所有这些因素无异都会削弱组织的凝聚力和感召力。

处理好与职工的关系其实是增强企业活力的最有效的方法之一。譬如日本人自诩作为经理的本领就是把工厂家庭化、娱乐化，没有心理压力，工作起来便轻松愉快。他的工厂经理运用种种方法把每一个岗位上的工人叫什么名字都牢记在心头，能脱口喊出，这在心理学被认为是对一个人的高度重视。又譬如，日本的工厂总经理下车间和工人扯家常，事先是经过一番准备的，如果遇到一个工人，又遇到一个管工，总经理就会拿管工开开玩笑。一般工人对管工总有芥蒂，听到总经理挖苦管工，心头便感到痛快，干活的积极性自然也高了。日本有家野村证券公司，在它成立60周年的时候，开了一个别出心裁的运动会，十几个比赛项目，全部是集体项目，都需要互相之间（有些还需要职工家属）的配合才能成功。比赛那天人人喜气洋洋，热闹非凡。"要想胜利，只有配合"这个看似平常的道理借助于特殊的公共关系的活动，自然而深刻地溶化于职工之中。在我国，如何及时、妥帖地处理好企业与职工的关系，也不乏生动的实践，它在增强企业竞争力中所起的作用是毫无疑义的。

公共关系之所以能增强组织的竞争力，还由于它通过组织外部公共关系，沟通、协调着组织主体同客体的联系，如企业与客户的关系，企业同社区的联系，企业同新闻界的联系等。对于经济组织来说，竞争就是争夺有利的要素来源、产品市场和技术管理优势，外部公共关系是经济组织取得这些条件的保证。在社会竞争这种没有硝烟的"战争"中，公共关系之所以能增强组织的竞争力，还由于它通过国际公共关系，扩大和促进对外联系，增进交往，不断地开拓国际市场，吸收天下之长，为我所用。对于经济组织来说，这种国际公共关系可以极大地扬己之长，避己之短，应付挑战，抓住机遇，依托国际国内两个市场，两种资源，取得自己的优势。

公共关系工作者必须始终保持竞争的意识，还要通过宣传、舆论向组织领导人和职工灌输竞争意识，用竞争这个杠杆促进组织的进步。在这一点上，日本日立公司有许多独特的做法。这家公司自20世纪60年代以来，销售额基本上呈持续增长之势，算得上是顺风顺水。但是，该公司感到不安的是，不少员工和管理人员的进取意识、竞争意识却在顺境中日渐消退，需要设法使大家都清醒过来。于是，公司先后采取了一些令人费解的行动：宣布因公司境况不佳，数万名员工回家待业；数千名管理人员实行创业以来的第一次全面暂时减薪；以开工不足为由，推迟新录用员工的报到日期……诸此等等。其实，在公司采取上述这些行动期间，日立的实际增长绝非不佳，而且比东芝等对手都要快。它的真正意图是要让危机不时降临于顺境之中，使危机意识深植于每位员工、干部乃至尚未报到的新工人中。一句话，通过人为地制造危机来保持企业的危机感，激励企业的竞争力量。

竞争，是现代社会的强大推进力量，在现代社会中，同类组织的竞争可以收到优化组织品质和服务的功效，不同类组织的竞争可收到优化社会组织结构的功效。事情的规律总是这样：社会组织不是在竞争中进步，就是在竞争中死亡。由此可见公共关系之增强组织竞争力的职能实在是非常重要的。

### 三、化解组织内外矛盾，争取实现谅解

社会生活里充满着矛盾，矛盾的现象、根源、联系错综复杂。作为社会一个基本单位的社会组织，不但不能超脱这些矛盾，而且始终处于这些矛盾之中。正是由于各类组织都不能不处于社会矛盾之中，组织主体同客体之间的隔膜、误解、纠纷和争议总是难免要存在的，公共关系必须对此有清醒的认识，并要采取正确的方法，及时正确地处理可能发生或已经发生的矛盾，随时随地化消极因素为积极因素。这就是公共关系争取谅解的职能。

（一）组织常见的矛盾和纠纷

在一个组织所面临或可能面临的矛盾和纠纷中，下面一些是最为常见的：

1. 组织内部的矛盾和纠纷

组织是由各个部门、各类因素复合而成的整体。部门与部门、职工与职工、领导和群众、上级和下级等等的关系维系着组织正常运行。这些关系本身既是矛盾体，也是利益复合体。诸如个人利益和集体利益、局部利益和全局利益、眼前利益和长远利益、小集体利益和大集体利益等等，其中任何一方利益处置不当都有可能引起纠纷。

2. 政策法规的矛盾和纠纷

处于改革大浪潮之中的社会组织，面临着新旧体制交替时所难避免的矛盾是不足为奇的。而且，由于新体制的完善需要一个过程，这些矛盾相应也就会较长时期存在。政策和法规的矛盾，是指新老政策法规的冲突以及组织对政策和法规不同解释所引起的矛盾，这些都有可能引起纠纷。

3. 法人关系的矛盾和纠纷

中国在向法制乃至法治完善化的方向发展，同时，也在向现代经济的方向发展。由自然人到法人，许多人对其认识仍是陌生的，而要达到对这种经济发展的文化观念的真正认同更要困难得多。违约、不履行合同、侵犯权益等等诸如此类的行为，也经常造成不同组织之间的矛盾和纠纷。

4. 社会组织与其特定公众对象之间的矛盾纠纷

如企业与消费者、政府与群众。前者由产品的质量引起，后者则往往与政府的制度及官员的清正廉洁有密切联系。

5. 地缘性的社区矛盾纠纷

往往由于交通、卫生、水电、地界、环境污染、成员之间的冲突等方面的因素引起。其特点是区域性强，公众成分往往较为复杂。

（二）争取谅解

日本有家300多年历史的百货公司——三越百货公司，1982年因为几起严重的事件，在顾客中造成很坏的影响，一时间信誉一落千丈，总经理被迫辞职。新任总经理上任后，认为要制止公司的衰败，关键在于恢复信誉，得到有关公众的谅解。为此，他们采取了一系列公共关系活动：首先，他们在报纸上刊登谢意和歉意广告，对顾客过去所给予的支持表示感谢，对一年来发生的种种事件表示反省。其次，切实提高服务质量，提高全体店员的公关意识。过去，顾客进店问路，店员只是口头回答，现在则画图说明，有时还为顾客带路。第三，大力改进商品的包装和陈列，给人以耳目一新的产品形象信息和重新焕发青春的公司形象信息。经过上述挽救措施，三越百货公司终于摆脱了困境，逐步走上了中兴之道。

这些所体现的，便是公共关系的独特职能之一，争取谅解，调节环境。

公共关系讲传播沟通，要求在90%努力的基础上，加上10%的宣传传播，要求“好事要出门”，这似乎是容易接受的。但是对于一个组织来说，各种可能的情况都会出现，决策的失误、意外的事故等都是难以避免的。公共关系还要求“坏事讲清楚”，得向有关公众有个明白的交代，这对于组织形象同样攸关重要。

中国有句俗话，“家丑不可外扬”，这么一种心态，在文化观念上属于耻感文化一类，即以剥夺公众的知晓权来维护自身的利益。但是，“纸包不住火”，在许多情况下，它造成了人们对该组织的不信任。美国有位公司女经理，经营有方，企业蒸蒸日上，其本人也备受新闻界的青睐。孰料天有不测风云，公司突因意外事故遭遇危机，新闻记者们自然极为关心，但是一概被该公司挡了驾，经理拒绝露面，拒绝发布消息。于是在外界引起了许多传言，严重损害了公司的声誉。后来，该公司终于渡过了危机，女经理满面春风地主持新闻发布会，新闻记者却丝毫不感兴趣了。事实证明，报喜不报忧，有害无益。组织面临矛盾以至纠纷并不可怕，关键是要真正重视它、消化它，使组织防止或摆脱不利的处境。这一点，有许多方面是公共关系可以做到的。

公共关系在执行争取谅解的职能时，主要是做两个方面的工作：一是帮助建立健全组织和公众之间的相互沟通、支持、协作、合作的渠道，架起相互谅解之桥，例如建立各种信访、自查、调研、预测制度，以预防组织与公众发生公共纠纷；二是预见和及时妥善地处理好组织同公众间可能发生或已经发生的矛盾、争议和纠纷，如充分听取公众意见，查清事实真相，进行疏导、调解。公共关系处理各种矛盾的原则，是要在调查研究弄明情况的基础上，兼顾组织、公众各方意愿和利益，尽可能采取化解的妥协办法。公关工作者应当做到明智、公平、谅解、有耐心。有的矛盾和纠纷是公关工作所解决不了的，应据有理、有利、有节的原则，诉诸法律。在处理公关事务中的矛盾时，要尽可能避免失误，为此必须谨慎行事，以免给组织和公众造成危害。

为了争取公众的谅解，公关工作者要通过自己的实践，帮助组织领导人体察民意民情，增强和促进组织公职人员为公众利益服务的事业心和责任感。在我国社会中，公关工作的这一功能，是同企业思想政治工作相契合的。“打铁先要自身硬”，公关人员首先必须做到把对组织负责和对公众负责统一起来，把保护公众利益和满足公众需要当作“天职”。只有公关人员具有高尚的情操并为公众所信任，公共关系争取民众谅解的职能才能很好地实现，公关工作才能卓有成效。公关人员尤其需要有公仆意识。

英国著名公共关系学家杰夫金斯曾对公共关系下过这样一个定义：“公共关系就是经过精心准备，按照计划，持续不断地去努力建立和保持某个组织和它所面向的公众之间的相互谅解。”可见争取公众谅解对公关工作的确是责无旁贷。在争取公众谅解时，公关工作通常以公关文书作为自己的“语言工具”。公关文书包括文件、信函、调查报告、讲演、展览、新闻报道和新闻发布、总结等形式。为了修改这些文书，首先要收集信息和进行反馈，对涉及公关活动的公众背景进行调查，对公众心意做科学分析和观察，梳理出问题；其次是做出规划设计，包括内容、经费、传播对象、时间表；然后付诸行动，即散发这些材料、发表演说、举办展览、召开新闻发布会等。公关工作的这些活动要奏效，既要有的放矢，又要有一定的宣传舆论规模，以及适当的易于公众接受的方式。

### 四、通过信息服务，增进组织和社会的效率或效益

任何社会的组织都有一个效率的问题，也都应该讲求效率或效益。按照投入产出说，效率和效益都是一个相对量概念，表示社会组织为实现既定目标所付出的代价。代价越小，效率和效益越高；代价越大，效率和效益越小。换句话说，社会组织的效率和效益表示着它们为实现一定目标付出代价的大小。讲求效率和效益，意味着社会组织工作和劳动的节约。

有效地开发新闻媒介信息，是公共关系增进组织从而也增进社会效率和效益的一个重要途径。大家知道，监测新闻媒介，从众多的新闻媒介中筛选、整理出组织所需的信息，是公共关系的一项专业技能。这种新闻媒介信息的开发，可以为组织的运作经营提供经济市场信息，政府政策信息，社会环境信息，竞争对手的信息等，这几类信息是组织运作经营决策的必要条件。没有这样的信息，组织运作经营犹如“盲人瞎马，夜临深池”，非犯错误不可。有了这样的信息，再加上公关部门对之分析研究，提出供决策的意见和面向公众的信息服务工作，组织即可做出正确消费决策和投资决策，也能改善组织运作经营的社会环境，还能强化与竞争对手的较量。公共关系通过提供上述诸种信息，可以使组织了解竞争形势，感受到竞争的压力，振奋竞争的精神。

上面讲到，公共关系参与组织的战略决策，经常进行政策性和前瞻性的研究，并在维护纳税秩序、适应产业结构调整等有关经济宏观效益方面发挥积极作用。这意味着公关工作不仅促进组织或企业自身的效益，而且也促进着社会的整体效益。同时，组织或企业的公关工作还向社会或企业主管部门提供信息服务，使下情上达，发挥出反馈调节功能，这也对宏观经济决策产

生有利的影响。再次，公共关系还通过开展短期的专门活动，或者由公关活动缔结与文体单位的长期互助合作关系，促进社会文化体育教育和社会福利事业的发展。此外，公共关系还通过联络与说服工作，推动社会各界保护环境与治理污染的工作，促使企业把经济效益和环境效益统一起来，形成社会发展中的经济与环境的良性循环。这些表明，公共关系执行着取得经济效益和社会效益的职能。

一般地说，在组织或企业的目标和利益同社会的目标和利益相一致时，公共关系人员就应该努力促成这一事业成功。而在他们发现组织或企业目标或政策与社会公众利益相冲突时，就要运用自己的影响去改正组织或企业目标和政策的不妥之处。因为在后一种情况下，如果公关人员的态度向组织或企业倾斜，其最终的后果将损害组织或企业长远的或根本的利益。维护这种长远利益或根本利益，是公共关系的职责。

## 第三节　公共关系目标

公共关系的目标就是塑造组织的良好形象。策划和宣传组织形象，并使组织品牌升华为名牌，这是公共关系的根本任务。组织只有树立起良好的形象，才能赢得公众的依赖，有效地开拓公众市场。通过公共关系策划与宣传，让组织品牌成为知名品牌、地区名牌、国家名牌和世界名牌，这是现代组织实现可持续发展和突破性扩张的关键。

在市场经济条件下，竞争日益激烈，人们越来越重视企事业形象的整体化策划与宣传，乐于从组织经营中安排大量的资金用于组织形象的设计与宣传，这是建立在对组织形象的价值判断基础之上做出的明智之举。对于组织来说，良好的组织形象是其生存与发展的基本保障，具有巨大的价值效应。

### 一、资产增值效应

良好的组织形象，就其实质而言，是组织一种极其重要的无形资产，而且具有较实在的资产增值效能，使组织在无限开拓市场过程中，获得巨大的利益回报。

现代组织的资产，在外延上包含了两个基本方面，由有形资产和无形资产构成。有形资产主要是指组织具有的具体实体形式的资产，包括固定资产（如房屋、机器、设备等）、对外投资和自然资源等。无形资产是指组织某种没有实体的而能以某种特殊权利、技术知识、公众评价等信息形式存在，具有实体性作用的资产，如专利、商誉形象等。商誉形象即组织形象，是组织整体形象的外化代表，不能离开组织整体而存在，是组织在长期经营管理、市场营销、产品服务等方面与同行业相比所取得的优势。良好的组织形象一经形成，就能够扩大组织的销售量，使组织在与竞争者相同的条件下，获得超额利润，从而形成直接的实益性价值。组织形象自身因此也就具有了令人信服的价值。在实际工作中，组织形象的价值物化于商标，也就是说，商标的价值就是组织形象价值的体现。

从量化角度来看，组织形象的价值是十分巨大的。在一些发达国家，无形资产在组织总资产中的比例高达60%～80%。组织形象作为无形资产的重要组成部分，所占比例之高是不言而喻的。具体情形从下面的例表中，可见一斑。

**表 2.1　2001 年国际著名品牌价值**

| 品牌名称 | 国家 | 行业 | 价值（亿美元） |
|---|---|---|---|
| 可口可乐 | 美国 | 饮料 | 689.5 |
| 微软 | 美国 | 软件 | 650.7 |
| IBM | 美国 | 计算机 | 650.7 |
| 通用电气 | 美国 | 多种经营 | 424 |
| 诺基亚 | 芬兰 | 电信 | 350.4 |
| 英特尔 | 美国 | 计算机 | 346.7 |
| 迪斯尼 | 美国 | 娱乐 | 325.9 |
| 福特 | 美国 | 汽车 | 306.9 |
| 麦当劳 | 美国 | 食品 | 252.9 |
| AT&T | 美国 | 电信 | 228.3 |

**表 2.2　2001 年中国著名品牌价值**

| 品牌名称 | 企业名称 | 价值（亿元） |
|---|---|---|
| 红塔山 | 红塔烟草（集团）有限责任公司 | 460 |
| 海尔 | 海尔集团公司 | 436 |
| 长虹 | 四川长虹电子集团公司 | 261 |
| 五粮液 | 四川宜宾五粮液集团股份有限公司 | 156.67 |
| TCL | TCL 集团有限公司 | 144.69 |
| 联想 | 联想集团公司 | 143.55 |
| 一汽 | 中国一汽汽车集团公司 | 116.21 |

| | | |
|---|---|---|
| 美的 | 广东美的集团股份有限公司 | 101.36 |
| KONKA | 康佳集团股份有限公司 | 98.15 |
| 科龙 | 广东科龙（容声）集团有限公司 | 98.08 |

从发展角度来看，组织形象作为一种体现组织综合实力的标志，将随着组织经营管理的改善、生产规模效应的出现、组织规模的扩张和公众市场的开拓，越来越具有价值。这就是说，如果组织能够经营有方，组织形象本身就具有增值效能，品牌的无形资产的价值就会上升。如果经营不善，组织品牌价值就会下降。这可以从表 2.3、表 2.4 发现这一点。

**表 2.3 世界部分著名品牌价值变迁表**

| 品牌名称 | 品牌价值（亿美元） | | | |
|---|---|---|---|---|
| | 1994 年 | 1996 年 | 1997 年 | 1998 年 |
| 可口可乐 | 359 | 434 | 479 | 838 |
| 万宝路 | 330 | 446 | 476 | 210 |
| 雀巢 | 115 | 105 | 237 | 176 |
| 柯达 | 100 | 132 | 144 | 148 |
| 吉列 | 82 | 102 | 120 | 159 |

**表 2.4 中国部分著名品牌价值变迁表**

| 品牌名称 | 品牌价值（亿美元） | | | | |
|---|---|---|---|---|---|
| | 1996 年 | 1997 年 | 1998 年 | 1999 年 | 2000 年 |
| 红塔山 | 332 | 253 | 386 | 423 | 439 |
| 海尔 | 77 | 118 | 192 | 265 | 330 |
| 长虹 | 122 | 182 | 245 | 260 | 260 |
| 五粮液 | 35 | 42 | 60 | 86 | 120 |
| 一汽 | 69 | 77 | 76 | 79 | 97 |
| KONKA | 42 | 56 | 63 | 79 | 96 |
| 联想 | 36 | 41 | 59 | 77 | 103 |
| 美的 | 26 | 39 | 34 | 47 | 64 |

## 二、构建关系的功能

良好的公众关系网络是组织生存与发展的外部资源。社区公众的理解，政府公众的支持，新闻公众的合作，特别是消费公众的支持，是组织不断发展的重要条件。美国一家著名的跨国公司的老板曾信心十足地说，即便一夜之间公司在全球的所有工厂都化为灰烬，他完全可以凭着自己的品牌与关系网络从银行获得贷款而迅速东山再起。从此可见，良好的组织形象和公众关系对组织来说是多么重要。正因为如此，塑造组织形象，构建良好的公众关系，就成为组织的一项中心性工作。

塑造组织形象，要使组织形象工程成为为公众提供优质产品和优质服务的实事工程。这样，才可以从根本上留住顾客，构建起自己的公众关系网。组织留住顾客的主要因素是什么？德国大众汽车公司通过调查后发现：如果顾客的愿望在一家公司没有得到满足，那他就会疏远这家公司的所有产品；一个组织失去的顾客中，1/3是由于产品的质量和价格问题；60％的顾客转向其他产品是由于服务或售后服务不好。根据这个调查结论，策划组织形象战略时，应该从品牌的实体即产品质量和服务方面入手，为塑造良好的组织形象奠定基础。

### 三、促销功能

良好的组织形象能赢得公众的依赖与支持，这种支持的直接反应是公众对组织产品和服务的认同。这是组织形象能够产生市场促销效应的根源。组织形象的改善可以直接改变组织的市场销售局势。

组织形象之所以能够实现促销目标，主要是以下几个原因造成的：

1. 迎合了品牌消费的时代趋势。现代社会从总体上说，是追求品牌消费的时代。人人崇尚名牌，迷信名牌，以拥有名牌为荣，拥有名牌成为现代人的一种生活追求。这样，通过公共关系战略树立企业品牌，正好迎合了现代人特别是青少年公众消费名牌商品的潮流，因此具有促销功能。

2. 迎合了公众的自我展示心理需求。人类心理存在一种强烈的欲望，就是展示自己的社会地位和成就，以引起公众的注意，从中体验人生的快乐。具有良好品牌形象的商品，正好能够充分满足现代人的自我表现欲望和自尊需求，因而深受公众欢迎。

3. 迎合了公众的自我防卫心理需求。公众一般是按“遗憾最小原则”来进行购买决策的。在购买决策过程中，公众对最小程度遗憾的关心多于最大程度满足的关心。在多种选择机会面前公众通常倾向于估计可能发生的最坏情形，并力争使最坏结果发生的可能性趋向最小，这是一种“自我防卫本能”。组织形象好，知名度、认可度高，能够使公众产生信得过的心理判断，从而满足顾客的自我防卫要求。

上述这些原因，使得组织形象在市场上起到了促销员的作用。在现实中，只要稍加观察就可以看到：同样一种商品，普通商标的和名牌商标的，不仅存在着价格上的巨大差异，而且还存在着销售形势上的巨大差异。一件标上名牌的普通商品，价格涨了很多反而销售量大增，这就是组织形象的促销作用。

### 四、激励功能

对于组织内部来说，组织形象可以有效地强化员工的归宿意识，充分调动员工的积极性和创造性，从而增强组织的向心力和凝聚力。一般而言，组织具有良好的形象，就意味着管理有方、工艺先进、市场占有率高，因而员工容易产生荣誉感、成就感和前途感，觉得能够在组织里工作，是一件值得骄傲的事情，由此就会形成强烈的归宿意识和奉献意识，真正做到“以厂为荣，爱厂如家”，为组织的发展贡献自己的力量。从这个意义上说，组织塑造形象，借助形象来激励员工，是留住员工、吸引员工、教育员工进而开发人力资源的根本性措施。

### 五、扩张功能

组织发展的理想境界就是在短时间内实现扩张效应，迅速赢得大批经营资金，扩大组织实力。树立良好的组织形象，可以吸引众多的投资者、合作者，从而使组织的经营规模、资产实力、市场实力诸方面迅速扩大，达到组织的规模经济效应。

品牌扩张是组织实现其市场扩张和利润增长的“高速路”。它强调的是组织对已实现的某个品牌资源的充分开发和利用，使名牌生命不断得以延长，品牌价值得以增值，品牌的市场份额不断扩大。品牌扩张一般可通过以下途径来实现：

1. 对原产品进行创新以推出改进型产品，或通过对其他行业、组织的兼并、收购、参股、控股等借品牌输出以推出新产品；

2. 推出新的包装规格，新的口味及新样式的产品；

3. 利用各种营销方式实现原产品市场份额的扩大，如中国邦威的“千店工程”，即到2000年在中国建成一千个邦威品牌的服装专卖店。

【思考题】

1. 组织和公共关系的基础是什么？怎样理解这个基础？
2. 信息在组织与公众间的作用是怎样的？
3. 公共关系的功能是什么？这些功能中，你认为哪一个更为重要？
4. 公共关系的目标是什么？它应做什么，不应做什么？

【案例】

## “公关在我们身边”大学生学习心得笔谈

**注**：这是某大学学生学习《公共关系学》的学习心得和体会，看完后谈谈你学习公共关系学的心得或体会，从中掌握了哪些对你来说特别有用的知识？

**一次成功的公关活动**

王庆荣（英语系 01—2 班）

圣诞节前夕，我们英语系举办了一次圣诞晚会。晚会前，系里发出了请柬，邀请了学校领导和各系领导，还从市电台请来了两位记者。晚会气氛热烈，精彩节目接连不断。欢聚一堂的老师和同学们的表演，背着大礼包的圣诞老人的礼品散发，电视台记者的现场采访，把晚会气氛一次次推向高潮。我想，应该说这就是一次非常成功的公关活动。师生的同台演出，增进英语系内部师生的感情；校领导、各系领导的莅临使活动在全校产生了影响；记者的介入，媒体的传播，将会进一步提高我们英语系乃至学校的知名度和美誉度。

**学雷锋活动中有公关**

王洪平（数学系 01—1 班）

搞好社区关系可以为组织的发展创造一个良好的环境，而良好的社区关系的建立需要组织的自觉努力。今年三月份，学校组织了学雷锋青年志愿者活动。我和同学们高举校旗，走进附近的街头小巷，清扫垃圾，洗刷公共建筑物上随便张贴的各种广告。街道的叔伯婶姨们望着校旗下我们忙碌的身影，露出了赞赏的目光。面对这些，我心中感到十分惬意：我们以行动向社会传递了师生关爱公共环境的信息，树立了良好的学校形象，赢得了社区公众的理解、信任和支持。

**要珍视组织形象**

信心（法政系 01—4）

良好的形象，是社会组织极其宝贵的无形资产。珍视组织形象，是公关的一个首要问题。国庆节长假期间，我找到了一份临时工作——在一家家电商场为“王牌”彩电做宣传。清晨，我来到商场，换上工作服，披上标有“王牌”彩电标志的绶带，开始了工作。我面带笑容，发放着一张张宣传资料，热情而又礼貌地向顾客介绍商品的有关情况。时间一长，我口干舌燥，两腿发麻，累得够呛，真想偷偷懒，但低头看看身上的工作服和绶带，我意识到：在顾客面前，我代表的是商家和品牌的形象；在商家面前，我代表的又是学校的形象。想到这些，我不敢有丝毫懈怠，认认真真地坚持了下来。

**过期刊物巧售光**

何亚宾（法政系 01—3 班）

临近岁尾，同学家的书报亭仍有部分 2002 年的过期刊物压在手中。交与旧书摊或卖废纸，太不划算，于是我与同学决定运用公关技巧将这些刊物折价售出。先是对积压的过期刊物及其潜在市场做分析。杂志大都是 2002 年下半年的，过期时间不长；杂志的内容广泛，有文学、体育、军事、汽车、青春偶像等多样种类。倘若折价以比较便宜的价格出售，在青年学生中应该是有市场的。这样，我们把目光锁定在校园内。那么，在什么时间、以什么方式售出呢？想到元旦期间，各系、各班都要举行联欢会，会上大都设有诸如猜谜语之类的小游戏，而且往往要赠给同学一些小礼品，于是我在元旦前十来天，便与几个班筹备晚会的同学联系，说出了我们的想法。由于这些杂志是同学们平时喜欢看的，有的还具有一定的保存价值，而且均是 4～5 折，很便宜。虽说是过期刊物，但与华而不实、价格不菲的一些贺卡之类比较起来，显得更为实惠，所以当即便有两个班决定要 20 本。消息传开，其他班的同学也蜂拥而至，90 多本过期刊物一下子就被抢购一空。

**因势利导，化解果园“遭袭”难题**

王雅梅（泊师分校 00—11 班）

初夏，我回老家探亲，正好遇到二叔家有点麻烦事：原来，家里的果园这些日子不断遭到村里顽皮孩子们的“偷袭”，虽然二叔也想了种种办法，守夜、找学校或告诉家长，但收效甚微。为这事，二叔又气又烦。听说了这事，我打算用我学过的公关知识帮二叔一把。

第一步，进行情况调查，摸清果园遭袭的缘由和二叔实施种种办法无效的原因。我走访了七八个孩子，了解到：一、果园夏天阴凉，有树有鸟，是孩子们打闹嬉戏的乐园；二、他们摘刚结的青青的果子是作弹弓的子弹用；三、二叔越是用种种办法阻止他们进果园，他们就越要进去，觉得那样才有冒险性，更有刺激。第二步，根据了解的情况，征得二叔的同意，我进行了小小的策划与实施。目标无疑就锁定在那些经常去果园玩耍的孩子们，而其中的几个“孩子王”，更是我公关的首要对象。采用怎样的方法、策略呢？我想这些农村孩子虽说调皮，但又是最淳朴、善良的，通情达理的。二叔过去的方法之所以收效甚微，毛病就出在只“堵”不“导”。因此我的公关活动就围绕着“请大家都来做果园的主人”的主题，重点在疏导上下功夫。我召开果园聚会，请到了几个孩子王和他们的小伙伴，对他们晓之以理，动之以情，激之以责。我告诉他们说，这片果园是二叔为给孩子筹集学费而承包的，糟蹋了果子，没有好收成，学费就没有了着落，这是我们大家都不愿意看到的。接着我又代表二叔宣布，果园从此对他们开放，并聘请他们做“小维护员”，和二叔一起对果园进行维护、管理。到秋天收获时，他们不仅每人可以从园中选摘两个最大、最好的果子留做纪念，而且还可以得到二叔给的铅笔、橡皮、练习本等奖品。听了这些，孩子们兴奋极了，欢呼雀跃，纷纷表示今后要爱护果园，当好小维护员。

回到学校后，我接到二叔的电话，果园的难题解决了。果园从此再没受过损失，“小维护员”们尽心尽责，维护果园，还时常帮二叔浇水、除虫。看来，公关还真没白学。

**借题发挥，“制造新闻”**

王胜云（泊师分校00—1班）

在“健硕学习桌”泊头代理商那里打工，为“健硕学习桌”发传单、贴广告，遇到了麻烦——宣传品被城建局市容监察大队人员没收，说乱发、乱贴广告，影响市容，破坏环境，还责令我们老板写检查，并警告说态度不好要罚款——宣传没搞成，还惹出了乱子。我很沮丧，但又不甘心，苦苦思索，想到公关课上学到的一些知识，灵机一动，向老板建议，何不如此这般。老板听了，十分高兴，当即拍板。

经过一番准备，包括与有关方面的沟通、协调，两天后的上午，老板带领全体员工高举“健硕学习桌泊头代理商”的醒目招牌和“关爱市容，保护环境”的大幅标语，带着一面绣有“环保卫士”四个大字的锦旗，敲锣打鼓，向城建局进发，——为我们的过失向社会公开道歉，并向有关部门表达敬意。一路上，许多市民驻足观看，有些人还尾随队伍之后。到了城建局，局领导早已等候门口，电视台记者也闻讯赶到。老板公开向公众道歉并向城建局敬献了锦旗。他说："健硕学习桌是为了让孩子们更健康地学习，防止近视、驼背而开发出的一种新产品、好产品。我们宣传它、推出它，是想为孩子们做件好事，为社会做件好事。但由于缺乏环保意识，在散发、张贴广告时违反了有关规定，影响了市容和公共环境，我们深感愧疚。'健硕人'愿意接受批评、处罚，并决心改正。同时，借此机会，也向环保卫士们表示我们'健硕人'的敬意。"老板的这番话赢得了一片掌声。整个过程都被记者拍录下，成了新闻，上了电视。

通过这次活动，坏事变成了好事。我们不仅免遭处罚，而且赢得了有关方面和广大市民的好感，树立了"健硕人"对社会负责的良好形象，扩大了"健硕学习桌"的影响。事后，原先冷清的商店一下子变得热闹了许多，家长纷纷带孩子来我店咨询、购买。有一天竟卖出了十多张学习桌。

资料来源：新浪网，www. sina. com. cn

# 第三章　公共关系运作程序

为社会做好事，上帝决不会让你亏本。

——公关名言

**【本章要点】**

本章主要介绍公共关系工作基本的运作和实施程序，而公关程序的四个重要步骤，它们依次是公关调查、公关策划、公关实施和公关效果评估，这些通称为公关工作的“四步工作法”。

**【核心概念】**

公关调查　公关策划　公关实施　公关效果评估

由于公关策划针对的对象、问题不同，因而没有统一的模式。但是一个完整的公关活动，通常包括从调查到策划，再到实施、评估的一系列步骤，即国外公关专家所说的“四步工作法”。公共关系工作不同于一般的事务性活动，只有经过周密的策划，才能取得良好的效果。“四步工作法”由于其良好的可操作性，在实际工作中逐渐被公关人员加以推广和运用，成为公关工作必备的方法。

## 第一节　公共关系调查分析

对公关问题的调查研究工作，常被实际公关工作者和组织所忽视，这对一个组织的公关工作来说是很不利的，有时甚至是非常危险的。这种现象不仅有其客观原因，如“资金短缺”、“时间太紧”或公关人员本身缺乏这方面的专业知识，而且更重要的是有其主观的原因。一般的实际工作者常以为天天都在从事这一工作，天天都在与自己的公众打交道，对自己的公众和公关问题已了如指掌，视公关调查研究为多此一举。这种看法常常忽视了这样一个问题，即当个人面临着一个相当多的公众时，单凭个人十分有限的接触和经验来推论更为复杂的公众全体，来评价组织的公关状况，其产生的误差是难以估计的。何况人的主观愿望，过于乐观和过于悲观的情绪又常常会影响到人对形势的客观估计和把握。对此，美国ITT公司的经验很能说明这一问题。

作为一个在美国有相当影响的大企业，ITT公司的管理层和职工都自以为本公司必被社会人士所认识，在知名度上必定没有问题。可是1973年，ITT公司公关部所做的民意调查却出乎大多数人的意料之外。调查结果显示，能够认识本公司的还不到公众对象的1/3。这一结果与凭主观判断的差距之大，令人吃惊。对此，ITT公司不但开始调整自己的公关策略，而且决定从此之后，坚持每半年举行一次对象至少在1 500人以上的全国性公众电话抽样调查，以此来作为检查公关效果和公关决策的依据之一。由于对公众有了较科学的认识，ITT公司公关工作的绩效日见显著。到了1974年，他们就把能够认识本公司的对象公众提高了3/4，知名度提高了65%。

这个例子说明，没有调查研究，公关人员就很难客观地认识自己的公众，客观地认识本组织的公关状况和公关问题，更谈不上提出正确的公关决策。反之，只有经过调查研究，公关人员才有可能依据自己所掌握的理论知识和情况，提出解决问题的科学方法，才能对其他部门所提出的建议进行评价和论证。公共关系的调研作为一种搜集、分析信息的系统方法，其作用就在于了解、分析客观的公关形势，并论证对公关状态和公关问题的假设。它虽然不能够回答所有的公关问题，但可以减少公关决策中的不确定因素；它虽然不能控制所有的决策因素，但它可为决策者提供一个较为可靠的基础。

### 一、公共关系调查的涵义及其作用

公关关系调查，亦称公共关系调查研究，简称公关调查。它是指社会组织运用科学的调查方法，有目的、有意识、有步骤地调查、分析社会组织客观存在的公共关系状况以及影响组织公共关系现状的各种因素的一种科学的认识活动。其目的是把握社会组织公共关系及其影响因素的实际状况。公关调查是公共关系过程的首要步骤，是公共关系工作的基础工作，是公共关系活动的重要方式。

公共关系调查对社会组织的作用是多方面的。首先，它为组织提供信息保障。人类已进入信息社会，公共关系是社会组织与相关公众之间的一种信息的交流和管理。公共关系的每一个步骤、每一个环节、每一个方面都需要有公共关系信息做保证，都需要公共关系的信息为原料，都需要公共关系的信息为指导。而公关调查可以在这方面提供信息保障。其次，为组织实施环境监测。任何一个社会组织都生活在一定的环境之中，和环境存在着相互依赖和平衡机制。任何社会组织的公共关系工作都要在一定的公共关系的环境中开展，也要受到公共关系环境的制约和影响。因此，要对公共关系环境进行监测，必须依靠持续不断的、广泛深入地开展公共关系活动的调研。最后，为组织开展问题预警。社会组织和环境之间的关系平衡是相对的，不平衡是绝对的。社会组织在生存发展过程中，会面临各种各样的问题乃至公共关系的危机。公共关系调查能对社会组织可能出现的公共关系问题进行预测和报警，能为社会组织开展"问题管理"和"危机管理"的超前行动提供警示和依据。

## 二、一般程序

公共关系调查是一种科学的认识活动。它必须根据人的认识过程和认识规律，科学地安排运作程序。纵观公共关系调查的全过程，它是由七个相关的基本步骤组成的。这七个步骤是：

### （一）确定调查选题

确定调查选题，实际上就是确定调查的方向。对于公共关系人员而言，需要调查的情况十分繁杂。但是，在一次具体的调查活动中，由于时间、人力以及调查容量自身的限制，不可能也没有必要进行全方位、大规模的调查，通常只能开展有针对性的、专题性的、围绕某一方面内容的调查活动。

公共关系调查选题的确定不是一蹴而就的，它需要经过筛选、判断、分析的过程。该过程由一系列环节构成：

1. 根据企业需要，尤其是公共关系决策的需要，明确调查选题的基本概念与内涵，指出公共关系调查的方向和必须达到的目标。

2. 运用文献调查方法和直觉判断方法，明确调查选题的中心内容。公共关系人员在明确了选题概念以后，可以运用文献调查方法，了解以往相关调查研究的成果，为确定本次公共关系调查选题的中心和重点内容提供参照体系，以便找出本次公共关系调查选题的关键所在。

3. 运用相关学科理论和方法，形成调查选题的假设命题。在收集了与调查选题概念相关的文献资料的基础上，公共关系人员即可根据相关的学科理论，进行推理分析。在科学理论指导下，围绕选题，拟定本次调查选题的假设命题。

4. 运用比较、判断方法，对调查选题的假设命题进行综合评估。评估的标准有实用性、创新性、可行性和科学性等标准。如果判断结果表明假设命题对企业要解决的问题具有实用性，与以往主题相比具有新颖性，同企业人力、物力、财力等条件相符合，用学科理论来衡量又具有科学性，那么选题就有价值，应当及时据此拟定调查问题，开展调查活动。

（二）设计调查指标

公共关系调查选题及其合理设立后，进入调查指标设计阶段，即确定公共关系调查的内容体系。

设计调查指标的常用方法是单项逐级分解法，即围绕调查选题假设命题的中心概念，从各个不同的角度，利用简单枚举的手段，列出若干个调查项目，这些项目的集合构成了中心概念。根据这些项目，设计相应的调查问卷，就可以获得“中心概念”方面的资料。

这个方法的关键在于调查者善于从中心概念的内涵与外延两个方面，把中心内容披露出来，形成一系列的调查项目，这就是需要调查的问题。分解中心概念时，务必注意调查项目之间不要重叠，但又能有机融合，它们简单之和完全等同于选题中心概念的内涵与外延。

（三）进行调查决策

为了提高公共关系调查工作的效率，需要强化调查决策意识，优化公共关系调查方案。

1. 调查目标的决策。从范围上看，调查目标分为全国性的调查目标、地区性的调查目标和目标性的调查目标。从内容上看，公共关系调查目标分为知名度调查目标、美誉度调查目标、认可度调查目标、适应度调查目标。范围意义上的目标与内容意义上的目标，可以组合出 12 个调查目标命题。究竟以哪个作为具体调查活动的工作目标，需要决策者根据各种情况进行综合判断，找出恰当的公共关系调查目标定位。

2. 调查手段需要决策。调查目标选定后，就需要确定公共关系调查手段，即以什么方式、以什么方法收集和分析资料。就收集资料而言，其方式、方法有抽样调查、问卷调查、访问调查、座谈调查、民意测验、市场观察法等；就分析资料而言，常用的手段有定性分析法、定量分析法、计算机模拟分析法。在公共关系调查手段决策过程中，要根据调查目标的性质和要求，确定主体性的调查方法，同时选择另外的方法作为辅助性的调查方法，以确保调查工作的科学性。

3. 要对调查对象进行决策。即确定哪些地区、什么性质的公众作为公共关系调查的对象。这对于公共关系调查的成败具有决定性的意义。如果公共关系调查对象定位准确，那么收集的信息就有效。否则，调查对象定位失误，收集到的资料必定是无用的，整个调查活动洽谈也是失败的。

4. 要对时间选择进行决策。公共关系调查活动在什么时候进行，持续时间的长短，这些时间因素对调查活动的顺利进行，具有很大的制约作用。为了提高公众回答问题的主动性和从容性，一般选择节假日、公众休息时间开展调查。此外，为了保证信息资料的可信度，应规定在相对较短的某个时间内集中完成资料的收集工作。

（四）实施调查方案

实施调查方案，实际上就是调查者根据调查方案的既定计划，在既定的范围和时间内，利用既定的调查方式、方法，向既定的公众收集信息资料。这是整个公共关系调查过程中最重要的环节。

首先应该挑选出适合调查的公众群体，选择调查样本，把符合调查样本要求、具有代表性的公众作为本次调查的对象。然后，向他们发出问卷，引导调查对象认真、如实填写问卷。填好之后，应该及时回收和清理问卷。把其中不符合要求的问卷、没有做出回答的、明显有误的等无效问卷清理出来。最后，在此过程中，注意观察公众的言行，如实做好记录。利用这些附加方式收集到的资料更加真实、典型，因而更加具有公共关系决策价值。

（五）整理调查资料

资料收集任务完成后，即可转入信息整理阶段。资料整理不仅有利于分析、研究资料，而且有助于分析、研究资料，有助于调查工作的后期总结。

（六）分析、开发调查资料

分析和研究公共关系调查资料，实际上就是信息开发、利用，其中最重要的工作就是开发资料。所谓开发资料，就是从纷杂的信息资料中判断出企业的实际形象，找出宣传企业的机会点，形成公共关系创意点子，提出解决问题措施的过程。

（七）总结调查工作

总结是调查工作的最后一个环节。在这个阶段，涉及的工作主要是撰写公共关系调查报告。报告是调查者根据公共关系调查活动获得的信息资料和据此而形成的分析结论所拟写的一种应用文。公共关系调查报告有其基本文体格式、写作内容方面的要求，但在具体写作过程中仍应针对具体情况，灵活安排其写作结构。

## 三、内容

据美国《幸福》杂志记载，全美排名前 1 000 名的大公司中，有一半以上的公司使用了公共关系调查。如此多的大型公司如此重视公共关系调查，那么公共关系调查到底调查些什么？

公共关系调查的内容一般可涉及以下几个方面：

（一）组织的内部环境和外部环境的调查

内部环境包括组织的基本情况：组织设立的时间、历史上重大事件和主要业绩。经营目标和企业理念，职工队伍情况，如年龄结构、文化程度、家庭生活、专业特长、兴趣爱好等。职工的心态，对组织的期望及对组织发展的意见。外部环境指组织在社会中的地位、处境，行业竞争状态、产品销售区域、客户情况及客户的意见、动机等。

（二）围绕产品的调查

调查组织为社会提供的产品是否具有优势，是否为顾客带来便利，是否具有价格优势，顾客使用这种产品对顾客意味着什么？如消费麦当劳是一种快节奏、高效、高质的生活意味，而每周参加健身和美容是白领生活的意味等。除此之外，产品调查还包括对产品生命周期和延伸替代品的调查。

（三）围绕消费者（顾客、客户）的调查

调查消费者的意愿、消费者的心理价格，对产品的增值期望，对维修、售后服务的要求。对流通通路的选择，调查未来顾客和当前顾客及潜在顾客的群落。调查消费者对组织的评价，顾客对组织的期望，以及调查顾客的不满和抱怨等。

（四）针对传播工具和媒介的调查

调查组织与公众之间沟通信息的渠道。调查相关媒介的特点：收视、收听率、观众群体，覆盖范围、收费情况、排行等。

（五）社会环境宏观调查

调查某一国家和地区的经济、文化、风俗习惯等宏观概貌，调查一个地区或国家的历史沿革和商业机会、社会发展趋势等。

调查可大可小，大的调查委托专业调查公司实施，小的调查可能只需打几个电话或查找资料就可完成了。一个组织围绕塑造形象、诊断环境所作的调查，一是预先调查，所谓“入乡随俗”，二是发展中的调查，所谓“认识我自己”，还有一些是针对具体的调查，如对产品、对消费者的调查，所谓“市场的试金石”等。

**四、调查方法**

当调查的主题确定之后，就需要选择恰当的调查方法，以便对调查的任务展开实施。调查的方法按照公共关系调查人员是否与公众直接接触可以简单分为：直接调查法和间接调查法，也有的学者将其分为第一手资料和第二手资料收集法。

（一）直接调查法

直接调查法是指公共关系调查人员参与性调查，大概包含三种办法：

1. 个人接触法

公关调查人员通过直接接触和体验，直接掌握信息，了解公众的需求和动机。

2. 深度访问法

是指公共关系人员有目的、有方向、有选择地选取公众的代表进行深度访问，以便典型性地了解公众的经验、需求等。

3. 公众座谈会

组织根据突出的问题和需要解决的问题，选择有代表性的公众集合，进行座谈征询，以求集中、高效地了解公众信息。

直接调查法也就是第一手资料收集和调研的方法。

（二）间接调查法

间接调查法是指公共关系人员不直接与公众接触而是通过中间环节如调查公司、问卷、案头资料、媒介信息、公用信息等办法获得数据，进而针对公众的有关信息进行提炼、推论，以完成调查之目的。间接调查法即第二手资料收集和调查方法。

（三）公共关系调查的具体方法

公关调查的方法，进一步细分可以分为以下方法：

1. 观察法

观察法是指公共关系人员以眼睛、触觉等感官来完成对信息的搜寻。观察法还可以分为非参与观察法和参与观察法。非参与观察法是指调查人员只作旁观和记录，而不参与其中的一种观察法。例如，对某一商业区的客流量的计算，调查人员只选取几个时间段，对人流、车流进行统计，最后选取平均值和得出高、低峰值即可。参与观察法则是指调查人员以个人体验的形式，如作为顾客、消费者，参与购物、消费和娱乐等活动，以自身体验进行测评考量的一种观察法。参与性观察法还分为公开参与观测，如空姐向铁路乘务员学习，上铁路当一个路段的乘务员。秘密观测法，如调查人员以顾客的身份打客户服务电话等。

2. 实验法

把产品或服务内容在小范围内进行试验测评，公共关系人员进行反馈收集。如台湾企业康奈儿公司拟在大陆开发方便面的时候，曾邀请100多人进行品尝，对该产品的味道、主料、配料进行定型，最后定型为牛肉面，在大陆获得成功。实验法一般在两个范围内进行，一为实验室内试验，在组织内部或者更小范围内进行。二为在部分消费者中试验，这些消费群应是可回访可控制的范围，在试用后能收集反馈的群体。P&G 在推广潘婷洗发水时，20世纪90年代初就在北京举行过60万户派送活动。让这60万户居民试用小袋装洗发产品，为下一步市场推广打下良好基础。

3. 访问法

由公共关系人员向目标对象提出问题，收集反馈的直接调查方法。可分为面访、电话访问、传真访问、单独访问和小组访问及开座谈会等集体访问的方法。

4. 资料研究法

资料的取得，有时来自于公共关系公司的调查部门所拥有的资料，有时来自客户（组织）自身的调查统计部门，也可能有来自社会上独立的调查公司，或来自国家统计局等官方的调查资料的发布。作为工具性的数据发布，国内目前最著名的有：央视——索福瑞收视指数的发布；北京广播学院广告系自1995年开始向社会提供的IMI生活形态和消费者市场调查数据年鉴；还有国家统计局每月发布的有关信息，以及零点公司等社会调查机构定期就某一方面进行调查，向媒体提供的数据披露。20世纪90年代，《中国青年报》曾在青年中针对青年人对日本的态度进行了大规模的调查，调查结果显示中国青年中70%的人对日本持有反感情绪。这一结果引起了日本政府及社会各界的极大震动。公共关系人员在做市场调查及公关策略之前，一般都会比较方便地使用案头所拥有的调查资料，作为粗略的决策依据。数据资料的取得一般可以通过查阅专业报告、年鉴或者向专业公司购买专项调查数据及上网查询等办法获得。使用这种方法的好处是可以使用现成的资料，速度快，比较权威，有专门机构对引用数据的准确性负责。弊端是：时效性略差，相对比较陈旧，且数据的针对性不强。

5．问卷调查法

是公共关系工作者就某一专题调查任务，设计问卷，由问卷人员通过向调查者进行面访或邮寄等方式获得调查者的参与与支持，并通过回收问卷，进行数据处理和获得调查结论的调查方法。问卷调查法专业化较强，相对比较科学，是公共关系调查中经常使用和备受重视的一种调查方法。

## 第二节　公共关系决策与计划

### 一、公共关系策划概述

（一）公关策划的含义

公共关系的决策与计划，可以简称为公关策划。它是指在调查分析组织形象差距的基础上，重新设计、策划组织的新形象，为改变组织形象设计出最佳的行动方案。

策划就是根据组织的现状和目标要求，分析现有条件，谋划、设计最佳行动方案的过程。换言之，策划是找出事物因果关系，选择未来可采取的途径，作为目前决策的依据。也就是预先决定做什么、何时做、如何做、谁来做等。

公关策划，就是公关人员根据组织形象的现状和目标要求，分析现有条件，谋划、设计公关战略、专题活动和具体公关活动最佳行动方案的过程。这个定义包含如下几层含义：

1．公关策划工作是公关人员的工作，是由公关人员来完成的；

2．公关策划是为组织目标服务的；

3．公关策划是建立在公关调研基础之上的，既非凭空产生，也不能囊括所有公关活动；

4．公关策划可分为三个层次：总体公关战略策划、专门公关活动策划、具体公关操作策划；

5．公关策划包括谋略、计划和设计三方面的工作。

（二）公共关系策划的性质与价值

1. 公共关系策划的性质

（1）公关策划是一门综合性学科，需要运用心理学、决策学、思维学、控制学、系统科学、运筹学等多方面的知识；

（2）公关策划是一门“软科学”，不仅靠先进的技术手段，而且靠人的智慧；

（3）公关策划是一门实用性很强的应用科学，是一个系统工程，需要科学、系统的逻辑思维能力和把握现实、预测未来的能力。

2. 公共关系策划的价值

（1）公关策划属于公关活动中最高的层次；

（2）公关策划是公共关系价值的集中显现，公关活动是连续不断的过程，在重要情况下，不搞公关策划是绝对不行的；

（3）公关策划是公关运作中的飞跃；

（4）公关策划是公共关系竞争的法宝。

## 二、公关策划的意义和作用

策划，按美国哈佛企管丛书的解释是一种程序，在本质上是一种运用脑力的理性行为。策划一般是针对未来的事物找出其因果关系，衡量未来可采取之途径，作为目前决策之依据，即预先决定做什么，何时做，如何做，谁来做。策划如同一座桥，它连接着我们目前与未来要经过之处。公关策划，就是公关专家运用高层次的公关方法、技能和智慧，对公共关系活动形成可操作性的整体战略、策略和运筹规划，提出公关决策、实施公关决策、检验公关决策，并对其全过程作双向对称考虑和安排。因此，公关策划与具体公关业务具有显著区别，是高级的公关活动。

在全国第五届公关理论研讨会上，针对社会上流行的“出点子”现象，有人指出，公关策划不是点子，而是一个系统、科学、完备的程序。点子只是流星闪光，转瞬即逝，而策划则是按照系统思路进行的，具有科学性、完整性、长期性的特点。潘肖珏同志认为，公关策划是一个系统工程，是科学与艺术的有机结合。

公关策划首先包括企业形象、产品形象、企业家形象三大部分。企业形象有员工形象、实体形象、价值观形象。企业形象通过理念识别、视觉识别、行为识别三个方面塑造；产品形象有核心产品、有形产品、附加产品三个方面组成；企业家形象有思维意识、心理意识、知识结构、能力结构、工作实绩五个方面。企业形象、产品形象、企业家形象融合而成为知名度、美誉度、信誉度，最终形成无形资产。

好的策划是成功的一半，日本索尼公司在开发超小型立体声放音机——“步行者”这一产品时，没有对它寄予太大的希望。因为该产品虽然具有体积小、分量轻这一优点，但不具备录音功能，这不能不使人感到美中不足。但是，当产品投入市场后，在同类产品每日最多只能销售一万台的形势下，超小型放音机的销售量却直线上升，进而在日本青年人中间迅速普及，成为市场上的一大畅销商品。意料之外的畅销，来源于卓有远见的公共关系策划，这就是，他们没有让该产品只风靡一时，而是把它作为一个社会现象和社会习俗固定下来。他们的具体计划是把宣传超小型收音机同当时正在流行的散步和滑雪等健身需要、室外活动需要结合起来，展开一场独特的公共关系攻势。具体做法是：将公布这一新产品诞生的记者招待会安排在东京闹市区的代代木公园举行。之所以在公园，是为了强调超小型放音机能满足室外活动需要的功能。公司雇用了很多模特，戴着立体声耳机，边散步边听音乐，或穿着旱冰鞋往来穿梭，给公园的游客留下了一种边进行体育锻炼、边欣赏音乐的深刻印象。此外，广赠说明书给记者，或请他们试用，并将产品赠送给知名人士，聘请他们作评论员，还在繁华地区作产品展览，很快“步行者”成为一种消费时尚。

针对不同的实际情况，有不同的策划。1977 年，日本兵库县舟波山上的居民，请一位专家为自己村落进行脱贫致富的策划。这位专家认真地进行现场考查，他看到的是深山寒舍、崎岖山路、茂密丛林；听到的是呼啸的山风、鸟鸣兽叫，荒凉无比，这里等于“没有任何东西”，而没有任何东西就等于生活在“原始”中。这种令人绝望的贫穷并未使专家丧失信心，他考虑到，生活在高度物质文明下的其他地区的日本人，普遍存有追求新奇生活、渴望回归大自然的心理，于是他就从山区的“原始”状态开始策划，让居民在大树上建造小屋，并使其布满全山。小屋离地三四米，能住五六人，透风、摇晃，能听到风声、鸟鸣……消息传出，城市人都想体验一下 1000 万年以前人类祖先树上筑巢而居的滋味，结果，人们纷至沓来，平均每天约有 100 人像猴子一样爬至树上小屋住宿，很是刺激。当然，来者要扔下很多钱。三年过后，这里宽阔的道路铺上了，巴士开进来了，居民的收入大为增加，村落开始繁华。由此可见，策划上没有“不可能”三个字，无论在任何绝望的情况下，只要从实际出发，总会找出办法的。日本经济界权威人士提出，本世纪末社会经济应高度重视“人性”和“全球”问题。所谓“人性”就是尊重人的价值，通过企业与内外部公众的协调，来争取人的自由发展、人格的高度完善以及个人价值的充分实现。“全球”就是树立全球第一的思想，即企业站在全球高度来处理提高国民生活质量、增加社会福利、保护消费者利益、保护生态环境、解决能源的问题。

20 世纪末，公关实践的一大发展趋势就是越发贴近企业的市场营销，公关与市场营销两大功能整合运作，形成“营销公关”（MPR—Marketing Public Relations）新概念。正如国外公关专家所言：“广告诉求至人心，公关诉求至人脑；广告动之以情，公关晓之以理。”现在海外越来越多的企业在调整对外宣传策略时，削减部分广告开销，以加大“营销公关”的投入。据有关人士统计分析，企业运用“营销公关”所取得的传播投资回报率，约为一般传统广告的三倍。美国一家最大的百货公司纽约梅瑞公司的店堂里设置了一个咨询服务亭，它为顾客提供的咨询服务别具一格。如果顾客在梅瑞公司没有买到自己想要的商品，它就会告诉顾客哪家商店有这种商品。这种一反常规的做法，一方面是从顾客的角度出发，更好地为顾客服务；另一方面又向竞争对手表示友好，以求建立一种融洽的竞争关系，改善竞争环境。这种作法，恰恰体现了一种“不战而屈人之兵”的公关艺术——“屈”竞争对手之“兵”，“屈”顾客心理之“兵”。在通常情况下，真理是在多数人一边，要相信多数人的选择。但有的时候，尤其是一种真理处于新生阶段时，真理往往为少数人所掌握，它要逐步由少数人向多数人普及。一个策划一旦得不到多数人赞成，很可能这个策划很独特、很新奇，极富创造性，所构想的深度、广度、高度、远度超乎常人，所以“曲高和寡”。正如一位外国名士所说：“新的事业，十个人之中有一两个赞成就可以开始。五个人赞成已经迟了一步，七八个人赞成已经太迟了。”“很多人认为稳赚钱的生意，但做起来就不稳赚钱。别人认为千万做不得的生意，往往隐藏着可赚大钱的机会。”这话里充满了多与少的辩证法。一个策划正确与否，不取决于赞成的人多或少，而要由实践效果来检验。

企业公关策划的方法很多，如利用事件巧妙吸引宾客等。日本电通公司曾利用企业搬迁这一平常事件，成功地导演了一出公关好戏。1967 年 7 月 1 日清早，2 000多名电通公司职工在公司经理的率领下，举着“谢谢银座各界人士过去的照顾”和“欢迎驻地各界人士以后多赐教”的旗子，浩浩荡荡地离开银座旧楼，向驻地新厦行进，沿街的公司、商店从业人员和顾客目送迎接这一壮观场面后，都异口同声地赞美电通公司。企业公关策划的方法还有举行庆贺，大造声势；开展联谊，以情感人；组织竞赛，吸引公众；进行赞助，欲取先予；做好服务，取信于民；开放企业，以形服人；抓住问题，化害为利；制造新闻，借冕播誉；运用广告，育蝶扬花等。

### 三、公关策划的内容

公关策划和设计包括许多内容，主要内容有以下几个方面：确定公关目标和目标公众，确定公关活动主题和公关项目、经费和时间等。

（一）确定目标和目标公众

1. 确定公关目标

公关目标是指组织在一定时期内期望达到的标准或目的。组织在不同的时期，面对不同的问题，都会有相应的奋斗目标，而目标又分为几种类型。如果我们以实现目标的时间长短为标准则可分为：

（1）长远目标。长远目标是从组织整体、全局出发，考虑组织未来的发展，高瞻远瞩，制定出的带有方向性、指导性、需作长期努力的理想目标。

例如，有些学校提出经过十年或更长时间努力，跻身于世界名牌学校的行列或全国名牌学校的行列。有的企业提出进军世界500强等。这些目标的提出，有一定的难度和高度，需经过长期的努力奋斗。

（2）近期目标。指组织在现有能力和水平的基础上制定出的在短时间内能达到的目标。它是辅助为达到长远目标而制定的短期、具体的实施目标。

例如，组织本年度工作计划、季度工作目标、年内预定的专题活动等。

（3）应急目标。指组织为应付突发事件、危机事件、紧急事件而迅速果断制定的相应目标，以及时应付、解决或平息这些事件。这些事件的发生具有偶然性、不可预知性、突发性，因此要求组织的应急目标要快速、灵活、果断、针对性强，讲究实效，立竿见影。

例如，澳大利亚有一家“索非利波”化妆品商店，老板的长远目标是扩大该店的知名度、美誉度，建立相对稳定的公众群，与顾客建立良好的关系。可是有一段时间，由于管理松懈，营业员对顾客态度十分傲慢和粗暴，不少顾客对这种服务态度极为不满，不愿再到这家商店购买化妆品了。顾客日趋减少，营业额直线下降，商店形象受损。商店老板得知此事，立即制定了应急措施，希望迅速转变营业员对顾客的态度。为此，在该商店门口贴出一张通告，为顾客设置一项特别奖项“怠慢顾客奖”。通告说明：凡是到本店购买商品的顾客，无论是看货、购货、退货，遇到营业员有失礼之处，只要顾客向老板提出，商店将发给顾客一笔“怠慢顾客奖”，奖励有现金和化妆品两种，顾客可任选一种。通告还规定，凡是营业员在一星期内出现两次被顾客提意见，则发给顾客的“怠慢顾客奖”，就从这位营业员的薪水中扣除。如果一星期内出现三次被顾客提意见，商店就将辞退这位员工。

该通告一经贴出，营业员立刻意识到问题的严重性，他们对顾客的态度来了个 180 度的大转弯，变得非常热情而有礼貌，光顾该店的顾客又逐渐增多，该店的形象得以好转。

2. 确定目标公众

组织在确定目标的同时，必然会涉及与实现目标相关联的公众，这些与组织实现确定的公关目标有密切的、重要的关系公众称为目标公众。

目标公众往往是组织全部公众中的一部分。目标公众的确定是在对公众群进行调查分析的基础上，层层筛选，逐步缩小范围，最后选定的。目标公众的确定主要有三条原则：第一，与组织公关目标密切相关；第二，在组织实力能够承受的范围内；第三，以组织最急切需要为原则。

（二）确定公关活动主题与活动项目

1. 确定公关活动主题

开展公关活动一定要有“卖点”，这个“卖点”就是中心，就是主题。突出这个“卖点”，才能达到应有的效果。公关活动主题是公关活动内容的集中体现，公关活动的内容以主题为中心，表现主题，突出主题。

公关活动的主题一般是通过各种媒体向社会公众广泛传播，是希望公众知晓，尤其是要让公众知晓，因此，主题的设计要求立意鲜明、语言精练、简明扼要、新颖生动，有吸引力、感召力。公关活动的主题有多种表现方式，可以是一句口号，或者一个陈述句，也可以是一个表白或公关广告用语等。如亚都人工环境科技公司曾在公关策划专家的精心策划下开展了一系列的公关活动，活动内容不同，主题也各具特色。他们开展爱心行动时，主题定为“亚都好气雾，爱心最称著”。在天津开展科技咨询活动时，他们的主题是一句广告标题：“有偿请教。”在给首都市民拜年的公关活动中，他们的主题则是一句表白：“亚都给您拜年。”这些主题对亚都人工环境科技公司开展公关活动起到了重要的指导作用。

1999 年 9 月 19 日，在宜昌举办的首届湖北名酒节，主题为：“友谊、发展、长久。”选择的日期与举办的酒节巧妙地融合在主题词“久”中，构思新颖独特。

2. 确定公关项目

公关项目多种多样，组织一般根据公关目标的要求及自身客观条件围绕公关主题来确定项目。公关项目大致有以下几种：

新闻发布会、展览展销会、社会赞助活动、公众座谈会、联谊会、周年纪念会、庆典活动、参观活动、社会公益活动、消费指导活动等。

（三）预算经费和时间

经费预算主要包括：公关活动项目费用（如新闻发布会、展览会、庆典活动、社会赞助等费用），人员工资及劳务报酬，器材、设备费用等，公关广告宣传费用，办公费用等。经费预算要留有余地，有一定的机动性和灵活性，以应对公关活动的变动性。

为了提高效率，节省时间，对公关活动的时间安排要认真计划、精心设计。时间预算和经费预算一样，需要有一定的灵活性和伸缩性。

（四）撰写书面报告

公关设计书面报告的内容一般应包括：

1. 项目名称；
2. 策划人；
3. 项目现状；
4. 公关目标；
5. 目标公众分析；
6. 公关活动；
7. 媒体选择与策略；
8. 具体活动安排；
9. 活动组织；
10. 经费预算等。

## 第三节　公共关系活动实施

**【案例】**

美国一家牛奶公司意欲将该公司的消毒牛奶打入日本市场。但是它却遇到了一系列障碍：

1. 日本的消费者对喝这种消毒牛奶是否有好处持怀疑态度。

2. 日本消费者联盟反对这种产品，担心消毒牛奶的安全问题。

3. 靠近大城市的牛奶场主反对消毒牛奶的分销，害怕与此竞争。

4. 由于有关利益集团施加压力，几家大零售商表示不愿意经销这种牛奶。那些依靠国内货源而兴旺起来的牛奶专业商店，也反对消毒牛奶的引进。

5. 卫生福利部门和农林部门表示，他们首先将等待和观察消费者能否接受消毒牛奶，然后再决定赞成还是反对消毒牛奶广泛销售。

为了排除这些障碍，公司的第一步行动是与日本卫生部门联系，使之批准销售该产品，因为没有该部门的批准，公司就无法实施下面的计划。在此之后，第二步是说服大零售商来经销消毒牛奶。第三步，与牛奶场取得联系。第四步，对消费者进行指导消费教育。这四步均是在前一个行动取得成功的基础之上，逐步迈向目标的。

在上述这个小案例中，我们能够看到针对存在的困难，公司成功地进行了公共关系实施，排除了障碍。因此，公共关系如何实施在决定公司的成败方面起着十分重要的作用。

### 一、公共关系实施的原则

公共关系实施的特点决定了公共关系人员在实施的过程中，一定要按科学规律办事，遵循以下几项原则：

（一）目标导向

所谓目标导向是指在公共关系实施过程中，保证公共关系实施活动不偏离公共关系计划目标。执行目标导向的原则实际上是加强控制的一种手段。从广义上说，控制就是掌握事物的发展及进程，不使其任意活动或越出范围。控制也被看作是管理的一个职能，而且多是与实施活动联系在一起的，比如管理科学中的五要素说（计划、组织、指挥、协调、控制）和三种有机职能说（计划、组织和控制）。实际上，公共关系的实施过程也离不开控制。控制过程就是实施人员利用目标对整个实施活动进行引导、制约和促进，以把握实施活动的进程和方向。因此，目标导向原则也称目标控制原则。不同的控制有不同的控制主体、客体和手段。目标控制的主体是实施公共关系的社会组织，客体是社会组织的公众，其手段就是目标本身。

（二）整体协调

所谓整体协调就是在实施过程中使工作所涉及的方方面面达到和谐、合理、配合、互补、统一的状态。协调则强调实施过程中的各个环节之间、部门之间及实施主体与其公众之间相互配合，不发生矛盾或少发生矛盾，当矛盾产生时，也能及时加以调节解决。

最普遍、最常见的协调有两类：一类是纵向协调，一类是横向协调。

纵向协调是指上下级之间的协调。为了保证此类协调的效果，须注意以下几点：第一，上级部门对下级部门要有充分的了解；第二，上级部门提出的新行动措施不可在下级部门毫无思想准备和组织准备的情况下突然付诸实施；第三，实施计划中的主要目标和措施必须告知下级部门及全体实施人员；第四，下级部门必须实事求是，如实反映情况。

横向协调是指同级部门或实施人员之间的协调。横向协调通常采用当面协调、文件往来等形式沟通信息，从而达到协调的目的。

无论是纵向协调还是横向协调均要依赖信息的沟通，沟通过程中传递的信息应具有明晰性、一致性、正确性、完整性等特点。

所谓明晰性就是沟通的信息要有清楚明确的表达，并能在实施人员的心目中形成清晰的印象。如果不能明确地表达实施计划的指令和概念，目标上下不能统一，那么，实施人员就不能抓住整个公共关系计划的重心，协调工作也会因目标不明确而无所适从。

一致性的特点在于实施人员所接到的指令往往不止一个，这种先后发布的指令必须前后一致，否则，实施人员就会对指令感到困惑不解，协调只会成为空谈。

正确性是指要避免信息失真，不要在沟通过程中有意无意地曲解信息的内容并加上自己的主观解释。否则协调工作也不可避免地因信息失真而偏离既定的目标。

完整性的要求是建立双向交流的信息通路。只有通过双向的信息交流，才能有效地进行协调。

总之，协调的目的，是要使全体实施人员在认识和行动上取得一致，保证实施活动的同步与和谐，提高工作效率，减少或杜绝人力、财力和物力的浪费。

（三）反馈调整

反馈是控制论中的一个重要概念，也是公共关系实施中的一个重要概念。它是指：把施控系统的信息作用于受控系统（对象）后产生的结果再输送回来，并对信息的输出发生影响的过程。由于人们通常要用这种反馈后所获得的认识来调整公共关系的实施活动，所以又称之为“反馈调整”。

由于公共关系实施的环境和目标公众的情况是复杂而变化的，因而，在实施过程中，必须不断地把公共关系计划在客观环境中实施的结果与公共关系目标相对照，如有偏差，应及时对计划、行动或目标做出相应的调整。要依靠各种形式的信息反馈渠道，把方案实施的各种信息及时、准确地搜集汇总起来，经过研究分析，作为采取调整行动的依据。这里应该说明：一项公共关系计划的制定与实施，并非作一次反馈调整便可解决一切问题。它需要经过多次循环往复的反馈、调整，使实施不断完善，直至完成公共关系计划，实现战略目标。

### 二、公共关系实施的特点

公共关系实施过程包括以下环节：首先是实施的准备阶段，它包括设计实施方案，制定对各类公众的行动、沟通计划，确定实施的措施和程序；建立或组成实施机构，训练实施人员。其次是实施的执行阶段，实施机关按照已经设计好的实施程序，落实各项措施。最后是实施的结束阶段，同时为下一阶段的效果评估做好相应的准备。具体而言有以下特点：

（一）动态性

公共关系的实施是由一系列连续活动构成的过程，是一个思想和行为需要不断变化、不断调整的过程。这是由于：一方面，一项公共关系计划无论制定得多么周密、具体和细致，与实际情况总会存在或多或少的差异；另一方面，随着时间的推移，实施的进展，环境的变化，实施过程中仍会遇到一些新情况和新问题。因此，不断地改变、修正或调整原定的实施方案、程序、方法、策略等则是实施活动中不可避免的正常现象。这种现象的出现说明计划实施正处于顺利状态，并非在实施计划中有随意性。如果不考虑社会环境的发展而引起的条件变迁，却按一个固定的模式去机械地“执行计划”，那就不仅不能实现计划目标，反而会给组织招来新的麻烦。讲实施过程的动态性，并不意味着实施人员可以随意以一些无关大局的变化为借口而不按原计划去进行实施。公共关系实施的动态性与实施人员的主观随意性不可混为一谈。

（二）创造性

由于实施是一个不断变化和需要调整的动态过程，实施者需要依据整个实施方案中的原则与自己所处的环境和面临的条件确定自己的实施策略。如：准确地选择传播渠道、媒介与方法，合理地选择时机，正确地分配任务，灵活地调整步骤等。公共关系计划实施的过程决不是一个简单的照章办事的过程，而是一个由一系列不同层次的实施者发挥主观能动性的过程。实施人员应该充分地发挥自己的积极性、主动性和创造性。从这个意义上说，公共关系的实施过程不仅是一个对原计划进行艺术的再创造的过程，也是不断丰富公共关系实务经验的过程。

（三）影响的广泛性

一项公共关系涉及众多的因素和变量，它会对各类公众产生广泛的影响。然而，公共关系所产生的影响在方案策划阶段还只是纸上谈兵，只有在计划实施后这种影响才能真正地体现出来。公共关系实施所产生的广泛影响主要表现在以下两个方面：

1. 公共关系活动的实施，会对众多的目标公众产生深刻的影响。一项公共关系成功实施后，常常会使该社会组织的异己力量变为自己的合作者和支持者。即使有时不能让目标公众从立场上进行彻底的转变，也能在观点、态度等方面也会使其产生不同程度的变化，至少可以令目标公众从对社会组织的负态度（敌视、偏见、漠然、无知）向正态度（了解、理解、感兴趣、支持）方向有所转化。

2. 公共关系的实施有时还会对整个社会的文化、习俗产生深刻影响。看似平平常常、简简单单的快餐业，作为一种快餐文化，它正在悄悄地改变新一代美国人的生活方式。可以肯定地说，60年前，绝大多数美国人全在家吃饭，下馆子被视为是奢侈之举。但到了20世纪80年代，美国人1/3以上的饮食生活费都花在餐馆里了。如今，这个比例很快达到了50%。美国《幸福》杂志高级编辑比尔·赞布里托专门对饮食服务业做过追踪报道。他认为这种由厨房走向餐馆的现象折射出美国人生活方式已发生了巨大而深刻的变化。尤其是在二战后出生的美国人，他们几乎是伴随快餐业的繁荣而成长起来的。美国的连锁快餐店正在走向世界，它已经征服了年轻一代的美国人，也正试图征服包括中国在内的新一代外国人。由此可见，一项公共关系的实施所产生的影响和作用往往不局限于其本身所制定的目标，而对整个社会的进步产生推动作用。

## 三、公共关系实施的意义

公共关系的实施，就是在公共关系计划被采纳以后，将计划所确定的内容变为公关实践的过程。从一项公共关系计划制定到计划目标的完成之间，还存在着一段相当长的距离，存在着一个复杂的过程。这个过程是公共关系“四步工作法”中的第三个环节，而且也是最为复杂、最为多变的一个公关计划实施环节。一项公共关系计划的实施，其重要性足以和制定计划本身相比，从某种意义上讲，甚至比计划的制定更为重要。这是因为：

（一）公共关系的实施是实现公共关系目标的保障

公共关系的终极目的不是研究问题而是解决问题。公共关系调查研究、制定计划是发现问题、研究问题的过程，而计划的实施才是具体地解决问题达到目标的过程。一个完美无缺的公共关系计划，如果不付诸实施，而是束之高阁，那么，它无论是对社会组织还是对公众都是毫无意义的纸上谈兵。

（二）公共关系的实施决定了计划能否实现及其程度和范围

成功的实施，可以圆满地完成计划中确定的任务，实现计划目标，甚至还可以由实施人员创造性的努力来弥补计划的不足。这种实施活动的成功之处就在于实施人员能够选择最有效的途径和手段，采用多种方法和技巧。在公众中树立本组织的良好形象。实施的失败，不仅不能实现计划目标，有时还可能使计划中想要解决的问题更加恶化，甚至完全与计划目标背道而驰。从这个意义上说，实施这一环节不仅决定了计划能否实现，而且也决定了实现的效果。

（三）公共关系实施的结果是制定后续方案的重要依据

一项公共关系的实施过程不论成功与否，都会在社会上造成一定的影响和后果。因此，可以说，我们面临的社会现状，就是过去社会组织开展公共关系工作所形成的结果。制定公共关系计划必须要以社会组织所面临的现状为依据，特别是要注意将前一项公共关系计划实施后由各种渠道反馈回来的信息作为依据。以前一项公共关系计划实施的结果为基础，针对新出现的问题制定新的计划，可以说是公共关系计划制定过程中必须遵循的一个原则。因此，前一项公共关系计划实施的情况，对后续方案的制定具有重要的意义。

总之，计划的实施是整个公共关系工作中的一个极其重要的环节。同时，它的作用和影响又贯串于整个公共关系工作过程的始终。重视研究公共关系计划的实施对提高公共关系工作的效率和效益有着重大的现实意义。

**四、公共关系实施的主要内容**

公关实施应包括两大方面的具体内容：

（一）由经理层执行的有关加强或调整组织的政策、行为的活动。这方面的内容一般是由公关调查后提交最高决策层进行决策，制定出计划和详细的措施，这些计划和措施要在公关计划中加以体现，并与传播计划一道提交各部门执行。

（二）由公共关系部门执行的公共关系的传播活动。从公共关系部门的活动看，公共关系实施的内容主要有：

1. 统筹公关计划和具体公关方案的执行；

2. 促使组织进一步自我完善；

3. 高质量地完成各种传播沟通所需的软件材料；

4. 确保有计划地通过预定的渠道，把预期的信息传递给特定的对象公众；

5. 因势利导，依据情况的变化，灵活掌握计划的执行，及时准确地决定处理计划中没有考虑到的问题。

## 五、公关实施中应注意的几个问题

1. 公关实施的管理，其基本方法既要注意统筹管理，又要注意全盘协调来完成。要把公关计划的具体要求，方案中对各项目实施的详细安排都交给参与实施的工作人员，让大家都明白各自执行的具体任务、具体职责以及和整个公关活动总目标的关系。

2. 公关实施的管理要注意组织行为和传播的配合。除了严格按照公关计划的要求，督促组织按要求采取必要的措施和行动外，还应积极主动地排除一些临时出现的，或发现的有碍公关实施的一些组织行为。如：有待改进的消费者服务；需要健全的公众接待制度、接触方式、产品或服务的品质问题；产品外观设计的形象问题等等，这样才能确保公关计划的实施。

3. 公关实施的管理上要注意对各种信息制作的质量进行控制，严格把关。如对新闻稿的写作；供各种媒介使用的广告作品的制作；大规模的公关活动的筹办；甚至小到通知书、邀请信的制作等，都要反复推敲，使之达到最佳效果。

4. 对各种具体媒介的时间或空间的购买，要严格按照媒介战略中的要求执行。如果出现环境条件不允许，也得尽可能使新购置的“时”、“空”能满足传播的需要。

5. 公关实施要注意照顾到不同类型的公关活动的特点。

6. 要注意对公关策略的把握。

## 六、公共关系实施中可利用的时机把握

公共关系的实施既需要按部就班，又需要灵活机动。在公关策划中，虽然已考虑到了可能利用的时机，但这只是一种预测性的考虑，在实际生活

中，一切又是变化不定的。在具体实施时，面对的是日新月异的变化形势，还需要特别注意对时机的把握。把握利用有利时机主要有以下几种类型：

1. 适时利用可能形成新闻事件的时机。如天津“海鸥”手表，利用赞助北极探险时机来进行宣传，取得了良好的效果。又如，利用各种大型运动会、赞助大型社会文化交流活动等都可造成大的社会影响。

2. 抓住有利的已形成社会注意的新闻，因势利导，加以利用，以扩大影响。如苏州香雪海电冰箱厂利用报道上海某地居民由于使用该厂的电冰箱省电，被人怀疑为偷电，后双方争吵以至要求法院调解的新闻，因势利导，派出专人帮助用户认真检查，验证了使用香雪海冰箱的确能省电的事实。并对此事件的调解过程、检测结果等做进一步报道和宣传，扩大了该产品在上海的影响，进而拓展了上海市场。又如，不少企业，利用产品得奖、企业晋级等新闻时机来策划公关活动，都能较快、较容易取得好的效果。但对此类时机，一般要敏感，利用要及时，一旦错过时机，气氛就差了，社会注视就会减弱，效果就会失去。

3. 利用一切和名人、权威人士接触交流的时机，借助权威的声望来进行公关宣传。如广东三水县的健力宝最早就是利用营养学家来厂参观的时机，通过权威的营养学家对本厂产品的品尝、鉴定，向社会推荐而一举成名的。

4. 把握好有利的新闻发布时机。一般企业的新闻发布、信息传播都会受到社会大环境中其他信息的影响。如：当社会上发生重大新闻事件，形成极大的社会注视中心，这里企业发出的信息，就会受到影响而被忽视，产生不了预期的效果。因此，对于需要达到引起社会关注的公关活动，此时就应暂缓进行，避开这种不利时机，待这种社会事件逐渐平静下来后，再寻机进行。反之，如果采取的公关活动是想避免造成社会太大的关注，避免引起太大的冲击和影响，就应选择如上时机。

## 第四节　公共关系效果评估

### 一、公共关系效果评估及其研究意义

公共关系效果评估，就其科学性而言，指的是有关专家或机构依据某种科学的标准和方法，对公共关系的整体策划、准备过程、实施过程以及实施

效果进行测量、检查、评估和判断的一种活动。其目的是取得关于公共关系工作过程、工作效益和工作效率的信息，作为开展公共关系工作、改进公共关系工作和制定公共关系新计划的依据。

1977 年，在美国电报电话公司（AT&T）的资助下，美国公共关系效果测量联合会（The Nationnal Conference on Measuring the Effectiveness of Public Relations）在马里兰大学正式建立。随后，美国公共关系协会要求申请加入这一协会的组织，提供对其公共关系活动进行详细评估的具体方案，这一做法“标志着这一行业成熟时期的到来”。现在美国的许多大学已经把“公共关系评估”列为公共关系专业的一门重要的必修课。

然而，美国公共关系协会于 1980 年调查发现 70%申请加入该协会者不符合这一要求。1982 年，美国《财富》杂志对1 000家企业进行调查，发现其中 48%运用了评估的方法，而其余 52%则没有运用这一方法。迄今为止，我国大多数社会组织领导人对公共关系评估缺乏正确、全面的认识。公关人员要说服社会组织的决策者投资 1 万元进行效果评估，恐怕要难于当初说服他投资 100 万元开展某项活动。在公共关系学界，尽管有专家包括公共关系事业极为发达的美国专家，进行一些总结工作，但很少有人能够运用科学的方法进行评估。

比如，在准备传播时并不去检验针对主要公众群体的初步传播战略和计划，或去了解有关的民意调查情况，而只是靠自己的专业经验办事。在观察信息传播的情况时，不是通过搜集材料对正在进行的事件做正式的分析，而只是同大众媒介的专业人员进行私人接触。在评估传播的效果时，既不通过分析邮件或电话中表达的公众意见，也不通过用科学的方法进行公众舆论调查来了解传播的影响，而只注重他们自己和公众接触时所获得的反应。出现这些情况的原因，除了缺少专业评估人员和评估知识外，还在于对公共关系效果评估的作用不太重视，认为它可有可无。

当今时代，无论是国内还是国外，无论是传统产业还是高新技术产业，对作为建立和维护良好声誉的公共关系学科提出了新的更高的要求。美国雷金斯·麦肯纳（Regis McKenna）在为杰弗里·摩尔（Geoffery A. Moore）的《未来飓风——高新技术产品营销策略》一书作序时强调：“市场营销要重新改变策略，要将重点从‘售货’转移到建立‘公共关系’上。”“市场关系的核心是建立和维护与所有建立高新技术市场的成员的公共关系。”在被世界营销与公共关系学者公认的科学的公共关系工作程序中，公共关系效果评估是不可或缺的重要步骤和环节。

1999年，国家劳动和社会保障部将公共关系列为一种新的职业，制定了公共关系人员职业鉴定标准。可以说，公共关系在我国得到了前所未有的发展，取得了空前的地位。尽管如此，就目前国内外的研究情况看，关于公共关系效果评估在理论和实践两方面都还存在着一些值得深入探讨的问题。对这一领域问题的探讨，具有很强的理论意义和现实意义。

## 二、关于公共关系效果评估的基本标准

### （一）评估标准与目标体系

评估标准是评估人开展公共关系工作绩效评估的依据。从最根本的意义上说，公共关系评估的标准只有一个，即社会组织施行该公共关系项目要达到的目标。

美国丹尼斯·威尔科克斯在《公共关系的战略与战术》一书中指出：在对任何公共关系项目进行适当评估之前，必须首先明确一定的目标，目标应具体化。所以，他从四个方面来评价公共关系项目欲达到的目标的完成情况，这就是：第一，现实的标准，即目标是能够实现的，是完全可以达到的；第二，可信的标准，即现有的成绩确实是该公共关系活动实施的结果；第三，明确的标准，即公共关系活动要避免抽象、模糊的许诺；第四，可以接受的标准，即公共关系活动应该符合公众和客户对公共关系的期望。

在进行公共关系评估时，最重要的是如何能使我们的评价标准与公共关系活动的目标相一致。具体说来，如果目标是通知性的，如“引起对……的注意”、“提高……的形象”、“引导顾客……”、“通知公众……”等等，那么，评价的标准就应能测量信息对人们的态度或外在行为的影响。

### （二）评估的基本标准

公关活动效果的好坏是以是否达到公关活动目标来衡量的。由于所要完成的公共关系工作或项目的目标不同，所以，公共关系行业没有制定出适合所有公关活动、项目和事件的评估标准与评估模式。我们认为，可以从常用评估标准、定性与定量标准两方面来考虑。

1. 定性与定量标准

通常，评估人从定量和定性两大方面来确定评估的基本标准，故有人称为评估的定量标准和定性标准。定量标准是对评估标准给予特定的数量化。数量的表示有绝对数和相对数两种。如“要在一个月之内让10万人称赞我

们的产品"，属于绝对数标准，"在这个地区，我们的产品提高了10%的知名度"属于相对数标准。定性标准是对评估对象进行性质描述，如"他们这个企业的整体形象很好"、"知道我们产品的人非常多"、"这次活动的影响很大"等。

2. 常用评估标准

尽管不同的公共关系活动评估标准不同，但无论开展什么样的公共关系活动，都有一些共同的评估标准。主要是：总体效果；受众覆盖面；受众反应；信息作用效果；活动效益等。应分别从需求、过程、责任、效益等方面制定标准。

## 三、公关评估的主要方法

公共关系活动实施效果如何，是公共关系人员和组织的决策部门及高层领导共同关心的问题。检测效果的方法很多，下面介绍几种常用的方法：

（一）内部自我检测法

内部自我检测就是组织内部的公关人员和领导，对其公共关系实施的效果进行评价。这种评价可在公关活动过程中经常不断地、随时随地地进行，但缺点是常常受到一些主观因素的影响，需要公关人员自觉努力去克服。

（二）外部专家检测法

聘请组织外部的公共关系公司或公共关系专业技术人员对本组织公关活动的效果进行评价，称为外部专家检测法。这种评价一般比较客观，但由于评价人员对公共关系的过程了解较少，评价结果有时欠准确。

（三）个人访谈法

个人访谈法就是由公关人员向被访对象发放问卷，当面或通过电话访谈来检测公关实施效果的方法。这种方法能直接了解被访对象的反应，收集的资料较真实可靠。其缺点是费时较多，被访对象不好选取。

（四）舆论调查法

检测公共关系活动的舆论调查法有两种，一是在活动前后各进行一次调查，并将调查结果进行比较；二是仅在活动结束之后进行一次调查。舆论调查法是根据目标公众对组织所发生的变化去检测公共关系活动的效果。

（五）效益检测法

根据经济效益的统计数字对公共关系活动的效果进行评价的方法称为效益检测法。这种方法主要为了检测促销的公共关系活动的效果。如果一个企业的产品质优价廉，但由于知名度不高而销路不畅，经过开展公共关系活动后，产品的销路打开了，销售额和利润均增加了，企业的知名度和美誉度也提高了，这种情况下就可以用公关前后有关数据来衡量公关活动的效果。

【思考题】

1. 简述公共关系调查的一般程序和调查方法。
2. 怎样理解公关策划的意义和作用？
3. 公关策划的程序和步骤有哪些？
4. 公关传播在公关实施中的作用是什么？
5. 怎样对公关活动的效果进行评估？有哪些评估方法可供应用？

【案例】

## 加州杏仁商会的新产品市场推广活动

**现状分析**

加州杏仁商会致力于推动加州杏仁——一种甜杏仁的消费。作为加州6 000多杏仁种植商的代表，加州杏仁商会的任务是在全球范围内推动杏仁消费。为了促进加州杏仁在中国的推广和销售，加州杏仁商会委托凯旋先驱公共关系有限公司在中国规划并执行活动。

研究表明，中国消费者了解加州杏仁含有对心脏有益的特殊成分，富含维生素和矿物质。但是这些信息全部来自西方的科研结果。如何将这些科研成果传播给既接受传统中国健康概念，又接受西方健康概念的现代中国大众？如何解决杏仁在中国的高价问题？这是加州杏仁商会在中国推广杏仁消费首先需要解决的问题。

和过去不一样的是，随着生活质量的提高，中国人极为关注健康状况，他们渴望的是一种高质量的生活方式。因此，人们努力从媒体和各种渠道中获得有关营养的知识，来提高他们的生活质量。一旦他们知道什么食品适合自己，以及这些食品所具有的独特的营养价值之后，他们就会持续购买这些食品，形成一种固定的消费模式。面对中国如此巨大的消费品市场，可以想象人们观念变化将会为生产厂家带来的丰厚的利润。

但是中国消费者在接受“新食品”方面有些保守，所以首要的任务就是让消费者的观念有所改变。150 年前，啤酒和西红柿还是稀有事物，今天在中国却已经是主要日常食品，这就得益于人们观念上的变化。然而，中国的市场是多变的，人们的消费口味又是不同的，每天都有许多新事物正在被接受，或者被淘汰。媒体在引导人们消费观念的改变上起着重要的作用。消费者主要从报纸、杂志、电视、电台和互联网上来获取营养信息，对于中国餐桌上所不常见的食品，例如加州杏仁来说，情况更是如此。

**公关活动：健美人生巡回展**

加州杏仁商会希望借助于加州的健康形象，在消费者心中树立加州杏仁的健康形象。通过媒体宣传杏仁的健康信息，特别是有益心脏健康的科学研究，组织一些能传递健康信息的生动而别开生面的活动。

加州杏仁健美人生巡回展是凯旋先驱公关公司为加州杏仁商会开展的一个特别成功的活动，在消费者中产生了巨大影响。因为健美运动是一种朝气蓬勃而有吸引力的活动，在关注健康的雅皮士和大中学生之中盛行。

**目的**

将“杏仁是健康”和“杏仁蕴含高能量，是活跃人士最佳选择”等信息传递给消费者，鼓励消费者购买杏仁，享受健康、精力充沛的趣味人生。

**目标观众**

——商家/消费者；

——消费者、休闲类、食品及健康业界媒体。

**战略**

将加州杏仁商会与时尚健美运动及体育项目结合起来，在广大消费者心中树立一个鲜明的“加州杏仁，健康人生”的形象。

**策略**

——在广州颇具影响力的一家大型商场进行专业健美操表演活动。

——采用各种生动的活动来最大程度地加强加州杏仁的宣传和推广。例如标贴各种吸引人的标牌，一个真人大小的杏仁吉祥物，开展一次生动活泼的庆祝会，展示杏仁营养宣传品，进行消费者调查等活动。

**具体活动安排**

在每次为期两天的活动中，健美操表演队都邀请热衷时尚并喜好音乐的观众走上台去，加以指导并一起表演，就像是在电视里看到的健美操表演一样。在表演间隙，健美操表演者与观众进行一对一的交流，并把他们的舞步教给跟随者。活动的主持人一边讲授有关杏仁健康的小知识，一边不停地组织观众参与健美操表演。

为了突出加州杏仁的健康形象，表演者均要求身着统一的印有加州杏仁商会标记的服装。舞台的幕后背景以及舞台覆盖物均设计成广泛使用的绿色，一棵绿色的杏树在这片田野中突出了杏仁的健康形象。特大型的印有加州杏仁商会会标的舞台覆盖物和舞台背景非常有效地突出了这次活动的主题。此外，免费给在场的小朋友发放印有加州杏仁商会宣传语“送给幸福的人”的彩色气球，以引起孩子们的浓厚兴趣。活动的主持人不断地忙着在舞台上带领小朋友们做游戏并指导在场的观众参加健美运动。另外加州杏仁商会的吉祥物也出现在此次活动中，颇受小朋友和现场观众的喜爱，并引得众多媒体记者争相拍照。

据我们所知，这是中国首次举办该形式独特的活动，因此吸引了众多的观众，给消费者留下了深刻的印象。观众直接参与其中，并得到乐趣。这种吸引人的健美操表演不仅增添了活动的娱乐性，同时还将加州杏仁与传统的健康概念完美结合在一起。活动中还散发了营养手册，并设立了一个十分吸引人的健康知识信息台。另外活动中还穿插进行了消费者调查，每天大概有1 000名观众接受了有关的调查，目的是调查大众对于杏仁及坚果消费的观念和看法。

**活动效果**

1. 每次为期两天的活动均有10万多名观众参加；
2. 媒体报道的广告价值约有8 000美元；
3. 应邀采访该活动的记者中有53%对活动进行了报道；
4. 87%已发表的文章包含了有关健康信息的消息；
5. 213万人阅读了有关报道。

**结论**

我们从消费者中获得的信息是，此次活动成功地介绍并加深了加州杏仁是健康食品的有关信息和知识，并且进一步宣传了加州杏仁的高能量及它在中国内地所引导的食品新潮流。除此之外，现场的健美操表演活动更加突出了加州杏仁的形象及其所带来的动感健康人生。

通过仔细分析有关的信息，商会还对媒体发布的新闻报道进行了分析，这些报道有44%的包含了五项主要健康常识中的一项；重要的报道包含更多的信息；87%的报道至少有一项有关健康的信息。所有发表的报道中，均清楚地传达了这样的信息，即“加州杏仁是一种健康食品”，“加州杏仁与健美操运动是完美的结合”。

报道中同样强调了有关加州杏仁的其他健康信息，如杏仁可以降低胆固醇，有助心脏健康，可以补充精力，纤维含量高，营养价值高，且拥有低脂肪含量。

媒体的报道，包括新闻和图片均十分出色。由于健美操活动只是表演，不是比赛，因而没有电视方面的报道。

**经验**

如果能在活动现场向媒体特别介绍一些有关加州杏仁及健美操的健康知识，将对有关的报道大有好处。

孩子们是喜爱气球的。

成年人和小孩子对于加州杏仁吉祥物均十分喜好，很多人都愿意以此作背景进行拍照。

无论是媒体还是消费者都十分喜欢观看健美操的精彩表演。这种形式也是拍照的好机会。

凯旋先驱公共关系有限公司提供

# 第四章　公众分析与公众心理研究

市场的权力结构正在发生变迁，市场权力开始从过去的厂商，过渡到后来的渠道（销售商）和现在的消费者（顾客）手中。

——著名营销学专家唐·舒尔茨

**【本章要点】**

本章按目标公众的类别分为内部公众、顾客公众、媒介公众、社区公众、政府公众、名流公众和国际公众，并归纳了各类公众的特点及与组织的关系。最后对公众的心理作了深入的分析，这为公共关系针对目标公众进一步开展活动，创造了便利条件。

**【核心概念】**

公众分析　公众心理　公众需要

## 第一节　公众的分类

### 一、公众的涵义

公共关系是组织与公众之间的关系，公众是公共关系工作的对象，因此研究公众是公共关系学的一项基本性的工作。公众是公共关系学中最基本的概念之一。公共关系学所指的“公众”与我国传统意义的“公众”含义有所不同，它不是指群众、老百姓，也不是指社会上的大多数人，而应具体地称为“组织的公众”。其特定涵义是：任何因面临某个共同问题而与一个社会组织发生相互作用的社会群体。

### 二、公众的分类及意义

（一）公众的分类

公众的分类是一个复杂的问题，可以从不同的角度去划分。各种不同的划分方法对公共关系人员开展工作都有一定的实际意义。

1. 根据公众与组织的所属关系，可将公众划分为内部公众和外部公众。

内部公众指组织内部的各类成员，如企业中的员工、股东等。外部公众指组织外围的公众，如企业面临的顾客、原料供应商、产品经销商、政府部门、同行企业、新闻界等。

2. 根据公众对组织的不同态度可以将公众划分为顺意公众、逆意公众和独立公众。

顺意公众是指对组织的政策和行为持同意态度并积极支持的公众。对顺意公众，公关人员需经常与他们沟通联系，争取他们对组织的继续支持。逆意公众是指对组织的政策和行为持否定态度的公众。对逆意公众，公关人员应慎重对待，对他们对组织的看法要冷静、客观地进行分析，通过有效地开展工作，使其逐步转变对组织的态度。独立公众是指对组织的政策和行为持不明朗态度，既不明确赞同，也不明确反对。对独立公众，公关人员应高度重视，要将其作为工作的重点，争取使其逐渐转变成为顺意公众。

3. 根据公众对组织的重要性不同，可以将公众划分为首要公众、次要公众和边缘公众。

首要公众，是指对组织的生存和发展起决定作用的公众。对组织的生存和发展虽有一些影响，但不起决定作用的公众称为次要公众。边缘公众是指与组织有关系，但又不是首要公众和次要公众的公众。对于公关人员来说，应将主要精力用来沟通首要公众，把他们作为工作重点，对次要公众也不应忽视。在一般情况下，首要公众数量不一定多，而次要公众是比较多的。在公关工作中要把主要精力用在占公众人数比例较少的首要公众身上，要投入大部分人力、财力、物力维持和改善与他们的关系。

4. 根据组织对公众的态度来划分，公众可以分为受欢迎的公众、被追求的公众和不受欢迎的公众。

受欢迎的公众是指那些和组织两厢情愿的公众。这些公众主动地表示对组织的兴趣，而组织对他们也非常重视，如股东、赞助者等。被追求的公众，即组织对其一厢情愿的公众，如新闻机构。对于组织追求的公众，要采取积极的公关活动去争取，但要注意方式方法。不受欢迎的公众，指组织力图躲避的公众，如索取赞助费的团体。对不受欢迎的公众可以采取回避办法，与其保持适当距离，不必闹得沸沸扬扬。

5. 把公众作为一个过程来分类可把公众划分为非公众、潜在公众、知晓公众和行动公众。

非公众是指对组织不产生影响，也不受组织影响的公众。区分这类公众可以减少公关工作的盲目性，增强针对性。非公众有可能发展成潜在公众。潜在公众是指组织的目标和行为已影响到这些公众，而其本身尚未意识到。潜在公众在一定时期内，至少在意识到他们面临的问题之前，不会采取行动，他们对组织的影响力只是潜在的。在公关工作中及时发现潜在公众可以"防患于未然"。知晓公众是由潜在公众发展而来的，是指那些公众不仅面临着同一问题，并且已经意识到问题的存在。知晓公众一旦形成，他们就会急切地想了解问题的真相、原因和解决的方法。在公关工作中，能否以积极的态度、正确的方法对知晓公众开展公关活动，关系到公关工作的及时性，往往是成败的关键。行动公众是由知晓公众发展而来，对组织的影响已做出反应，并且准备采取行动和正在采取行动的公众。行动公众的形成可以对组织的生存发展构成直接威胁，对他们开展公关工作难度很大。

（二）确定公众并对公众进行分类的意义

合理的公众分类有非常重要的意义：

1. 为公关调查研究和组织形象评估确定范围；

2. 为制定公共关系政策、设计公共关系方案明确目标和方向；

3. 为公共关系活动的组织和实施打下基础；

4. 为科学评估公关效果提供依据。

总之，对公众进行分类可以使公关人员明确工作对象，认清主攻方向，抓住主要矛盾，从而为有针对性地开展公关活动提供先决条件。能使公关人员根据各类公众的不同特点选择有效的传播方式进行沟通，从而保证公共关系工作有较高的效率和较好的效果。

## 第二节　目标公众分析

### 一、内部公众

内部公众指组织内部沟通、传播的对象，包括组织内部全体成员构成的公众群体，如企业内的员工、股东；政府部门内部的干部、工作人员等等。内部公众既是内部公关工作的对象，又是外部公关工作的主体，是与组织自身相关性最强的一类公众对象。

加强内部公众沟通的目的，是培养组织成员的向心力、凝聚力；培养组织成员的主体意识和形象意识。其传播意义可以从两个方面来认识：

（一）组织需要通过自身成员的认可和支持来增强内聚力

一个组织的存在价值和整体形象在取得社会的认可以前，首先需要得到自己成员的认可；组织的目标和任务在赢得社会支持之前，首先需要赢得自己成员的配合与支持，否则，组织的价值和目标将会落空，组织将无法作为一个整体面对外部社会公众。每一个成员都是组织的细胞，他们对组织有机体的认同和依附，是这个有机体得以存在的基础。因此，良好的内部关系是公共关系的起点，组织内部的公关工作首先要增强内聚力，将全体成员组合成为一个有机的整体。

要达到这一目的，就需要将本组织的成员视作传播沟通的首要对象，尊重组织成员分享信息的权力，争取他们的了解与理解，形成信任与和谐的内部气氛。如果内部传播障碍，沟通不灵，成员对本组织的信息没有了解的优先权，甚至于外部社会早已纷纷扬扬，自己的成员还蒙在鼓里，就会在组织内部产生麻木不仁、忧虑不安、焦急烦恼、猜疑传言等消极情绪和现象，从而形成隔阂冷漠、离心离德的状况。要避免这种情况的发生，就需要健全组织内部的传播渠道，完善组织内部的沟通机制，使全体成员在信息分享和感情沟通中与组织融为一体。

（二）组织需要通过全员公共关系来增强外张力

一个组织的对外影响力有赖于全体成员的努力与配合。因为每一个组织成员都是组织与外部公众接触的触角，都处在对外公共关系的第一线；组织的整体形象必须通过他们在各自工作岗位上的良好行为具体体现出来。如电话总机的接线员，服务台、问询处、接待室的工作人员，行政部门的办事员，业务部门的业务员，乃至生产线上的员工等等，都是有形无形的公关人员，他们的一言一行都代表着组织的形象。在对外交往中，每一位组织成员都是非常重要的公共关系行为主体。这种主体性的发挥有赖于他们对组织的认同感和归属感，向心力和凝聚力。组织的外张力是与组织的内聚力成正比的。一个组织如果希望其成员能够时时处处自觉地维护组织的形象，就应该时时处处善待和尊重自己的成员，将他们作为重要的公共关系对象，努力培养他们对组织的认同感、归属感，增强他们对组织的向心力、凝聚力。

从管理哲学的角度看，公共关系工作要处理好团体价值与个体价值之间的矛盾。公共关系的目标是要追求较高的团体价值，即塑造本组织良好的整体形象，提高本组织的社会地位，争取较好的组织知名度和美誉度。从公共关系工作的实际着眼点来说，它是专门做人的工作的，必须从确立个人的价值入手，使团体中的每个成员（以及与这个团体有关的所有个人）都能在团体的环境中追求和实现个人的价值。如果能够创造这样一种团体环境：在这个环境中，个体能充分展示自己的个性和追求自己的价值，那么这个团体就具备了足够的凝聚力，并且使团体价值通过许许多多个体的创造性活动得以充实和体现。也就是说，追求团体价值的公共关系工作，首先应该从尊重个体价值做起，必须将个体价值与团体价值辩证地、有机地结合为一体。

**二、顾客公众**

顾客公众指购买、使用本组织提供的产品或服务的个人、团体或组织，如企业产品的用户、商店的顾客、酒店的客人、电影院的观众、出版物的读者等，包括个人消费者和社团组织用户。顾客是与组织具有直接利益关系的外部公众，是工商企业组织市场传播沟通的重要目标对象。

建立良好顾客关系的目的，是促使顾客形成对组织及其产品的良好印象和评价，提高组织及其产品的知名度和美誉度，增加对市场的影响力和吸引力，为实现组织和顾客公众的共同利益服务。对顾客公众做好公共关系的意义在于：

（一）良好的顾客关系能够为组织带来直接的利益

一个组织的存在价值，很大程度上在于其产品或服务能够得到顾客的接受和欢迎。组织的经济效益需要在市场上实现，而顾客就是市场，有了顾客才有市场。虽然与顾客的沟通并不等同于市场经营中的销售关系、直接的买卖关系，但良好的顾客公共关系的确有利于企业组织的市场销售关系，能够给企业带来直接的利益。因此，顾客公众是企业组织公共关系对象中利益关系最直接、明显的外部公众。顾客关系是企业市场经营的生命线。

在企业与顾客的市场供求关系之中，存在着大量的信息交流关系和情感沟通关系。没有充分的信息传播，没有融洽的感情沟通，市场的商品交换关系就难以建立，更难以稳定和持久。在争取顾客的注意力、影响顾客的消费选择和消费行为的市场信息传播竞争中，公共关系日益成为企业青睐的市场传播手段。它运用多元化的传播沟通方法去疏通渠道，理顺关系，清除障碍，联络感情，吸引公众，争取人心，为产品的销售营造一个良好的气氛与和谐的环境。

（二）良好的顾客关系体现企业组织正确的经营观念和行为

顾客公共关系工作要求企业组织将顾客的利益和需求摆在首位，通过满足顾客的需求和权利来换取组织的利益。企业组织的性质决定了它必然要通过经济活动去赢取利润；而公共关系的经营思想认为，利润不应该是企业贪婪的追求，而应该是顾客接受、赞赏和欢迎企业的产品和服务所投的信任票。只有赢得顾客的心、获得顾客的信任与好感的企业，才可能较好地获得自己的利润。因此，企业的一切政策和行为都必须以顾客的利益和需求为导向，在经营观念和行为上自觉地为消费者所有，为消费者所治，为消费者所享。而这种经营观念和行为必然表现为企业良好的顾客公共关系，即企业在市场公众心目中的良好声誉和形象。

**三、媒介公众**

媒介公众指新闻传播机构及其工作人员，如报社、杂志社、广播电台、电视台及其编辑、记者。媒介公众是公共关系工作对象中最敏感、最重要的一部分。这种关系具有明显的两重性：一方面新闻媒介是组织与广大公众沟通的重要中介，另一方面新闻界人士又是需要特别争取的公众对象。媒介与对象的合一，决定了新闻媒介关系是一种传播性质最强、公共关系操作意义最大的关系。从对公共关系实务工作层次来看，新闻媒介关系往往被置于最显著的位置，甚至被称为对外传播的首要公众。

与新闻媒介建立良好关系的目的是争取新闻传播界对本组织的了解、理解和支持，以便形成对本组织有利的舆论气氛；并通过新闻媒介实现与大众的广泛沟通，增强组织对整个社会的影响力。媒介公共关系的意义在于：

（一）良好的媒介关系有利于形成良好的公众舆论

新闻传播机构及人士是社会信息流通过程中的“把关人”（Gatekeeper，传播学中亦称为“守门人”），他们决定着各种社会信息的取舍、流量和流向，确定着公众舆论的中心议题，能够赋予被传播者特殊的、重要的社会地位，即具有“确定议程”和“授予地位”的功能。某个组织、人物、产品或时间如果成为新闻界报道的热点，便会成为具有公众影响力的舆论话题，获得较高的社会知名度；而且，一个信息通过新闻界作客观的报道，容易获得公众的信任，有利于美誉度的提高。公共关系的一项重要任务，就是为组织创造良好的公众舆论，争取舆论的理解和支持。因此，与“把关人”建立良好的关系，有助于争取媒介报道的机会，使组织的有关信息比较顺利地通过传播过程中的层层关口，形成良好的公众舆论环境。

（二）良好的媒介关系是运用大众传播手段的前提

组织要实现大范围、远距离的沟通，就必须借助于各种现代大众传播媒介。大众传播借助于现代印刷、电子等传播技术，大量地、高速度地复制信息，跨越时间和空间的限制，实现大范围、远距离的传播。这是现代公共关系的主要手段之一。但是，大众传播媒介一般不是由组织内的公共关系人员直接掌握和控制的。有关的信息能否被大众媒介所报道，以及报道的时机、频率、角度等等，要取决于专业的传播机构和人士。除花钱做广告之外，公共关系对大众媒介的使用必须通过新闻界人士才可能实现。因此，与新闻界人士建立广泛、良好的关系，是运用大众媒介、争取媒介宣传机会的必要前提。与新闻界关系越多，组织有关信息的报道数量越多；与新闻界关系越好，组织有关信息的报道质量就越好。媒介关系的这种公关传播性之强，是其他公众对象难以比拟的。

## 四、社区公众

社区公众指组织所在地的区域关系对象，包括当地的权力管理部门、地方团体组织、左邻右舍的居民百姓。社区关系亦称区域关系、地方关系、睦邻关系。社区是一个组织赖以生存和发展的基本环境，是组织的根基，与组织在空间上紧密地联系在一块，千丝万缕难以分离。共同的生存背景使社区公众具有“准自家人”的特点。

发展良好的社区关系是为了争取社区公众对组织的了解、理解和支持，为组织创造一个稳固的生存环境；同时体现组织对社区的责任和义务，通过社区关系扩大组织的区域性影响。

（一）社区关系直接影响着组织的生存环境

社区如同组织扎根的土壤，没有良好的社区关系，组织就会失去立足之地。社区公众是由特定的活动空间所确定的，区域性、空间性很强。地方性组织的活动直接受社区公众的制约，社区关系便直接影响着组织其他各方面的关系，如员工家属关系、本地顾客关系、地方的政府关系和媒介关系等等。跨区域性的组织也不能脱离特定的社区，甚至要善于同各种不同背景的社区公众打交道，以争取社区提供各种地方性的服务和支持，使跨区域性组织能够在各种完全不同的社区环境下生存和发展。因此，组织需要将社区作为自身发展的一个组成部分，将社区公众视作“准自家人”。

（二）社区关系直接影响着组织的公众形象

社区公众涉及当地社会政治、经济、文化、教育等各个方面和阶层，类型繁多，涉及面广，对组织客观上存在着各种不同的感受、要求和评价。由于处在同一社区，对组织的某一种评价和看法又极容易相互传播，形成区域性的影响，从而形成组织的某一种公众形象。很显然，组织的社区关系好坏，直接影响着组织的社会公众形象。比如一家企业，即使产品很好，远销海外，但如果社区关系恶劣，所形成的不良形象最终也会影响到市场的销售。一个组织如果连左邻右舍的关系都处理不好，就很难在社会上获得良好的名声。组织要提高自身在社区中的地位，就要树立一个“合格公民”的形象，主动承担必要的社会责任和义务，像爱护自己的家业一样爱护社区，在社区的物质文明和精神文明建设方面发挥中坚作用，为社区造福，为社区公众多做贡献。

**五、政府公众**

政府公众对象指政府各行政机构及其官员和工作人员，即组织与政府沟通的具体对象。任何社会组织都必须接受政府的管理和制约，因此需要与政府的有关职能机构和管理部门打交道，包括工商、人事、财政、税务、市政、治安、法院、海关、环保、卫检等政府职能部门及其工作人员。它是所有传播沟通对象中最具有社会权威性的对象。组织必须与政府各职能部门建立和保持良好的沟通，这是组织生存、发展的重要保障和条件。

与政府保持良好沟通的目的，是争取政府及各职能部门对本组织的了解、信任和支持，从而为组织的生存和发展争取良好的政策环境、法律保障、行政支持和社会政治条件。具体分析政府公共关系的意义有两点：

（一）政府的认可和支持是最高权威性和影响力的认可和支持

政府掌握着制定政策、执行法律、管理社会的权力职能，具有强大的宏观调控力量，代表公众的意志来协调各种社会关系。一个组织的政策、行为和产品如果能够得到政府官方的认可和支持，无疑将对社会各个方面产生重大影响，甚至使组织的各种渠道畅通无阻。为此，应该把握一切有利时机，扩大本组织在政府部门中的信誉和影响，使政府了解本组织对社会、对国家的贡献和成就。如一个企业可以利用新厂房落成、新生产线投产、企业周年庆典、新技术新产品问世等机会，邀请、安排政府主管部门领导及党政要人出席企业的重要活动，主持奠基仪式或落成剪彩，参观新设备、新产品，通过种种现场活动，提高政府部门对本企业的信心和重视程度。

（二）与政府建立良好关系能够为组织形成有利的政策、法律、管理条例

政策、法律、管理条例是一个组织决策与活动的依据和基本规范，组织的一切行为都必须保持在政策法令许可的范围之内。通过良好的政府关系，组织能够及时了解到有关政策的变动，能够较方便地争取到政策性的优惠或支持，能够对有关本组织的问题在进入法律程序或管理程序之前参与意见，使之对组织的发展有利。为此，应该主动建立和加强组织与政府有关部门之间的双向沟通。一方面，组织的公关部门应该详尽地分析研究政府的方针、政策、法令，提供给本组织领导及各部门参考，使组织的一切活动都保持在政策法令许可的范围内，并随时按照政策法令的变动来修正本组织的政策和活动。另一方面，组织的公关部门应随时将实际工作部门的具体情况上传至政府有关部门，并根据本地区、本行业、本部门的特殊情况，主动地提出新的政策设想和方案，并通过适当的渠道进行说服性的工作，协助发现及纠正政策执行中出现的偏差或失误。

此外，处理政府关系，还需要熟悉政府机构的内部层次、工作范围和办事程序，并与各主管部门的具体工作人员保持良好关系，以免因办事未循正规的程序或越出固定的工作范围而走了弯路，减少人为造成的“公文旅行”或“踢皮球”的现象，提高行政沟通的效率。

### 六、名流公众

名流公众指那些对公众舆论和社会生活具有较大的影响力和号召力的有名望人士，如政界、工商界、金融界的首脑人物，科学界、教育界、学术界的权威人士，文化、艺术、影视、体育等方面的明星，新闻出版界的舆论领袖等。这类关系对象的数量有限，但对传播的作用很大，能在舆论中迅速“聚焦”，影响力很强。通过社会名流去影响公众和舆论，往往具有事半功倍的效果。

建立良好的名流关系的目的，是借助名流的知名度扩大组织的公共关系网络，扩大组织的公众影响力，丰满组织的社会形象。其意义和作用包括：

（一）借助于社会名流的知识和专长

与社会名流建立良好关系，能充分利用他们的见识、专长为组织的经营管理提供有益的意见咨询。社会名流往往见多识广，或是某一方面的权威，

组织的管理人士能够在与他们交往的过程中获得广泛的社会信息或宝贵的专业信息，无形中使企业增添了一笔知识财富、信息财富。

（二）借助于社会名流的关系网络

与社会名流建立良好关系，能通过他们良好的社会关系网络为企业广结善缘。有些社会名流虽然不可能为本组织直接提供所需的专业信息或管理咨询，但由于他们与社会各界有广泛的联系，或对某一方面的关系有特别重大的影响，组织便能通过他们与有关公众对象疏通关系，扩大社会交往范围。

（三）借助于社会名流的社会声望

与社会名流建立良好关系，能借助他们较高的社会地位，或具有某方面的权威性，或由于他们对社会的特殊贡献、突出成就等等，而具有较高的知名度。另一方面，一般公众存在“崇尚英雄”、“崇拜明星”的社会心理，组织与社会名流建立良好关系，就将本组织的名字与社会名流的名望联系在一起，利用公众崇拜名流的心理，提高了本组织在公众心目中的位置。

### 七、国际公众

国际公众指一个组织的产品、人员及其活动进入国际范围，对他国的公众产生影响，并需要了解和适应对象国的公众环境的时候，该组织所面对的不同国家、地区的公众对象，包括别国的政府、媒介、消费者等等。国际公众对象具有与本组织完全不同的社会和文化背景，因此传播沟通活动具有显著的跨文化特征。

搞好国际公众关系的目的是争取国际公众和舆论的了解、理解与支持，为本组织及其政策、活动、产品和人员塑造良好的国际形象，创造良好的国际声誉。

（一）发展国际公共关系，为对外开放服务

我国实行对外开放政策，企业发展外向型经济，参与国际经济大循环，急需要发展国际公共关系。一方面需要通过公共关系方法及时、准确地了解国际市场动向，了解有关国家的政治、经济、文化、社会等方面的信息，了解国外的投资者、合作者和客户等等；另一方面，需要运用国际公共关系手段，向国外的公众、舆论和市场传播自己的信息，树立自己的形象，介绍自己的产品和服务，提高自己的国际知名度和国际信誉。即使不出国门的企业，在对外开放的条件下，也要运用国际公共关系，为来华投资、经商或合作的外商以及来华旅游参观的外国客人提供信息服务，做好接待工作等等。

在文化、艺术、科学、教育、医疗、体育等方面的国际交流中，也需要接触许多国际公众对象。良好的国际公共关系有利于促进这些方面的交流与合作，有利于树立中国在世界上的良好形象。

（二）运用跨文化传播手段，促进组织形象的国际化

参与国际性活动的组织需要建立国际化的形象，即能够适应别国公众、获得各国人民接受和欢迎的形象。这就需要注意研究和适应别国公众的社会和文化差异，调整公关的政策和方法。国际公共关系是一种跨文化传播，与国内公共关系有很大不同。在信息的传播和对外交往方面，不仅要懂得运用外国的语言文字，还要了解对象国的历史文化、风俗习惯、公众心理以及国际商法和对外交往的国际惯例，使传播的信息尽量符合对象国公众的习惯。

国际公共关系要成功，还必须善于运用国际新闻传播和广告传播手段。不仅运用我国的对外传播工具，更要了解对象国及国际上知名的新闻媒介和广告界，与国外的新闻机构和广告业建立联系，懂得如何为他们提供新闻资料和广告资料。国际公共关系界早已进入中国，我们的企业及各类组织一定要抓住机遇，运用国际公共关系帮助自己走向世界。

## 第三节 公共关系中的公众心理

### 一、研究公众心理在公共关系中的意义

公共关系是一个社会组织通过传播沟通和环境相互适应的活动，它要和公众通过双向信息交流，达到相互了解和合作的目的。这种双向交流，不仅仅是单纯的信息传播和经济、政治、文化关系，而且是感情的交流和心理的沟通。因此在公共关系活动中，必须对公众必理进行分析，分析研究公众是如何接受公关信息和影响的、公众的消费心理如何、公众对社会和市场环境的心态怎样、公众对商品性能和价格等的心理需求如何、公众对作为公关主体的社会组织的关系的心理活动如何、公众对社会环境变动的心理承受能力如何，以及公共关系中的人际交往和沟通的心理变化等。当然公关人员本身也会有心理活动，对他们的心理素质也应加以研究。只有正确把握或测度好公共关系中人的心理活动及其特征，才能采取相应的正确有效的公关活动心理策略，使公众按照公共关系所引导和期待的方向从事某种活动。显然，探讨公众在公关活动影响下产生的心理现象及其变化规律，在公共关系的理论

与实践中，有极为重要的意义。一位出色的公共关系人员，必然是一位睿智的公共关系心理专家。

## 二、公共关系心理的理论与实践

### （一）公共关系心理的有关理论

#### 1. 公关中的公众心理

公众的心理，一般会受到各种社会因素的制约。“营造环境”的公共关系活动，从一定意义上来说，是充分利用各种外部条件和积极手段对公众施加影响的活动，也必然会对公众的心理发生制约作用和诱导作用。公众心理在公关作用下的反应，也有其共性和个性。

(1) 公众的心理顺应公关活动的制约和诱导，变成了意向和行动，并通过外部活动形式表现出来。出现组织所期望的情况，公共关系获到成功。

(2) 在公共关系中，人们的认识过程也是由感性到理性，由具体到抽象。公众在接受公关信息的过程中，其心理活动仍受到其他社会因素和活动的影响。他们在接受到公关信息后，会均衡优劣，产生观察、注意、思考、兴趣、尝试等心理活动，由感知到综合思维，最后做出判断和付诸行动。由此看来，公众的心理活动是一种综合性反应和表现，那么公关活动也必须相应地进行综合性努力。譬如，企业在公关宣传中把自己和自己的产品大肆渲染，而公众观察之后得出相反的结论，为此会产生逆反心理，企业的形象便一落千丈，甚至难以扭转。某企业要和外商谈判合资事宜，接待外商参观，由于厂区有“大家都来和盗窃现象作斗争”的大标语，外商心理上认为该厂盗窃风严重，谈判告吹。其所有的公关努力，因一条标语归于失败。

(3) 公众的心理活动及其变化，因为公关内容的不同会有差异。不同层次的公众，在同一公关信息作用下，也会产生不同的心理反应。即使有共同性质的公众心理现象，在不同公众身上也会表现出不同的特点。公共关系活动，必须在注重公众心理共性的同时，注重公众心理的个性。从而对不同层次的公众、不同内容的公关活动，做出不同的适合公众心理过程特点的安排，达到组织与公众沟通、协调和相互理解、合作的目的。例如 1984 年 4 月北京长城饭店发布了美国总统里根访华告别宴会将在长城饭店举行，500 名中外记者前往采访的信息，使饭店蜚声海内外，生意大为兴隆。这是“长城”通过细致的公关工作使得告别宴会成功地举行，并由此在海内外公众中产生了心理轰动效应。但据说后来有一次科威特一个代表团前往长城饭店投宿，接待的公关人员没有仔细了解和研究科威特客人的心理个性，介绍说这是里根总统来过的宾馆，结果事与愿违，科威特客人偏不买这个账，反而扬长而去。而王府饭店的公关人员，对科威特客人详细介绍饭店的服务质量，表示按贵宾礼节接待并顺应客人的生活习惯，结果科威特客人住进了“王府”。

2. 公众心理定势

在一定社会条件下和公众相互作用及影响下，公众在一定时期内往往会对某一对象普遍产生共同的心理及行为倾向，这就是心理定势。如流行服装在短时间内会为许多青年人喜爱和穿用，一搞股份制试点社会上就兴起一股股票热等等。公众的心理定势有时有助于公关问题的解决，有时则会造成障碍。公关人员应当顺应和引导公众心理定势来开展公共关系活动。

公众心理是在一定社会条件下，经过相互交往自发产生的。有时人们的心理行为还处于低层次的下意识状态，但在互相影响下，人们对某一对象的看法、体验、意向会趋向集中，形成近似或相同的看法和一致行为。美国著名学者霍桑通过群体试验发现，工厂中的社会群体对各个成员有极强的控制力，可使脱轨成员回归；工人还自发形成了许多不成文的行为规范，工人对规范的服从甚至超过自己的上级。公众的这种心理态势，是一种无形的影响力，是一股潜伏于公众心中的巨大力量。一旦潜伏于公众心中的行为倾向转化为公开的行动时，便有了一种难以驾驭的力度，成为干预现实生活的动力。自发性、潜伏性、动力性就是心理定势的基本特征。

3. 公众的心理需求

公众的心理形态，大体上可以分为高低两个层次。低层次的如物质需要和追求时髦等，高层次的如精神需求，高层次心理形态建立在低层次心理形态的基础上。美国社会心理学家马斯洛根据公众的需求动机提出了著名的需求层次论。

按照马斯洛的观点，人的需求是分层次的，最基本的低层次需求是生理的需求，如吃、穿，所谓“饮食男女，人之大欲存焉”。温饱之后，才会需要安全和秩序，进而趋求爱和被爱，要求自己的社会归属，即家庭、结社等等。再进一步就是追求名望和社会地位，最后则是要求自身的发展。对此学说，虽尚有争论，但不少研究者都加以采纳。人们不同层次的需求，都有其相应的心理活动。例如当一种“新奇”的东西面世之后，首先由一些年轻的勇敢者，如歌星、影星使用，许多人于是一窝蜂似的模仿，这就是公众低层次赶时髦心理的反映。企业的公共关系如果及时地顺应了这种心理，可以使企业的经营销售在一定时期开创新的局面，获得可观的利润。中国人过春节，西方人过圣诞节，是人们满足自己关注文化传统，获得民族群体认同的精神需求的一种方式，企业就利用公众这一心理需求大规模促销获利。公众心理定势更高级的层次，是在感知的基础上形成理性的判断，出现公共舆论。对于公共舆论，组织只能顺应和引导，公众的言谈举止会对组织产生推力和压力，应当十分重视。总之，组织公关活动必须注意分析公众心理的共性和个性，以公众心理定势作为自己公关活动的起止点，顺应和引导公众心理需求及变化，争取公众的理解、信任、支持与合作。

（二）公关心理有关理论的实际应用

公关心理有关理论的实际应用——公共关系心理学，在公共关系中已获得了广泛的应用。例如在政治组织的公关活动中，利用公众的爱国主义感情，鼓励人们去保家卫国；在文体组织公关中利用运动员的爱国激情和献身精神，鼓励他们去顽强拼搏，创造新纪录；在经济组织的公关活动中，利用人们的消费心理，改善和推进自己的生产和经营等等。我国目前正处在经济体制改革和经济建设的飞速发展时期，因此下面将着重谈谈企业公关中的公共关系心理和运用问题。

1. 公众消费心理与企业经营

搞好企业的生产经营公关，必须研究公众的消费心理。广义地说，社会上每个人都要在衣、食、住、行方面消费大量产品和劳务，因此都是消费者。普通消费心理学，就是单从人口因素、一般心理因素研究社会消费行为的。但是从企业公关角度出发，不能对所有人的消费行为进行研究，而是专门研究作为自己公众的消费者的消费心理，研究他们的消费心理现象和购买行为的变化。具体说来，公众消费心理研究内容包括消费者公众的知觉、记忆、联想；消费动机、态度及其转变；消费者的自我意识；公众消费的决策过程；消费者公众的个体因素；社会因素对公众消费心理的影响，以及公众消费心理对企业活动的反作用等等。通过研究分析，为企业勾勒和提供切合实际的公众消费行为模式表系，作为企业经营管理的一项基础。

西方有人根据马斯洛的学说，按公众的消费动机，制定了产品分类原则，并作为依据提出了相应的营销策略。商品分类情况是：功能类产品，指满足人们生理需要的食品、日用品；渴望类产品，指保健品、药品、化妆品等；威望类产品，指用于满足人们表现自我、优越感、成就、夸耀自己的私人游泳池、别墅、游艇、珠宝、古董等商品；地位类产品，指显示人们社会地位的产品，如大洋房、高级汽车、工艺美术品等；快乐类产品，指满足人们好奇心、求知欲、旅游娱乐之类的商品，如电子游戏机、变形金刚、魔方等等；成人类产品，指满足人们表示成熟、智慧和显示风度的商品，如香烟、酒类等。

每一类商品所拥有的顾客，其消费心理是不同的。公众的消费心理是十分复杂的，公众在消费决策过程中的心理活动可以分为以下几个阶段：

（1）知觉阶段。公众由于物质和精神生活的需要，产生了对某种商品的需要。这时他便会受到传统文化的动力和个人的意识形态即心理动力的影响，而形成消费知觉，即有了要购买商品的心理需求和心理状态。

（2）选择购买对象阶段。消费者公众这时会从各方面收集信息，作为确定自己的需求和购买对象的选择依据。上述各类商品在总体上或某些属性上，对消费者公众产生刺激，使之产生新异感，才有可能被选为购买对象。因此企业要对潜在公众的认识活动进行调查，生产和销售外形、包装、性能、色彩等不同花色品种的能满足顾客心理欲望的商品，使他们产生热爱、喜悦的情感。还要及时反馈公众对商品的情感和心态，避免商品的外形、色彩引起公众的消极乃至厌恶、恐惧、愤怒等情绪，影响企业和产品的形象。

（3）确定最佳方案阶段。这是公众购物前的心理活动过程，受多种因素制约。顾客主要是对不同企业的同类商品进行比较并做出最后决定。由于年龄、收入、审美观、家庭环境、实用性、工作性质等的不同，会有不同的心态和购买动机。企业要有适当的公关措施，吸引顾客问津。

（4）检验阶段。顾客购买商品以后，符合自己意图和审美观点的，会十分高兴。反之则搁置不用，甚至送人、退货。这是上一次购买行为的终结和评估，又是下一次购买行为的起始。企业搞好了公关工作，能使顾客重复购买，并影响他人，促进企业的生产经营。否则，会造成生产经营的障碍。企业通过心理公关，调节公众需求和购买的矛盾心理，促使其放心决策和购买。又推出售后服务的得力措施，如实行“三包”、免费送货、实行保险和保值销售等，使顾客在心理上不断得到满足，顾客和企业双方都获得利益。

2. 社会环境与心理公关对策

企业对公众心理的公关工作，还应注意到社会各种因素对消费者消费决策的影响，并采取相应的对策。

（1）消费者受所处环境的影响，包括空间、人事、经济、文化等各种环境的影响。例如购买者是一家企业，它要采购某项新设备，就必然受到各方面的制约，相应地产生心理上的活动。这包括需求程度、经济展望、价值变动、供给条件、政治条件、竞争状况以及技术转换率等条件的制约。从人事方面看，参与购买决策的几种人，也有不同的要求和心态，新设备使用者注重产品的规格和性能，采购者负责选择供应商和洽谈购买条件，拍板决定者拥有正式、非正式的权力并做出谁是供应者的最终裁定，参与其事并有重要影响力的是工程技术人员和会计师。供应新设备的厂家要想做这笔生意，除了自身能提供好产品、有信誉外，还应对以上几种人进行心理公关，让使用者对产品满意，采购者感到方便，技术人员感到放心，会计师感到价廉，决定者感到可信。

(2) 消费者受商品生产销售厂家的信誉和商品本身内在质量和外观的影响，如人们爱名牌商品，爱新颖实用的商品，美国人喜欢新牌子，中国人偏爱老字号的产品。价格要适中，过低，人们往往会怀疑商品的质量；过高，又会让人觉得不合算。青岛利勃海尔冰箱是名牌产品，质量可靠，信誉极高，当其他厂家降价时，它反而提价，照样畅销不衰，就是顺应了消费者喜爱名牌和认为可靠的心理。一种新产品面市，必须以公关为先导，让消费者知道，继而感兴趣，从而产生购买欲望，商品投放市场后就会引发购买行动。例如1974年3月下旬，台湾两家主要日报上同时刊登出一幅漫画式机车广告，文字说明是：“今天不要买机车，请您稍候六天，买机车要慎重考虑。有一部意想不到的好车，就要来了。”第二、第三天广告照旧，只是依次把“六”改为“五”，再改为“四”。第四天文字说明改动为：“请再稍候三天。要买机车，您必须考虑到外型、耗油量、马力、耐用度等等。有一部与众不同的好车就要来了。”第五天文字说明又改为“让你久候的这部外型、冲力、耐用度、省油都能令您满意的野狼125机车，就要来了，烦您再稍候两天”。第六天，“对不起，让您久候的野狼125机车，明天就要来了”。第七天，“野狼”冲上市场，立即轰动、畅销。这是利用悬念引发消费者心理冲动，打开产品销路的成功例证。

(3) 消费者受个人心理素质的影响，如性格爱好、年龄性别、知识经验等等。富有冒险精神的消费者和谨慎细心的消费者的购物心理，就大不相同。

总之，公关人员，应对公众消费者的动机、心态、个性进行了解和分析，顺应和引发公众消费者的消费心理需求，提高企业的经济效益和社会效益，在公众中树立自己的良好形象。

【思考题】

1. 常见的目标公众主要有哪些？他们各有什么特点？
2. 公共关系心理理论有哪些？它们是如何发挥作用的？
3. 简述公众的心理与企业生产经营的关系。
4. 如何培养和改变公众对组织的态度？

【案例】

## 塞勒菲尔德事件的教训

英国塞勒菲尔德核反应厂发生的泄漏事故对公司造成了很大的破坏，尽管事故没有对工厂的工人和周围的公众造成放射性危害，但至少损坏了该工厂经营者——英国核燃料公司的声誉。从人员伤害的意义上讲，事故的损失是很小的，但事故引起了社会的广泛关注。英国核燃料公司所作的糟糕的传播工作导致了社会公众对核安全的不安情绪。

1986年2月5日，塞勒菲尔德核反应厂发生了一次非常严重的事故，液态钚储藏的压缩空气受到重压，一些雾状钚从罐中泄漏了出来。工厂多年以来第一次亮起了琥珀色的警报，大约30多名非必要人员撤离了危险区，当时只留下了40人来处理泄漏事故，以维护工厂其他部分的安全。

英国核燃料公司在宣布泄漏事故时，暴露了公司危机状态下的困境。一方面它向公众表示，要最大可能地让公众了解事实真相，另一方面又每天像挤牙膏一样一点一点地发布消息，这加剧了人们的恐惧。每一条消息都使记者有借口得以进行连续报道。

泄漏事故发生在上午10：45～11：45之间。毫无疑问，媒体很快就报道了所发生的事故，因为从工厂蜂拥出来的工人和琥珀色的警报，人们一眼就能看出工厂出了问题，事故的消息随后就传开了。英国广播公司的电视记者詹姆斯·威尔金森介绍说，当他中午给工厂打电话时，工厂的新闻办公室还没有做好发布事故消息的准备，他们所得到的回答只是些站不住脚的许愿，而媒介的记者一直提心吊胆地等待着。

工厂所犯的第二个错误是，厂里没有足够的新闻发布来应付外界打来的询问电话。记者们发现他们要排队等候，于是不确定的因素滋生了人们的不安情绪，英伦三岛政府为此也十分焦虑。

第三个错误则是英国核燃料公司的新闻办公室在正常工作时间后停止办公。詹姆斯·威尔金森说，当探听消息的人在晚间给公司打去电话时，电话总机告之，请留下电话号码，等新闻发布人上班后再回电。

最后英国核燃料公司不得不开始收集有关信息。他们花费 200 万英镑进行广告宣传活动，邀请公众参观塞勒菲尔德展览中心。这种开放政策是通过一年来对公众看待核工业态度的调查研究所产生的结果。调查表明：对外封闭的核工业，不但会失去公众支持，而且容易引起公众争论。

**问题**：英国核燃料公司在危机到来之时，为什么会犯错误？

# 第五章　公共关系礼仪

生活里最重要的是有礼貌，它比最高智慧，比一切学识都重要。

——赫尔岑，俄国哲学家、作家

**【本章要点】**

本章主要介绍公关礼仪的含义，基本原则及其主要作用；重点介绍了公关人员的个人礼仪要求和公关活动中的礼仪规范等。

**【核心概念】**

公关礼仪　个人礼仪　公关活动礼仪

人们常常羡慕那些仪表美丽端庄、仪态自然大方、气质佳、有风度的女士和男士们。殊不知这外在的和内在的组合而形成的永恒的形象魅力既不是天生的，也不是固有的，而是源自对公关礼仪的注重，对公关礼仪的深刻感悟，源于把公关礼仪知识内化为自己的行为规范。

有人曾说过："每个人都有一座魅力形象的宝库，等待开发释放。"要从我做起。我们中华民族素以"礼仪之邦"享誉世界，在大力提倡社会主义政治文明和精神文明的今天，我们更要弘扬"礼仪之邦"的道德风范。

生活在现代开放社会的每一个人都不免要与别人交往，谁都离不开社会交际与沟通，而成功的交际则要求人们遵从约定俗成的礼仪规范。良好的礼仪是人们走向成功的"钥匙"。

## 第一节　公共关系礼仪概述

### 一、公关礼仪的含义

公关礼仪与礼仪密切相关，礼仪是公关礼仪的基础和内容，公关礼仪是礼仪在公关活动中的具体运用。要了解公关礼仪，首先要了解礼仪。

礼仪与人类历史一样古老，自有了人类历史，就有了礼仪。随着社会生产力的发展，随着人类审美观念的变化，礼仪也在不断地发展变化着。礼仪是人的文明与教养的表现，是人类文明进步的重要标志。

礼仪是一个合成词，指人们在日常生活或专门活动中必须遵守的礼节和程序。“礼”是人们在交往的过程中为了表示相互尊重和友善而共同遵循的行为规范，具体内容包括礼貌和礼节。“仪”是人类在交往过程中应当表现出来的外在风貌和遵循的行为程序，具体内容包括：仪表、仪容、仪态和仪式。就“礼”和“仪”的关系看，“礼”是礼仪的内在本质，“仪”是礼仪的外在表现。也就是说，在进行公关活动时，首先要有对公众真诚的礼貌和规范的礼节，然后才能在行为上表现出适宜的仪容、仪表、仪态和仪式。

（一）礼仪的内容

礼仪是在社会交往中，人们在言谈举止、仪表、仪态、仪式等方面达成的共识，并共同遵守的规范和程序。

礼仪是礼貌、仪表、修养、品德和风度的具体表现。因此，礼仪所包含的内容广泛而丰富，从礼貌、礼节、仪表、仪式来分析，又蕴含着许多具体的清规戒律和行为准则。

礼貌——主要指在人际交往中，相互尊重和友好的行为准则。懂得尊重别人的人，往往被看作是有礼貌的表现。只有懂得尊重别人的人，才能得到别人的尊重。这也意味着，你对别人有礼貌，别人也对你有礼貌。

礼节——主要指在交际场合，迎来送往、举止言谈所约定俗成的惯用形式。如相互问候、握手、致意，相互祝愿、邀请、慰问等。

仪表——主要指人的容貌、外表、衣着服饰等。如相貌、姿态、服装、饰品、穿戴及个人卫生等。

仪式——主要指举办各种活动和程序化的行为规范或习俗模式。如结婚仪式，东西方各不相同。还有祝寿仪式、颁奖仪式、剪彩仪式等。

生活中处处有礼仪，学习掌握礼仪知识，自觉运用礼仪，注重礼仪会为你平添魅力。

（二）公关礼仪的含义

有的学者指出：公关礼仪是人们在现代社会交往中各种符合公关精神、准则、规范的交往方式、行为方式、社会活动、典礼程序以及与之相适应的标志、服饰等的总称。有的学者认为：公关礼仪是一个组织所应具有的、与其自身形象相适应的行为规范。还有的指出：公关礼仪是公关交往中，表现出的对交往对象尊重、恭敬的行为准则、规范的交往方式及仪式程序等。

综上所述，我们认为：公关礼仪是指在公关交往中，被社会公认的或约定俗成的礼貌礼节、行为规范及仪式程序等。

礼仪能告诉我们个人应怎样与人交往，注重哪些礼仪。而公关礼仪除了告诉我们个人应怎样与外界交往外，还告诉我们个人所在组织应怎样与外界交往，应注重哪些行为规范和仪式程序。礼仪如果说更侧重于树立良好的个人形象的话，那么公关礼仪则更侧重于组织的整体形象。公关礼仪中的个人形象是作为组织整体形象的一个组成部分而存在的。一个组织其组织风貌的好坏、员工精神状态的优劣、公关人员素质水平的高低与组织对公关礼仪的关注度呈正相关关系。

## 二、公关礼仪的基本原则

由于公众种类的多样性，所以公关礼仪涉及文化、宗教、习俗范围极大，公关礼仪的形式极其繁琐，一本普通的教科书不可能讲清楚所有的礼仪。但是，世界上不同国家、民族、时代的人民，在相互交往的过程中，又有着近似的基本规律。掌握了这些基本原则，再加上我们在实际工作中的学习，灵活运用，就可以使我们基本符合公关礼仪。从大的方面说，公关礼仪的基本原则包括：

### （一）尊重公众的原则

公关礼仪最根本的原则就是对公众的尊敬。正如孟子所说：“恭敬之心，礼也。”（《孟子·告子上》）任何礼仪首先就要求尊重对方，把人当人看。缺少了对人的尊敬，再隆重的礼仪也是骗人的把戏。公共关系工作的对象是公众，只有尊重公众，才能很好地与公众沟通，赢得公众的理解、信任和支持，达到组织的公关目标。

尊重公众首先是对公众人格的尊重。人格是人之为人的主体格位，即个人在社会生活中主体地位和价值的确认或表征，是人对自己生存价值的肯定。人格集人的价值、荣誉、形象和气节于一身，具有与生俱来的尊严性，是神圣不可侵犯的天赋权利。不论富贵贫贱，年龄性别，国籍肤色，每个人都有自己的人格尊严。在任何公关礼仪活动中，尊重公众的人格是第一要义。人格的内容扩展，还包括个人的姓名、职业、容貌、形体、成就、声誉等方面。

尊重公众包括尊重他们的个性爱好和性格特质，不因自己的好恶而强人所难，不把自己的意志和愿望强加于人。凡遇到与公众的个性与爱好相违背或相冲突的事情，应当采取协商、恳谈、建议和好言劝慰的态度求得问题的解决，绝不能用斥责、压服、利诱、威胁的方法使他们牺牲个人的爱好或从事与性格不合的事情。因此尊重的本质是爱，爱一个人不是让他变成我们所希望的那种人，而是使他能更好地完善自己。

尊重公众包含着尊重公众所应当具有的各种公民权利，如信仰、习俗、隐私等权利。不该问的问题不问，不该知晓的内容不强求，不干涉别人的私生活。在社交活动中，对男士一般不问财产、收入、履历、身高；对女士一般不问年龄、婚否、衣服价格等等。这里，我们特别谈谈隐私的问题。过去一提起隐私，人们会以为专指那些见不得人的事情。随着社会的文明和开放，人们越来越重视隐私的问题。但是，究竟什么是隐私，不同的人，在不同的时代会有不同的看法，而且，还有一定的变异性。但根据社会学家对全国几个大城市的调查发现，越是发达地区，越是文化水平高的人群，对隐私问题越重视，隐私的范围也越大。抽样调查表明，人们对隐私的认识包含如下一些内容：

1. 个人的情感问题；
2. 日记中所记载的内容；
3. 亲友所告诉的秘密事项；
4. 过去的某些个人经历；
5. 收入状况；
6. 对敏感政治问题的看法；
7. 婚姻状况；
8. 年龄；
9. 个人的癖好；
10. 个人的信仰问题；
11. 个人的身体状况；
12. 其他。

（二）公平对等的原则

追求和向往平等，是任何人都有的一种共同的人性要求。在公关工作中平等地对待一切公众，是搞好公关工作的基本前提。人们总是痛恨那些以权取人、以钱取人、以身份取人的行为或现象，痛恨那些攀龙附凤，嫌贫爱富之人。所以在公关礼仪中要贯彻平等的原则。平等原则涉及的内容非常多，包括政治平等、经济平等、人身平等诸方面的内容，而公关礼仪主要考虑的是双方对等的原则。

人与人之间，人与组织之间，组织与组织之间，在正式交往的过程中，要考虑参加人员的身份、人数、接待规格等方面的礼仪规范，要坚持对等的原则，即礼尚往来。对等的原则可以正面引申，即“投之以桃，报之以李”，使双方关系越搞越好；也可以反向使用，即你冷遇了我，我也怠慢你，双方关系越搞越坏。对等原则在公关礼仪中是一般适用的，但也可以打破常规，给予对方——组织或个人的破格对待，有时能够收到意想不到的效果。但是这种打破常规的方法不能常用，否则难免顾此失彼，引起其他方面的误解。在一些特殊情况下，由于自己方面的原因不能执行对等的原则，必须事前向对方充分说明，以求得对方的谅解。

（三）身份差异的原则

平等对待一切公众是公关礼仪的大原则，但在实际应用的过程中，我们还应当考虑一些“权变”，即在公关活动中的差异性原则。

首先是外事礼宾差异。在从事涉外公关活动中，必须注意礼宾顺序的原则，这几乎要渗透到一切外事活动中，稍有差错就会被视为对一个国家的不尊敬，造成极坏的影响。《维也纳外交公约》对此有详细的说明，公关人员要认真学习。常见的外事礼宾次序排列方法有：按身份职务高低排列；按字母顺序排列；按通知代表团组成日期排列等几种，应用于不同的场合。在各类涉外的公关活动中，外宾要放在前面，而我方人员则放在后面。

其次是地位的差异。人与人的平等是指公民在政治、经济、法律面前的身份平等，但由于公众所从事的职业不同，具有的职务不同，掌握的社会关系不同，因此对组织的实际影响力也是不同的。所以我们在公众分类时将公众分成首要公众、次要公众和边缘公众。在实际接待工作中，对他们的礼仪待遇也应当有所差异，区别对待。公关礼仪上的差异，应参照国家有关规定执行。

再次是年龄的差异。中国自古就有尊老爱幼的传统，在身份地位大体相当的前提下，年长者总是得到社会特殊的尊敬。这种尊老的传统，既是对人类社会经验的重视，也是对生命本身的礼赞。在各种礼仪活动场合，对德高望重和长者给予特殊的照顾，表现了一种人类崇高的道德。当然，近年来受西方国家老人自主独立风气的熏染，中国的一些老年人不愿意依附年轻人，不喜欢别人将自己视为老人。这时要尊重他们的意愿，不要在称呼时加上

“老”字，不要替他们干力所能及的轻体力工作。走路，在搀扶他们以前，一定要征求他们的意见。

最后是性别的差异。与男士相比，妇女一般处于弱势地位，所以国际上的各种礼仪都提倡“女士优先”原则。在古代的西方，“女士优先”是绅士风度的一种体现。而中国古代妇女则很少参加社交活动，“大男子主义”形成了不好的传统。随着时代的不同，我们应当借鉴西方文明中的优良基因，使中国的公关礼仪更加文明和人道。妇女优先的原则主要体现在处处对妇女的照顾，如出门进门让女士先行，走路让女士处于比较安全的一侧，男士多为女士承担重体力工作，有了危险男士要挺身而出等等。当然，女士优先也应当尊重妇女的意愿，不能让她们勉强接受。同时，也要注意尊重隐私的原则，比如为女士拎包时，只能拿那些沉重的行李、大箱子，而女士的衣物或随身小皮包则不必“争抢”。

（四）从简实效原则

礼仪是社会文化的产物，是人类生产方式和生活方式的调节。随着人类社会的进步，礼仪也是发展变化的。有些社会生活方式都不存在了，建立其上的礼仪也应当自动被淘汰。同时，中国古代礼乐文化发达是古老文明的优势，但古老礼仪也有过于繁琐、不实用的内容，甚至成为社会发展的障碍。因此在实际的公关活动中，我们要本着古为今用，洋为中用的原则，去除那些繁文缛节，礼宾教条，以求达到节约时间，节约经费的目的，使公关礼仪更好地为组织塑造形象服务。

## 三、公关礼仪的作用

公关礼仪在塑造组织良好的形象、维护组织内部的团结、拓展组织对外友好交往、提高组织员工的文明水准、广泛传递组织信息等方面发挥了积极而有效的作用。这也正是各类组织为何如此青睐公关礼仪的原因所在。

（一）维护组织内部的团结

公关礼仪能使人气质变温和，能教人敬重别人，能化干戈为玉帛，能变对立为合作。组织的凝聚力、内部的团结一刻也离不开公关礼仪。如果一个组织内部成员不讲公关礼仪，说话、举止都目中无人，语言粗俗，举止鲁莽，态度恶劣，可想而知这样的组织成员能精诚合作、团结一致吗？只有注重公关礼仪才能维护组织内部的团结，增加组织的凝聚力。

另外，经常举行各种仪式对维护组织内部团结也有意想不到的效果。如企业举行各种开张、开业的庆祝仪式，挂牌、揭幕仪式，表彰、颁奖礼仪等，都能起到激励企业员工士气，激发和调动员工对企业组织的归属感、认同感，从而强化员工的主人翁意识，增强其责任心。

（二）提高组织员工的文明水准

礼仪是人类文明的标志，公关礼仪是组织与公众文明交往活动的规范。强调组织员工注重公关礼仪，学习、灌输公关礼仪知识，无形中就提高了组织员工的文明水准。

一个组织的员工衣着整洁大方，态度热情温和，言谈举止彬彬有礼，待人接物礼貌耐心，举行仪式认真规范，这样的组织离成功也就不远了。可以说一个成功企业的关键也就是在培养自己员工的归属感和文明水平，在无形中也塑造了一个成功企业的雏形。

（三）塑造组织良好的形象

组织的形象问题是影响组织生存与发展的关键问题，所以很多组织特别重视自己的形象塑造。国内外一些知名企业、大公司、集团都十分注意通过自己员工的良好行为，仪表、仪态塑造组织形象。如，日本的“松下”、“东芝”、“本田”对员工仪表仪态、言谈举止、行为规范都有严格的要求。美国的“肯德基”，在世界各国的分店都统一要求：质量不变、服务一流、清洁卫生、环境舒适。员工都统一着装，餐厅弥漫着优雅的音乐，在这样的环境中进餐，会给你一个好心情。这些东西也成就了肯德基的世界名牌形象，赢得了许多人的喜爱。

（四）广泛地传递组织信息

公关强调双向沟通，即“双向对称”的原则，组织应把相关信息准确无误地传递给目标公众，与此同时，也要求把公众的信息及时向组织反馈。传递组织信息是公关礼仪的主要职能之一。

一些企业、公司开张、开业、周年纪念时通过举行各种仪式，如剪彩仪式、庆典仪式、签字仪式、纪念仪式等活动，给参与仪式的领导、来宾，给观看仪式的人们留下深刻印象，这可以说是公关礼仪在传递组织信息方面的特殊功能。公众在这个过程中，接受了组织的许多相关信息。

（五）拓展组织对外友好交往

公共关系的宗旨是内求团结完善，外求和谐发展。公关礼仪既可以促进组织内部的团结，又可以拓展对外的友好交往，使组织广结良缘。

据社会心理学家研究证明：外表美能增强人际交往的吸引力。外貌还可以产生晕轮效应，即良好的外貌，会使别人以为这个人还具备其他一系列的良好品质，可以间接促进组织对外目标的实现。

公关礼仪是教人们怎样做一个受欢迎的、有吸引力的人。组织成员如果人人都注重公关礼仪，组织对外的交往肯定会得到很大的拓展。

## 第二节　公关人员的个人礼仪

良好的个人礼仪是一切公关活动的起点，是一切社交场所必备的“通行证”。体态是语言，服饰会说话，微笑是“世界通行的货币”，个性和教养具有独特的魅力。因此，公关人员所具有的礼仪知识和良好素质，是一个人成功的关键，也是一个组织公关活动成功的关键。个人的公关礼仪包括仪容、仪表、仪态应如何塑造，应遵循哪些原则，这些是公关礼仪的基本常识。

### 一、形态礼仪

形态也称仪态，主要指人的姿态、表情、风度等。在公关交往中，人的各种姿态都会展现在公众面前，良好的姿态会给人留下良好的印象，不良的姿态会给人留下不良的印象。因为姿态也是一个人传递信息的载体，通过姿态能传递相当丰富的信息。

人们常说的“行如风，站如松，坐如钟”等，就是说站有站相，坐有坐相，要保持良好的仪态，树立良好的个人形象。

（一）形体语言

全世界的人都借助形体语言，有效地进行交流。了解这些形体语言，可以使我们遇到无声的交流时，更加善于观察，更加容易避免误解。

1. 目光（用眼睛说话）

在公关活动中，要用眼睛看着对话者脸上的三角部分，这个三角以双眼为底线，上顶角到前额。洽谈业务时，如果你看着对方的这个部位，会显得很严肃认真，别人会感到你有诚意。在交谈过程中，你的目光如果是落在这个三角部位，你就会把握谈话的主动权和控制权。在社交活动中，也是用眼睛看着对方的三角部位，这个三角是以两眼为上线，嘴为下顶角，也就是双眼和嘴之间，当你看着对方这个部位时，会营造出一种社交气氛。这种凝视主要用于茶话会、舞会及各种类型的友谊聚会。

2. 微笑

微笑可以表现出温馨、亲切的表情，能有效地缩短双方的距离，给对方留下美好的心理感受，从而形成融洽的交往氛围，可以反映本人高超的修养，待人的至诚。微笑有一种魅力，它可以使强硬者变得温柔，使困难变容易。微笑是人际交往中的润滑剂，是广交朋友、化解矛盾的有效手段。微笑要发自内心，不要假装。

3. 握手

它是一种常见的“见面礼”，貌似简单，却蕴涵着复杂的礼仪细节，承载着丰富的交际信息。比如：与成功者握手，表示祝贺；与失败者握手，表示理解；与同盟者握手，表示期待；与对立者握手，表示和解；与悲伤者握手，表示慰问；与欢送者握手，表示告别，等等。标准的握手姿势应该是平等式，即大方地伸出右手，用手掌和手指用一点力握住对方的手掌。请注意：这个方法，男女是一样的！在中国很多人以为与女人握手只能握她的手指，这是错误的！

在社交场合，行握手礼时应注意以下几点：

（1）上下级之间，上级伸手后，下级才能伸手相握；

（2）长辈与晚辈之间，长辈伸出手后，晚辈才能伸手相握；

（3）男女之间，女士伸出手后，男士才能伸手相握；

（4）人们应该站着握手，不然两个人都坐着。如果你坐着，有人走来和你握手，你必须站起来；

（5）握手的时间通常是3～5秒钟。匆匆握一下就松手，是在敷衍；长久地握着不放，又未免让人尴尬；

（6）别人伸手同你握手，而你不伸手，是一种不友好的行为；

（7）握手时应该伸出右手，决不能伸出左手；

（8）握手时不可以把一只手放在口袋里。

（二）正确的体态

体态无时不存在于你的举手投足之间，优雅的体态是人有教养、充满自信的完美表达。美好的体态，会使你看起来年轻得多，也会使你身上的衣服显得更漂亮。善于用你的形体语言与别人交流，你定会受益匪浅。

1. 站姿

正确的站姿可概括为一个字——“挺”。

头——下巴放平，双目正视前方；

肩——两肩自然放松并略微后倾；

胸、腰——挺胸直腰，但肌肉不要收紧；

腹、臀——收腹，臀部肌肉略微向上收，但不要后蹶；

臂——两臂放松下垂，位于身体两侧；

腿——两腿均衡受力，保持身体平衡，脚跟并拢。

女人的站立姿势应该是：抬头，挺胸，收腹，两腿稍微分开，脸上带有自信，也要有一个挺拔的感觉。

2. 坐姿

由两脚放置的不同姿势可呈不同的坐态，双膝和脚并拢、两手放置膝上、上身挺直是一种最典型、端正的坐姿，公关人员在一些重要的场合、时刻，以表示慎重、专注和恭敬时可采用这样的姿态。

舒适、文雅的坐姿有：两膝稍稍离开，两脚在踝关节处交叠；大腿靠紧，一只腿前伸，另一只腿屈回；两膝并拢，两腿稍向后回屈，一只脚提起，靠在另一只脚的踝关节处。男子的坐姿讲究潇洒大方，坐时可两脚下垂略微分开，但不超过肩宽，双手放在椅子扶手上，或合手于腹前；也可两腿重叠，但注意覆盖在上的腿不要跷起太高，应小腿向里收，脚尖向下。

3. 行姿

标准的走姿是以端正的站姿为基础的，讲究步履轻盈、稳健、步子均匀。向前迈步时，膝部要伸直，脚跟先着地，然后脚掌由后向前滚动着地。行走时，头抬起，眼睛不要向下看。腰板挺直，双肩略向后倾，收腹。两臂有节奏地随之自然摆动，但幅度不要过大。步行的动力主要靠大腿肌肉来带动小腿，而不要用臀部的力气。

4. 蹲姿

正确的方法应该弯下膝盖，两个膝盖应该并起来，不应该分开，臀部向下，上体保持直线，这样的蹲姿就典雅优美了。

（三）常见的不良举止

1. 不当使用手机

手机是现代人们生活中不可缺少的通讯工具，如何通过正确使用这些现代化的通讯工具来展示现代文明，是生活中不可忽视的问题。如果事务繁忙，不得不将手机带到社交场合，那么你至少要做到以下几点：将铃声降低，以免惊动他人；铃响时，找安静、人少的地方接听，并控制自己说话的音量；如果在车里、餐桌上、会议室、电梯中通话，尽量使你的谈话简短，以免干扰别人；如果你的手机响起时，友人在你旁边，你必须道歉说：“对不起，请原谅。”然后走到一个不会影响他人的地方，把话讲完再入座；如果有些场合不方便通话，就告诉来电者说你会打回电话的，不要勉强接听而影响别人。

2. 随便吐痰

吐痰是最容易直接传播细菌的途径，随地吐痰是非常没有礼貌而且绝对影响环境、影响我们身体健康的。如果你要吐痰，把痰吐在纸巾里，丢进垃圾箱，或去洗手间吐痰，但不要忘了清理痰迹和洗手。

3. 随手扔垃圾

随手扔垃圾是应当受到谴责的最不文明的举止之一。

4. 当众嚼口香糖

有些人必须嚼口香糖以保持口腔卫生，那么，我们应当注意在别人面前的形象。咀嚼的时候闭上嘴，不能发出声音，并把嚼过的口香糖用纸包起来，扔进垃圾箱。

5. 当众挖鼻孔或掏耳朵

有些人，习惯用小指、钥匙、牙签、发夹等当众挖鼻孔或者掏耳朵，这是一个很不好的习惯。尤其是在餐厅或茶坊，别人正在进餐或喝茶，这种不雅的小动作往往令旁观者感到非常恶心，应当注意避免。

6. 当众挠头皮

有些头皮屑多的人，往往在公众场合忍不住头皮发痒而挠起头皮来，令旁人大感不快。特别是在某种庄重的场合，是很难得到别人的谅解的。

7. 在公共场合抖腿

有些人坐着时会有意无意地双腿颤动不停，或者让跷起的腿像钟摆似的来回晃动，而且自我感觉良好，以为无伤大雅。其实这会令人觉得很不舒服。这不是文明的表现，也不是优雅的行为。

8. 当众打哈欠

在交际场合，打哈欠给对方的感觉是：你对他不感兴趣，表现出很不耐烦了。因此，如果你控制不住要打哈欠，一定要马上用手盖住你的嘴，跟着说：“对不起。”

## 二、仪表礼仪

### （一）仪表礼仪概述

仪表指人的衣着服饰。俗话说：“人靠衣装，马靠鞍。”虽然人们都认为不能以衣貌取人，但在现实中，衣着服饰往往成为评判一个人的重要因素。

仪表，即人的外表，包括容貌、举止、姿态、风度等。在政务、商务、事务及社交场合，一个人的仪表不但可以体现他的文化修养，也可以反映他的审美趣味。穿着得体，不仅能赢得他人的信赖，给人留下良好的印象，而且还能够提高与人交往的能力。相反，穿着不当，举止不雅，往往会降低你的身份，损害你的形象。由此可见，仪表是一门艺术，它既要讲究协调、色彩，也要注意场合、身份，同时它又是一种文化的体现。那么，在仪表方面我们应该注重些什么呢?

1. 应该注重仪表的协调

所谓仪表的协调，是指一个人的仪表要与他的年龄、体形、职业和所在的场合吻合，表现出一种和谐，这种和谐能给人以美感。不同年龄的人有不同的穿着要求，年轻人应穿着鲜艳、活泼、随意一些，体现出年轻人的朝气和蓬勃向上的青春之美，而中、老年人的着装则要注意庄重、雅致、整洁，体现出成熟和稳重。对于不同体型，不同肤色的人，就应考虑扬长避短，选择合适的服饰。职业的差异对于仪表的协调也非常重要，比如，教师的仪表应庄重，学生的仪表应整洁大方，医生的穿着也要力求显得稳重而富有经验。当然，仪表也要与环境相适应，在办公室的仪表与在外出旅游时的仪表当然不会相同。

2. 应注意色彩的搭配

暖色调（红、橙、黄等）给人以温和、华贵的感觉，冷色调（紫、蓝、绿等）往往使人感到凉爽、恬静、安宁、友好，中和色（白、黑、灰等）给人平和、稳重、可靠的感觉，是最常见的工作服装用色。在选择服装外饰物的色彩时，应考虑到各种色调的协调与肤色，选定合适的着装、饰物。

3. 应注意根据不同的场合来进行着装

喜庆场合、庄重场合及悲伤场合应注意有不同的服装，要遵循不同的规范与风俗。

（二）着装的原则规范

1. 成功的着装

服装不是一种没有生命的遮羞布。它不仅是布料、花色和缝线的组合，更是一种社会工具，它向社会中其他的成员传达出信息，像是在向他人宣布说:“我是什么个性的人? 我是不是有能力? 我是不是重视工作? 我是否合群?”旧时代的女性注重服装的动机较单纯，其目的无非只是想获得他人的赞美，或是增加对异性的吸引力。在讲求男女平等的时代里，女人处处希望与男人平等竞争，简单追求外表的性吸引，已不能满足这些职业女性的要求。女性竞争者在着装方面必须要更具道德魅力、审美魅力、知识魅力及行为规范的魅力，使服装无形中为协调人际关系、提高工作效率、增加职位升迁的机会起到良好的作用。

不妨举几个例子说明着装与事业的关系。

例一：有位女职员是财税专家，她有很好的学历背景，常能为客户提供很好的建议，在公司里的表现一直很出色。但当她到客户的公司提供服务时，对方主管却不太注重她的建议，她所能发挥才能的机会也就不大了。一位时装大师发现这位财税专家在着装方面有明显的缺憾：她 26 岁，身高 147 厘米，体重 43 公斤，看起来机敏可爱，喜爱着童装，像个小女孩，其外表与她所从事的工作相距甚远，客户对于她所提出的建议缺少安全感、依赖感，也难以实现她的创意。这位时装大师建议她用服装来强调出学者专家的气势，用深色的套装，对比色的上衣、丝巾、镶边帽子来搭配，甚至戴上重黑边的眼镜。女财税专家照办了，结果，客户的态度有了较大的转变。很快，她成为公司的董事之一。

例二：一位女推销员在美国北部工作，一直都穿着深色套装，提着一个男性化的公文包。后来她调到阳光普照的南加州，她仍然以同样的装束去推销商品，结果成绩不够理想。后来她改穿色彩淡雅的套装和洋装，换一个女性化一点的皮包，使自己有亲切感。着装的这一变化，使她的业绩提高了 25%。可见，随着社会经济、文化的发展，如何得体、适度的穿着已成为一门大有可为的学问。尤其在工商界、金融界或学术界，打扮过于时髦的女性，并不吃香，人们对服装过于花哨怪异者的工作能力、工作作风、敬业精神、生活态度，一般都会持有怀疑态度。

2. 不恰当的着装

成功的职业女性应该懂得如何适宜地装扮自己，但在日常生活中，职业女性的着装常会出现以下问题：

（1）过分的时髦。现代女性热爱流行的时装是很正常的现象，即使你不去刻意追求流行，流行也会左右着你。有些女性几近盲目地追求时髦，例如有家贸易公司的女秘书在指甲上同时涂了几种鲜艳的指甲油，当她打字或与人交谈时，都给人一种厌恶的压迫感。一个成功的职业女性对于流行的选择必须有正确的判断力，同时要切记：在办公室里，主要表现的是工作能力而非赶时髦的能力。

（2）过分暴露型。夏天的时候，许多职业女性便不够注重自己的身份，穿起颇为性感的服装。这样你的才能和智慧便会被埋没，甚至还会被看成轻浮。因此，再热的天气，也应注意自己仪表的整洁、大方。

（3）过分正式型。这个现象也是常见的，其主要原因可以说是没有适合的服装。职业女性的着装应平淡朴素。

（4）过分潇洒型。最典型的样子就是一件随随便便的T恤或罩衫，配上一条泛白的“破”牛仔裤，丝毫不顾及办公室的原则和体制。这样的穿着可以说是非常不合适的。

（5）过分可爱型。在服装市场上有许多可爱俏丽的款式，也不适合工作中穿着，因为会给人轻浮、不稳重的感觉。

3. 职业女性着装规则

无可否认，女性在商业界的地位和信心越来越高，其工作时的服装也尤为重要。到目前为止，职业女性的着装一直是被争论的问题。服装界人士提出了若干职业女性着装的原则：

（1）套装确实是目前最适合女性的服装，但过分花哨、夸张的款式绝对要避免；极端保守的式样，则应掌握如何配饰、点缀使其免于死板之感。若是将几组套装作巧妙的搭配穿用，不仅符合现代化的穿着趋势，也符合经济原则的装扮。

（2）质料的讲究已经是不折不扣的事实。所谓质料是指服装采用的布料、裁制手工、外形轮廓等条件的精良与否。职业女性在选择套装时一定不要忽视它。

（3）过分性感或暴露的服装绝不能出现在办公室，这会惹出不必要的麻烦。如男同事或上司有非分念头，更会使人留下“花瓶”的印象，而失去升职的可能。若是看重自身的职业或事业心重的女性，千万要注意这一点。

（4）现代职业女性生活形态非常活跃，需要经常花心思在服装的变化上，所以，懂得如何以巧妙的装饰来免除更衣的问题，是现代职业女性必须明了的，在出门前，最好先略作安排以做万全之计。

（5）现在的穿着是讲求礼仪的，在适当的时间、地点及场所作合宜的装扮是现代女性不可忽视的。职业女性还必须注意，除了穿着注意、应该考究以外，从头至脚的整体装扮也应讲究，整体美是现代穿着中最流行的字眼。

（6）职业女性穿着套装固然非常适宜，但凡是能够表现职业女性应有风范的服装都值得一试。在一定的规则之下，可尽情享受穿着的乐趣，而且这也是现代职业女性的权利。

### 三、仪容礼仪

仪容指人的外表容貌。世界超级名模辛迪曾说过：“人应该对自己的容貌负责。”在参与公关活动，出入社交场合时应注意修饰自己的容貌，给他人留下美好的印象。

容貌的修饰对男女的要求各不相同，具体如下：

1. 男士——清洁、卫生、潇洒

男士要对自己的面部注意清洁，注重个人卫生。剃须洁面，选择一个适当的发型是对男士最基本的要求。除特殊职业外，一般不要过于追求时髦的发型，尽量给人留下一个清洁卫生、风度潇洒的印象。

2. 女士——美丽、整洁、端庄

化妆不仅是简单的爱美的表现，也是一种尊重他人的表现。化妆反映了对生活的热爱，对爱的追求。

化妆要遵循三条原则：美化、自然、协调。化妆是生活中的一门艺术，适度而得体的化妆，可以体现女性端庄、美丽、温柔、大方的独特气质。女性在政务、商务和社交生活中，以化妆品及艺术描绘手法来装扮自己，可以达到振奋精神和尊重他人的目的。

化妆一般不要求过于复杂，简易的化妆更能体现女士的魅力，简易化妆的程序可按下列程序进行：

洁肤──→施粉底──→画眉──→画眼线──→涂脂粉──→扑干粉──→涂口红，整修化妆程序需要10分钟。

## 第三节 公关活动礼仪

公关活动礼仪，指组织的公关部门在为组织进行的公关活动时所涉及的礼仪种类。常见的有接待、馈赠、宴请、会议等等。

### 一、接待礼仪

（一）迎接礼仪

迎来送往，是社会交往接待活动中最基本的形式和重要环节，是表达主人情谊、体现礼貌素养的重要方面。尤其是迎接，是给客人留下良好第一印象的最重要的工作。给对方留下好的第一印象，就为下一步深入接触打下了基础。迎接客人要有周密的部署，应注意以下事项：

1. 对前来访问、洽谈业务、参加会议的外国或外地客人，应首先了解对方到达的车次、航班，安排与客人身份、职务相当的人员前去迎接。若因某种原因，相应身份的主人不能前往，前去迎接的主人应向客人做出礼貌的解释。

2. 主人到车站、机场去迎接客人，应提前到达，恭候客人的到来，决不能迟到让客人久等。客人看到有人来迎接，内心必定感到非常高兴，若迎接来迟，必定会给客人心里留下阴影，事后无论怎样解释，都无法消除这种失职和不守信誉的印象。

3. 接到客人后，应首先问候“一路辛苦了”、“欢迎您来到我们这个美丽的城市”、“欢迎您来到我们公司”等等。然后向对方作自我介绍，如果有名片，可送予对方。注意送名片的礼仪：

（1）当你与长者、尊者交换名片时，双手递上，身体可微微前倾，说一句“请多关照”。你想得到对方名片时，可以用请求的口吻说：“如果您方便的话，能否留张名片给我？”

（2）作为接名片的人，双手接过名片后，应仔细地看一遍，千万不要看也不看就放入口袋，也不要顺手往桌上扔。

4. 迎接客人应提前为客人准备好交通工具，不要等到客人到了才匆匆忙忙准备交通工具，那样会因让客人久等而误事。

5. 主人应提前为客人准备好住宿，帮客人办理好一切手续并将客人领进房间，同时向客人介绍住处的服务、设施，将活动的计划、日程安排交给客人，并把准备好的地图或旅游图、名胜古迹等介绍材料送给客人。

6. 将客人送到住地后，主人不要立即离去，应陪客人稍作停留，热情交谈，谈话内容要让客人感到满意，比如客人参与活动的背景材料、当地风土人情、有特点的自然景观、特产、物价等。考虑到客人一路旅途劳累，主人不宜久留，让客人早些休息。分手时将下次联系的时间、地点、方式等告诉客人。

（二）接待礼仪

接待客人要注意以下几点：

1. 客人要找的负责人不在时，要明确告诉对方负责人到何处去了，以及何时回本单位。请客人留下电话、地址，明确是由客人再次来单位，还是我方负责人到对方单位去。

2. 客人到来时，我方负责人由于种种原因不能马上接见，要向客人说明等待理由与等待时间，若客人愿意等待，应该向客人提供饮料、杂志等。

3. 接待人员带领客人到达目的地，应该有正确的引导方法和引导姿势。

(1) 在走廊的引导方法。接待人员在客人二三步之前，配合步调，让客人走在内侧。

(2) 在楼梯的引导方法。当引导客人上楼时，应该让客人走在前面，接待人员走在后面；若是下楼时，应该由接待人员走在前面，客人在后面；上下楼梯时，接待人员应该注意客人的安全。

(3) 在电梯的引导方法。引导客人乘坐电梯时，接待人员先进入电梯，等客人进入后关闭电梯门。到达时，接待人员按“开”的按钮，让客人先走出电梯。

(4) 客厅里的引导方法。当客人走入客厅，接待人员用手指示，请客人坐下，看到客人坐下后，才能行点头礼后离开。如客人错坐下座，应请客人改坐上座（一般靠近门的一方为下座）。

4. 诚心诚意地奉茶。我国人民习惯以茶水招待客人，在招待尊贵客人时，茶具要特别讲究，倒茶有许多规矩，递茶也有许多讲究。

（三）乘车礼仪

1. 小轿车

小轿车的座位，如有司机驾驶时，以后排右侧为首位，左侧次之，中间座位再次之，前坐右侧殿后，前排中间为末席。如果由主人亲自驾驶，以驾驶座右侧为首位，后排右侧次之，左侧再次之，而后排中间座为末席，前排中间座则不宜再安排客人。主人夫妇驾车时，则主人夫妇坐前座，客人夫妇坐后座。男士要服务于自己的夫人，宜开车门让夫人先上车，然后自己再上车。如果主人夫妇搭载友人夫妇的车，则应邀友人坐前座，友人之妇坐后座，或让友人夫妇都坐前座。主人亲自驾车，客人只有一个，应坐在主人旁边。若同坐多人，中途坐前座的客人下车后，在后面坐的客人应改坐前座，此项礼节最易疏忽。女士登车不要一只脚先踏入车内，也不要爬进车里。需先站在座位边上，把身体降低，让臀部坐到位子上，再将双腿一起收进车里，双膝一定保持合并的姿势。

2. 吉普车

吉普车无论是主人驾驶还是司机驾驶，都应以前排右坐为尊，后排右侧次之，后排左侧为末席。上车时，后排位低者先上车，前排尊者后上。下车时前排客人先下，后排客人再下车。

3．旅行车

我们在接待团体客人时，多采用旅行车接送客人。旅行车以司机座后第一排即前排为尊，后排依次为小。其座位的尊卑，依每排右侧往左侧递减。

各种车辆乘坐位置如下图：

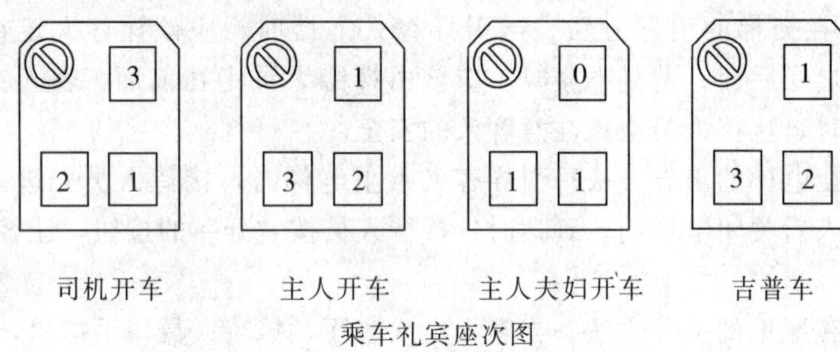


乘车礼宾座次图

注：图中1、2、3依次为尊者、主人等的位置，⃠为司机位置，主人夫妇开车时，0和1分别表示主人和客人夫妇。

其他车的座次也基本与上述座次相仿，遵循“以右为尊”的原则，同时根据不同的车型也有所调整。

## 二、赠送礼仪

馈赠是表示友善和亲情的最典型的形式之一。礼品的情感价值大于礼品的物质价值。馈赠是友好的表示，礼品是友好的象征。作为象征物，其意义并不在于礼品本身，而在于通过礼品所传递的友好情谊，这是馈赠礼仪的一个基本思想，所谓“千里送鹅毛，礼轻情谊重”。礼不在贵重，而贵在适时、适宜，贵在真诚。公关活动中的馈赠，更是以期象征性来传达组织的情谊，即使是一枚小小的贺卡、一束盛开的鲜花、一份简洁的电报，只要是在受礼者喜庆的时候表达了一份祝福，就会给对方留下深深的印象和感动。

当然不能对送礼一概地否定和反对，这就要注意区别送礼与行贿的差别。依据礼品的性质可以把礼品分成四类，即：人情礼品；报酬礼品；公关礼品；贿赂礼品。除贿赂礼品外，其余三类礼品均可以在人际交往中传播美好的情怀。

（一）赠送礼品的原则和忌禁

礼品是以物的形式凝聚着送礼人友情的，因此在运用礼品时，要考虑到馈赠礼品的目的与礼品特点相统一。以下原则供参考遵循：

1. 礼品寓意。礼品特定的意义，内在的；也可以是馈赠时赋予的。

2. 新颖别致。使人感兴趣的礼品才会传情达意。

3. 礼轻情谊（意）重。

4. 礼品要适用、适时和适量。

同时，送礼也不能违反一些忌禁：

1. 选择的礼物，你自己要喜欢，你自己都不喜欢，别人怎么会喜欢呢？

2. 为避免几年选同样的礼物送给同一个人的尴尬情况的发生，最好每年送礼时做一下记录。

3. 千万不要把以前接收的礼物转送出去，或丢掉它，不要以为人家不知道，送礼物给你的人会留意你有没有用他所送的物品。

4. 切勿直接去问对方喜欢什么礼物，一方面可能他的要求会导致你超出预算，另一方面你即使照着他的意思去买，可能会出现这样的情况，就是：“呀，我曾经见过更大一点的，大一点不是更好吗？”

5. 切忌送一些将会刺激别人感受的东西。

6. 不要打算以你的礼物来改变别人的品味和习惯。

7. 必须考虑接受礼物人的职位、年龄、性别等。

（二）馈赠鲜花

在礼品里，鲜花是最为常见和适宜的。但对于不同的人，不同的季节及各种花的寓意也各不相同，掌握这些技巧和方式在日常交往中不至于闹出笑话来。下面就各种花的寓意及适用条件稍加解释：

1. 花篮

它由色彩鲜艳的花朵组成，适用于庆祝开业、开幕、演出成功以及寿辰。

2. 花束

可选择寓意不同的花组合而成，外加包装纸和红丝带。花束一般用于探访亲友、祝贺新婚或看望病人。

3. 襟花

它通常是男子送给女友的小礼物。在某些庆典场合，男子也可以在上衣的左胸之前别一朵鲜花。襟花以与所穿衣服色泽协调最佳。

4. 盆花

品种名贵的盆枝花卉是人人喜爱的礼物，可以祝贺朋友迁居或送给长辈。

当然，不同品种的花在各国也有不同的含义，如国外喜欢用特定品种的鲜花来传递人的情感。人们认为春天的兰花高洁，夏天的荷花自重，秋天的菊花坚贞，冬天的梅花无私，而花王牡丹则是富贵之花。在欧洲，人们对花语尤其认真，不是任何鲜花都可以拿来送人的。

**各种品种的花的寓意**

| | |
|---|---|
| 红玫瑰：　表示爱情 | 紫丁香：　表示初恋 |
| 柠檬：　表示挚爱 | 黄菊：　表示微爱 |
| 红郁金香：宣布爱恋 | 黄郁金香：爱的绝望 |
| 刺玫瑰：　表示优美 | 白百合花：表示纯洁 |
| 蓝紫罗兰：表示诚实 | 桂花：　表示光荣 |
| 水仙：　表示尊敬 | 白桑：　表示智慧 |
| 黑桑：　表示生死与共 | 橄榄：　表示和平 |
| 紫藤：　表示欢迎 | 垂柳：　表示悲哀 |
| 杏花：　表示疑惑 | 万寿菊：　表示妒忌 |
| 红康乃馨：表示伤心 | 黄康乃馨：表示轻蔑 |

最后，还要注意到在一些国家和地区，不同的鲜花也存在着忌讳讲究。如日本人认为荷花是不吉祥之物；德国人把郁金香看作没有感情的花；意大利人认为菊花是妖花，只可用于墓地；而法国人认为黄色的花是不忠诚的表现等。所以，送花给不同国家和地区的人时，一定要注意这些讲究。

### 三、宴请礼仪

宴请是一种常见的社交活动。孔夫子就曾经说过“食不厌精，脍不厌细”，以精美的饮食来表达对客人的尊敬。经过几千年的发展，中国饮食文化特别发达，在当代公关活动中也成为一种非常重要的活动方式。随着社会经济的发展和人民生活水平的提高，宴请越来越脱离了其“填肚子”等原有的意义，而成为人们联络感情、交流信息、协调关系的一种手段，所以宴请礼仪的重要性，也超过了食品的重要性。

（一）宴请的种类

宴请大体上可分为宴会、招待会和工作进餐。其中宴会最正规，重视礼仪程序，气氛隆重热烈；招待会则属于交谊性质，气氛比较随和；工作进餐则是为工作方便而设立，经济实惠，简单快捷。

1. 宴会

宴会又可分为几类，一般形式较正规，主要在正餐时间，宾主坐下进餐，由服务员顺序上菜。具体形式包括：

（1）国宴，是最高级别的宴会，是在国家重要庆典或外国元首来访时举行的宴会。一般有国家首脑或政府高官出席，席间要悬挂国旗，奏国歌，程序非常严谨。

（2）正式宴会，是为了组织某些重要活动而进行的宴会，规格要低于国宴，不挂国旗，不奏国歌，但需要事前发送请柬，按来宾身份安排座位，按规定走菜、祝酒。

（3）便宴，即非正式宴会，比较随意、亲切，可用于日常的友好交往，如接风、送行等。没有严格的座次等，一切都相对简单。

2. 招待会

招待会主要用于一些规模较大的非正规场合，一般不设席面，常采用自助的方式。按照准备食物的种类，招待会可分为：自助餐、酒会及茶会等。

3. 工作餐

工作餐一般在工作期间进行，多在早上和中午。其可以是自助式的，也可以由服务员提供，一般不上酒水，不邀请其他人员，不设席位，可边谈工作边进餐，提高办事效率。

（二）宴请的礼仪知识

1. 就座和离席

应等长者坐定后，方可入座。席上如有女士，应等女士座定后，方可入座。如女士座位在隔邻，应招呼女士。用餐后，须等男、女主人离席后，其他宾客方可离席。坐姿要端正，与餐桌的距离保持得宜。在饭店用餐，应由服务生领台入座。离席时，应帮助隔座长者或女士拖拉座椅。

2. 座位的礼仪

一般的宴会，除自助餐、茶会及酒会外，主人必须安排客人的席次，不能以随便坐的方式，这会引起主客及其他客人的不满。尤其有外交使团的场合，大使及代表之间，前后有序，绝不相让。

（1）桌次的顺序

一般家庭的宴会，饭厅置圆桌一台，自无桌次顺序的区分，但如果宴会设在饭店或礼堂，圆桌两桌，或两桌以上时，则必须定其大小。其定位的原则，以背对饭厅或礼堂为正位，以右旁为大，左旁为小，如场地排有三桌，则以中间为大，右旁次之，左旁为小。

（2）席次的安排

宾客邀妥后，必须安排客人的席次。目前我国以中餐圆桌款宴，有中式及西式两种席次的安排。两种方式不一，但基本原则相同。一般而言，必须注意下列原则：

1. 以右为尊。前述桌席的安排，已述及尊右的原则，席次的安排亦以右为尊，左为卑。故如男女主人并座，则男左女右，以右为大。如席设两桌，男女主人分开主持，则以右桌为大。宾客席次的安排亦然，即以男女主人右侧为大，左侧为小。

2. 职位或地位高者为尊，高者坐上席，依职位高低，即官阶高低定位，不能逾越。

3. 职位或地位相同，则必须依官职传统习惯定位。

4. 遵守外交惯例，依各国的惯例，当一国政府的首长，如总统或总理款宴外宾时，则外交部长的排名在其他各部部长之前。

5. 女士以夫为贵，其排名的秩序，与其丈夫相同，即在众多宾客中，男主宾排第一位，其夫人排第二位。但如邀请对象是女宾，因她是某部长，而她的先生官位不显，譬如是某大公司的董事长，则必须排在所有部长之后，夫不见得与妻同贵。

6. 与宴宾客有政府官员、社会团体领袖及社会贤达参加的场合，则依政府官员、社会团体领袖、社会贤达为序。

7. 欧美人士视宴会为社交最佳场合，故席位采分座之原则，即男女分座，排位时男女互为间隔。夫妇、父女、母子、兄妹等必须分开。如有外宾在座，则华人与外宾杂坐。

8. 遵守社会伦理，长幼有序，师生有别，在非正式的宴会场合，尤应恪守。如某君已为部长，而某教授为其恩师，在非正式场合，不能将某教授排在该部长之下。

9. 如男女主人的宴会，邀请了他的顶头上司，经理邀请了其董事长，则男女主人必须谦让其应坐的尊位，改坐次位。

以上是席次安排的原则。由于席次安排尊卑，宾客一旦上桌坐定，看看左右或前后宾客，尊卑井然。

此外，我国幅员广大，一些少数民族宴会礼仪、餐饮习俗也有所区别，以下是我国部分少数民族待客饮酒礼仪：

哈萨克族：接待客人时，在酒桌前，主人双手举起一只肥羊，请客人应允后宰杀。煮熟后先向客人敬上羊头，客人要割一片羊肉给长者，割一只耳朵给后生，再将羊头给主人，然后大家共同食肉饮酒。

佤族：来客后主人必然敬酒，主人先用中指沾一滴弹在地上，以示敬祖，接着自饮一口后方敬给客人。客人得伸出右手，手心向上接酒杯，表示谢意。如吃鸡，客人得把鸡头敬给主人，以表尊敬。

珞巴族：进餐时，主人先喝一口酒，吃一口菜，以表示食物无毒，请客人放心，然后再请客人就餐。

赫哲族：客人到达时，主客同吃生鱼，然后相互敬酒。

### 四、会务礼仪

为了交流信息、集思广益，组织经常会招开会议，除了内部性的会务活动外，还有大量的外部性会务活动。为了提高会务质量，公共关系人员应该高度重视会务礼仪。具体而言，主要是要注意以下事项：

1. 营造会务氛围，从场地布置到座位安排，既要重视企业形象的展示，又要注意营造友好气氛，使会务活动显得隆重热烈而温馨友好。

2. 做好会务接待工作，准备好签名册、题词册及笔墨等物，让与会者签名、题词，以示对公众的尊重。同时还要组织好礼仪队，做好导座、续茶等工作。

3. 提供热情周到的会务服务，及时给与会者续水等。

4. 注意开会礼节要求。公众发言时，应该专心听取他人意见，不要随意插话。自己发言时，态度要谦和。讨论问题时，应该积极发言，不推诿不抱怨，以群策群力、解决问题的态度发表自己的意见。

5. 会务结束时，应该以礼相送，并感谢公众的到会及其对组织各项工作的意见、建议。

### 五、谈判礼仪

谈判是公共关系人员经常遇到的问题。在谈判中，如果公共关系人员拥有高超的谈判技能，既有原则又有艺术性，对于协调公众关系、开拓业务市场具有重要的意义。为此，公共关系人员应该懂得陈述礼仪、洽谈礼仪、聆听礼仪、反应礼仪、拒绝礼仪、道歉礼仪、停顿礼仪、磋商礼仪、签订协议礼仪等，并加以灵活运用，使紧张的谈判工作变得礼貌而温和，在轻松之中实现企业的目的。

掌握谈判的各种礼仪后，在谈判中，应力求做到以下几点：阐述自己的观点时，态度要谦虚平和。对方陈述时，要认真、耐心听讲。向对方提问时，语气要委婉，不要生硬。请示对方帮助时，态度要诚恳。劝服对方时，宜用协商、征询口吻，不要有命令式口吻。遇到需要双方商讨解决的问题，应彼此坦诚交换意见，以礼相待，尤其要避免冲突。对于达成的协议，要遵守诺言。即使谈判破裂，也要礼貌相送，以给公众留下良好的印象。

### 六、外事礼仪

在公共关系中，还会遇到国际公众的情况，包括国外公众、国际合作者等，因此，公共关系人员应该接受必要的外事礼仪教育，掌握外事礼仪。如国际通行的商业礼仪、外国的文化风俗人情、商业忌禁及其他社会规范，使自己在与国际公众交往过程中，既能保持民族自豪感，又能尊重国际公众。

（一）会见中的礼仪常识

会见双方都应遵时守约，尤其作为主方人员应提前到达会见地点以迎候客人。会见场所应安排足够的座位。如会见人数较多，会见场地也较大，此时最好安装扩音设备，主、客双方各备一只话筒。组织领导人之间的会见，除陪见人员、译员、记录员外，其他工作人员安排就绪之后均应退出会场。如允许记者采访，则应在会见开始前几分钟进行，待会见开始即离开。会见结束时，主人应将客人送到车前或门口握别，然后目送客人离去。

（二）会谈中的礼仪常识

在具体的礼仪要求上，与会见相类似，只是在座位的安排和交谈的方式上有一些不同。在会谈中，双方一般围桌而坐，通常使用长方形、椭圆形或圆形桌子，宾主相对而坐。在与客人会谈中，谈话时的仪表、语气、话题都显得十分重要。出席谈话的人都是组织的代表，要努力给对方留下一个美好的印象，促使会谈的成功。

**【思考题】**

1. 公关人员的个人礼仪包括哪些，要注意什么？
2. 接待礼仪中乘坐车辆时，是如何规定的？
3. 赠送礼品时，应注意哪些规定？

4. 宴会中有哪些礼仪？

【案例】

## 逗准客户笑

拜访的过程中，设法打开沉闷的局面，逗准客户笑是一个很好的接近方法。

日本一公司公关员原一平曾以“切腹”来逗准客户笑。

有一天，原一平拜访一位准客户。

“你好，我是明治保险公司的原一平。”

对方端详着名片，过了一会儿，才慢条斯理抬头说：“几天前曾来过某保险公司的业务员，他还没讲完，我就打发他走了。我是不会投保的，为了不浪费你的时间，我看你还是找其他人吧。”

“真谢谢你的关心，你听完后，如果不满意的话，我当场切腹。无论如何，请你拨点时间给我吧！”

原一平一脸正气地说，对方听了忍不住哈哈大笑起来，说：“你真的要切腹吗？”

“不错，就这样一刀刺下去……”原一平边回答，边用手比划着。

“你等着瞧，我非要你切腹不可。”

“来啊，我也害怕切腹，看来我非要用心介绍不可啦。”

讲到这里，原一平的表情突然由“正经”变为“鬼脸”，于是，准客户和原一平一起大笑起来。

无论如何，总要想方法逗准客户笑，这样，也可提升自己的工作热情。当两个人同时开怀大笑时，陌生感消失了，成交的机会就会来临.

“你好，我是明治保险公司的原一平。”

“噢，明治保险公司，你们公司的业务员昨天才来过，我最讨厌保险，所以他昨天被我拒绝了。”

“是吗，不过，我总比昨天那位同事英俊潇洒吧？”

“什么，昨天那个业务员比你好看多了。”

“哈哈……”

善于创造拜访的气氛，是优秀推销员必须具备的。只有在一个和平欢愉的气氛中，准客户才会好好地听你说保险。

成功处方

★营造祥和的谈话气氛。

★发挥自己幽默的个性。

资料来源：中国当代营销网 http：//www. chinayx. org/anli/3006. asp

# 第六章　交往型公共关系

我的成功是15％的专业知识加上85％的公共关系。

——美国钢铁大王卡内基

**【本章要点】**

本章首先对公共关系人际交往的基本原则作了简要的阐述，在此基础上，介绍了人际交往中普遍存在的人际交往心理障碍及形成原因，并对如何克服这些心理障碍提供了一些建议；分析了人际交往的误区和需要注意的禁忌，最后提供了能够成功交往的一些基本技巧。

**【核心概念】**

交往的原则　心理效应　心理障碍　交往技巧

交往型公共关系是人际交往中，开展公共关系工作的一种模式。目的是通过人与人之间的直接接触，进行感情上的联络，为组织广结良缘，建立广泛的社会关系网络，形成有利于组织发展的人际环境。

这种模式可以分为团体交往和个人交往两种方式。团体交往包括各种招待会、座谈会、工作餐、宴会、茶话会、舞会等；个人交往主要包括拜访、交谈等形式，本章主要介绍个人交往中的心理因素，交际误区，最后提供了如何才能成功交往的一些技巧。

## 第一节　人际交往的基本原则

### 一、平等原则

交际的双方，尽管职务大小有别，身份有高有低，年龄有大有小，性别不同，但在人格上，应是彼此平等的。平等原则要求交际双方在交往过程中，首先要尊重对方。尊重对方的职业、兴趣爱好、宗教信仰，尊重对方的劳动、谈话及其他相关方面。总之，双方应平等相待，这是双方建立关系或进行合作的前提和基础。其次要以诚相待，这是平等交往的延续和扩展。只有诚实相待，才能使平等基础上的合作得以维持和继续。伪装自己，欺骗对方，可能一时得逞，但若被对方识破，就会一败涂地。根据人际关系相互传递的原理，别的人也会因此而远离你，组织也因此会受到严重损害的危险，甚至在以后再也不能继续自己的活动。最后，还要宽容。能宽宏大量，接纳他人。根据自己的好恶，根据自己的习惯，对他人横加指责，斤斤计较，容不下他人的作风，只会给自己留下越来越窄的道路。事实上，如果你能宽容地接纳别人，别人同样也会接纳你，也就是尊重换来尊重，真诚赢得真诚，宽容换来宽容——这即是一种平等，一种对人态度的平等。

### 二、互换原则

从心理学上讲，交际是双方为了满足各自的需要而进行的一种社会活动和手段。在这个过程中，交际双方都要付出一定的代价，然后才能得到自己想要的东西，这是个满足需要的双向互换过程。交往付出的代价一般主要指信息、时间、感情以及实物、金钱等。有这些付出，必然期待着从对方那里能够获得相应的“报酬”：如信息的反馈或新的信息、理解或相互理解、态度的转变、相应的行动和双方人际关系的发展等。如果一方付出了代价但得不到相应的“报酬”，反面得到如嘲笑、不理解、斥责、冷淡、侮辱等，那么很自然双方的交往活动就会遭到破坏而中止，双方关系不会得到进一步的发展，有可能连最初的关系也遭到破坏。所以，我们在交际时，在考虑到自身的感受时，也不能不考虑对方的需要，应该意识到只有付出才有回报。

当然，我们这里讲的人际交往过程中的“只有付出，才有回报”的原则，只是交往中的一般原则。当进一步延伸其概念时，它可以既包含精神的东西，也可以包含物质的东西。分解开来，即是说，在交际过程中，既有精神与精神的互换，物质与物质的互换，也有物质与精神的互换。在现实生活中，这个原则的发展，逐渐超出了其原有的含义，如有人以权谋私，行贿受贿，结交酒肉朋友等等，这些都是这一原则庸俗化的表现，是对这一原则的歪曲和误解。

### 三、诚信原则

诚实守信，这是人际交往的又一基本原则。要取信于人，就应该“言必信，行必果”，一定要言行一致，说到做到。另外，还要信任对方，只有信任对方，双方才能实现真正融洽的沟通，建立有效的合作关系，“用人不疑，疑人不用”即是这个道理。当然，在信任对方的同时，适当地做一些重大事情上的准备或预防工作是必要的，古人说过“防人之心不可无”。在信任对方的基础上，一切事情都要在严格的程序和制度上运作，既不失信于人，自己也不会受到损害。

### 四、礼貌原则

在人际交往中，一定要维护对方的尊严，一定要礼貌。特别是对中国人，“面子”问题特别重要，人人都要面子，失面子就等于失去了尊严。因此在交往中，应给对方留面子，避免采取过激的言辞。这就是礼貌原则。

英国语言学家里奇对这个原则进行了研究，并对如何保面子，留面子，不使对方失面子、丢面子，提出了以下几个语言交流中应予遵守的准则：

1. 机智准则。使别人尽量少受损失，使别人尽量增加利益。

2. 慷慨原则。减少自己的利益，增加自己的损失。

3. 谦虚准则。尽量减少对自己的赞誉，尽量增加对自己的贬低。

4. 赞誉原则。尽量避免贬低别人，尽量增加对别人的赞誉。

5. 同意原则。尽量减少和别人之间的分歧，尽量扩大和别人之间的共同点。

6. 同情准则。尽量减少对别人的反感，尽量增加对别人的同情。

当然，上述准则也不一定都适合每一个交际场合，使用每一个具体准则时，程度上不能过分，否则也会影响交往。下面通过一个小故事来阐述人际交往的原则，以作为上述四个原则的补充。

一位16岁的少年去拜访一位年长的智者。他问：我如何才能变成一个自己愉快、也能够给别人愉快的人呢？智者笑着望着他说：孩子，在你这个年龄有这样的愿望，已经是很难得了。很多比你年长很多的人，从他们问的问题本身就可以看出，不管给他们多少解释，都不可能让他们明白真正重要的道理，就只好让他们那样好了。少年满怀虔诚地听着，脸上没有流露出丝毫得意之色。智者接着说：我送给你四句话。

第一句话是，把自己当成别人。你能说说这句话的含义吗？少年回答说：是不是说，在我感到痛苦忧伤的时候，就把自己当成是别人，这样痛苦就自然减轻了；当我欣喜若狂之时，把自己当成别人，那些狂喜也会变得平和中正一些？

智者微微点头，接着说：第二句话，把别人当成自己。少年沉思一会儿，说：这样就可以真正同情别人的不幸，理解别人的需求，并且在别人需要的时候给予恰当的帮助？

智者两眼发光，继续说道：第三句话，把别人当成别人。少年说：这句话的意思是不是说，要充分地尊重每个人的独立性，在任何情形下都不可侵犯他人的核心领地？

智者哈哈大笑：很好，很好。孺子可教也！第四句话是，把自己当成自己。这句话理解起来太难了，留着你以后慢慢品味吧。少年说：这句话的含义，我是一时体会不出。但这四句话之间就有许多自相矛盾之处，我用什么才能把它们统一起来呢？智者说：很简单，用一生的时间和经历。少年沉默了很久，然后叩首告别。

后来少年变成了壮年人，又变成了老人。再后来在他离开这个世界很久以后，人们都还时时提到他的名字。人们都说他是一位智者，因为他是一个愉快的人，而且也给每一个见到过他的人带来了愉快。

资料来源为 http：//www. cn—21. com

## 第二节 人际交往的心理障碍与克服

### 一、人际交往的心理效应

人际交往主要受到以下四种效应的影响和作用，它们是：

（一）首因效应

首因效应在人际交往中对人的影响较大，是交际心理中较重要的名词。人与人第一次交往中给人留下的印象，在对方的头脑中形成并占据着主导地位，这种效应即为首因效应。我们常说的“给人留下一个好印象”，一般就是指的第一印象，这里就存在着首因效应的作用。因此，在交友、招聘、求职等社交活动中，我们可以利用这种效应，展示给人一种极好的形象，为以后的交流打下良好的基础。当然，这在社交活动中只是一种暂时的行为，更深层次的交往还需要你的硬件完备。这就需要你加强在谈吐、举止、修养、礼节等各方面的素质，不然则会导致另外一种效应的负面影响，那就是近因效应。

（二）近因效应

近因效应与首因效应相反，是指交往中最后一次见面给人留下的印象，这个印象在对方的脑海中也会存留很长时间。多年不见的朋友，在自己脑海中的印象最深的，其实就是临别时的情景；一个朋友总是让你生气，可是谈起生气的原因，大概只能说上两三条，这也是一种近因效应的表现。利用近因效应，在与朋友分别时，给予他良好的祝福，你的形象会在他的心中美化起来。有可能这种美化将会影响你的生活，因为，你有可能成为一种“光环”人物，这就是光环效应。

（三）光环效应

当你对某个人有好感后，就会很难感觉到他的缺点存在，就像有一种光环在围绕着他，你的这种心理就是光环效应。“情人眼里出西施”，情人在相恋的时候，很难找到对方的缺点，认为他的一切都是好的，做的事都是对的，就连别人认为是缺点的地方，在对方看来也是无所谓，这就是光环效应的表现。光环效应有一定的负面影响，在这种心理作用下，你很难分辨出好与坏、真与伪，容易被人利用。所以，我们在社交过程中，“害人之心不可有，防人之心不可无”，应具备一定的设防意识，即人的设防心理。

（四）设防心理

在两个人独处的时候，我们不时地会有些防范心理；在人多的时候，你会感到没有自己的空间，自己的物品是否安在；你的日记总是锁得很紧，这是怕别人夺走你的秘密。为了这些，你要设防。这种设防心理在交往过程中会起到一种负面作用，它会阻碍正常的交流。

## 二、人际交往中的几种心理障碍及原因分析

小 D 是一位年轻的大学生，小 H 则是一名刚刚踏上工作岗位的青年，他们先后来到心理咨询室，咨询的都是同一类型的问题。他们感到自己在人际交往方面有一些不适，希望咨询者能从心理的角度给以指导和帮助。在心理咨询的实践当中，因人际关系、人际交往前来咨询的人在来访者中占有相当的比例，这是一个带有普遍性的问题。

人际交往是人们社会生活的重要内容之一，自我的发展、心理的调适、

信息的沟通、各种不同层次需求的满足、人际关系的协调，都离不开人际交往。每个人都希望善于交往，都希望通过交往建立起和睦的家庭关系、亲属关系、邻里关系、朋友关系、同学、同事关系等，而这些良好的社会关系可以使个人在温馨怡人的环境中愉快地学习、生活和工作。但在实际的交往过程中，总是或多或少地存在着一些不尽如人意之处，影响了人际交往的正常进行。

人际交往中最常提到的问题如“怎样才能使别人喜欢我”或者“怎样才能消除自卑感”还有“怎样才能正确认识自己和他人”等等。还有人会问：“我为什么体会不到人际交往的快乐？”

良好的心理素质，是人们进行广泛社交活动的必要条件。相反，心理状态不佳，会形成某些隔膜和屏障，在一定程度上阻碍了人们交朋结友和适应社会。因此，我们在工作生活中应该注重自身修养，努力克服以下种种人际交往中的病态心理：

（一）自负

只关心个人的需要，强调自己的感受，在人际交往中表现为目中无人。与同伴相聚，不高兴时会不分场合地乱发脾气；高兴时则海阔天空、手舞足蹈地讲个痛快，全然不考虑别人的情绪和别人的态度。另外，在对自己与别人的关系上，过高地估计了彼此的亲密度，讲一些不该讲的话。这种过于亲昵的行为，反而会使人出于心理防范而与之疏远。

（二）忌妒

西班牙作家塞万提斯指出：“忌妒者总是用望远镜观察一切，在望远镜中，小物体变大，矮个子变成巨人，疑点变成事实。”忌妒是对与自己有联系的、而强过自己的人的一种不服、不悦、失落、仇视甚至带有某种破坏性的危险情感，是通过把自己与他人进行对比而产生的一种消极心态。当看到与自己有某种联系的人取得了比自己优越的地位或成绩，便产生一种嫉恨心理；当对方面临或陷入灾难时，就隔岸观火，幸灾乐祸，甚至借助造谣、“穿小鞋”等手段贬低他人，安慰自己。正如黑格尔所说：“有忌妒心的人自己不能完成伟大事业，便尽量去低估他人的伟大，贬低他人的伟大性使之与他本人相齐。”

忌妒的特点是：针对性——与自己有联系的人；对等性——往往是和自己职业、层次、年龄相似而超过自己的人；潜隐性——大多数忌妒心理潜伏较深，体现行为时较为隐秘。

（三）多疑

这是人际交往中的一种不好的心理品质，可以说是友谊之树的蛀虫。正如英国哲学家培根说的：“多疑之心犹如蝙蝠，它总是在黄昏中起飞。这种心情是迷陷人的，又是乱人心智的。它能使你陷入迷惘，混淆敌友，从而破坏人的事业。”具有多疑心理的人，往往先在主观上设定他人对自己不满，然后在生活中寻找证据。带着以邻为壑的心理，必然把无中生有的事实强加于人，甚至把别人的善意曲解为恶意。这是一种狭隘的、片面的、缺乏根据的盲目想象。

有猜忌心理的人，往往爱用不信任的眼光去审视对方和看待外界事物，每每看到别人议论什么，就认为人家是在讲自己的坏话。猜忌成癖的人，往往捕风捉影，节外生枝，说三道四，挑起事端，其结果只能是自寻烦恼，害人害己。

（四）自卑

有些人容易产生自卑感，甚至瞧不起自己，只知其短不知其长，甘居人下，缺乏应有的自信心，无法发挥自己的优势和特长。有自卑感的人，在社会交往中办事无胆量，习惯于随声附和，没有自己的主见。这种心态如不改变，久而久之，有可能逐渐磨损人的胆识、魄力和独特个性。

美国心理学家的研究表明，儿童时期如果各项活动取得成绩而得到老师、家长及同伴的认可、支持和赞许，便会增强他们的自信心、求知欲，内心获得一种快乐和满足，就会养成一种勤奋好学的良好习惯。相反，他们会产生一种受挫感和自卑感。个体自卑感的形成主要是社会环境长期影响的结果。自卑的浅层感受是别人看不起自己，而深层的理解是自己看不起自己，即缺乏自信。

（五）干涉

心理学研究发现，人人需要一个不受侵犯的生活空间，同样，人人也需要有一个自我的心理空间。再亲密的朋友，也有个人的内心隐秘，有一个不愿向他人袒露的内心世界。有的人在相处中，偏偏喜欢询问、打听、传播他人的私事，这种人热衷于探听别人的情况，并不一定有什么实际目的，仅仅是以刺探别人隐私而沾沾自喜的低层次的心理满足而已。

（六）羞怯

羞怯心理是绝大多数人都会有的一种心理。具有这种心理的人，往往在交际场所或大庭广众之下，羞于启齿或害怕见人。由于过分的焦虑和不必要的担心，使得人们在言语上支支吾吾，行动上手足失措。长此下来，会不利于同他人正常交往。

主要见于涉世不深，阅历较浅，性格内向，不善辞令的人。怯懦会阻碍自己计划与设想的实现。怯懦心理是束缚思想行为的绳索，理应断之、弃之。

（七）敌视

这是交际中比较严重的一种心理障碍。这种人总是以仇视的目光对待别人。这种心理或许来自童年时期，家庭环境中受到的虐待会使人产生别人仇视我，我仇视一切人的心理。对不如自己的人以不宽容的心态表示敌视；对比自己厉害的人用敢怒不敢言的方式表示敌视；对处境与己类似的人则用攻击、中伤的方式表示敌视，使周围的人感到随时有遭受其伤害的危险，而不愿与之往来。

人类已有的知识、经验以及思维方式等，需要不断地更新，否则就会失去活力，甚至产生负效应。敌视心理恰好忽视了这一点，它表现为抱残守缺，拒绝拓展思维，促使人们只在自我封闭的狭小空间内兜圈子。

出现以上几种交往的心理障碍，主要缘于以下两点原因：

（一）信息沟通上的障碍

1. 双方文化背景上的差异；

2. 风俗习惯上的不同；

3. 社会经验的不同；

4. 处于某种需要、动机而产生的对交往对象发出的信息产生的误解、曲解、断章取义、难消化、偏见；

5. 交往双方在人格特征上差异也能造成沟通障碍。

（二）自我意识障碍

自我意识是指个体对自己的存在，自己与他人和周围事物关系以及自己行为诸多方面的意识。这种意识是通过思维起作用的一种领悟，即主体对有关自己诸方面的领悟。

心理学的研究表明，自我意识是通过与他人的交往而获得的。自我评价与他人评价之间出现差异，可能是因为自我认识不准（过高或过低）造成的，也可能是由于怕别人取笑有意高估或低估造成的。自我意识障碍是人际关系的一个大的心理障碍。要克服这种障碍，从社会来讲，就要加强对下一代的培养和教育，家庭、学校和教育机构都要重视培养下一代的正确的自我意识。

由于以上原因，出现以下三种具有代表性的人际交往的自我状态：

| 自我状态 | 内容与表现 |
| --- | --- |
| 父母的自我状态（专制的） | 指父母对其子女的态度及行为而言，常表现为以权威和优越为标志的统治、责骂和其他专制作风 |
| 成人的自我状态（理性的） | 表现为能站在客观的立场面对实际，能冷静地、脚踏实地、合乎逻辑地分析情况 |
| 儿童的自我状态（幼稚的） | 泛指一切像孩子们的态度与行为，常表现为好奇、冲动、情绪化等 |

**三、人际交往心理障碍的克服**

随着心理咨询和社交指导的推广，认知行为学说得到了发展。有些专家认为社交恐怖主要是缺乏社交技巧和能力的培养锻炼。缺乏社交技巧给别人造成不好的印象，引起别人不好的反应，导致尴尬的处境；同时，本人觉察到了自己的社交笨拙也容易造成紧张害怕。

另一些专家强调认知的作用。他们认为，有社交恐怖的病人的社交行为在客观上完全可以是恰当的，但病人对自己的评价不恰当。在社交过程中，病人的自我贬低起着重要作用，不少病人本来就是缺乏自信和倾向于自卑的人。还有一些病人对自己要求过高，恨不能以自己超群的口才和举止得到所有人的称赞与喜欢。这就不可避免反复造成自我挫败，终于见人就紧张害怕。当然，许多专家把社交技巧和自我评价结合起来，强调认知和行为的互相作用。

Leary（1983）认为，已有的学说都有助于理解社交恐惧症，但没有一个学说能够完全解释已知的各种病前情况（先驱和诱发事件）以及病后的表现。Leary 的学说叫做自我推荐学说。学说的要点是，社交必有动机。通俗地说，一个人只有当他希望在别人心目中造成某种特殊的印象，才可能会感到紧张不安甚至恐惧。假如不论别人对我有什么看法，我一概毫不在乎，我就不会紧张害怕。可见，决定所有社交恐怖的共同因素是动机，即想在别人心目中留下良好印象的动机。决定动机的因素有两个：一个是处境，另一个是人格。

社会心理学的研究表明，那些在人际交往中颇受好评，很得“人缘”的人一般有以下特点：乐观、聪明、有个性、独立性强、坦诚、幽默感、能为他人着想、充满活力等等。当然，不是说这些特点都具备才能有好的人际交往。而那些在人际交往中不太受欢迎的人也具有以下几个特点：自私、心眼小、斤斤计较、孤傲、依赖性、自我中心、虚伪自卑、没有个性等等。有了以上的参照标准，大家都可以对照自己，扬长避短。当然，在人际交往中，最主要的是坦诚，每个人都是独立的个人，不能丧失自我，阿谀奉承，随声附和并不能换来良好的人际交往。

如何在人际交往中正确地估价自己和别人，古语说得好：“人贵有自知之明。”何为“贵”？为何“贵”？贵，说明其难，能正确地认识自己的确不是一件容易的事。在错误的自我估价中，对交往妨碍最大的，莫过于自卑和自傲。

自卑，即对自己的知识、能力、才华等做出过低的估价，进而否定自我。自卑的人在交往中，虽有良好的愿望，但是总是怕别人的轻视和拒绝，因而对自己没有信心，很想得到别人的肯定，又常常很敏感地把别人的不快归为自己的不当。有自卑感的人往往过分地自尊，为了保护自己，常表现得非常强硬，难以让人接近，在人际交往中变得格格不入。

自卑心理源于心理上的一种消极的自我暗示，很多心理学家指出，自卑感和本人的智力、受教育程度、所处的社会地位等因素无关，而仅仅是对“自己不如他人”的确信。所以，要克服和预防自卑心理，首先要敢于正视自己的不足。人无完人，每个人都有自己的优缺点，对于一些不可改变的事实，如相貌、身高等等，完全可以用别处的辉煌来弥补，大可不必自惭形秽。发现他人的长处，这本身不是坏事，可是老是用别人的长处和自己的短处比，不是激发起奋起直追的勇气，而是越比越泄气，从而贬低、否定自己，这是错误的。事实上，人各有所长，自己不可能事事都强于别人，反过来也一样。见贤思齐应当鼓励，这其中还有一个量力而行的问题，所以，要防止和克服自卑感，还要注意不可对自己提出过高的要求，在选择目标时除考虑其价值和自身的愿望外，还要考虑其实现的可能性。与其追求那些不切实际的东西，还不如设立一些较为现实的目标，采用“小步子”原则，不断地使自己得到鼓励。最后一点，要锻炼自己的心理承受能力，不要因为一次失败而一蹶不振，或因自己某一方面的过失而全盘否定自己。

自傲与自卑相比，也源于错误的自我估价。自傲者喜欢过高地估计自己，在交往中表现为妄自尊大、自吹自擂、盛气凌人，而且不愿和自认为不如自己的人交往。这样的人当然不会受到别人的欢迎。自傲者一旦受挫，往往会较为自卑。自傲者要学会尊重别人，善于发现别人的优点，这样才有利于客观评价自己，同时还要学会严于律己，宽以待人。

知人者智，自知者明，能否正确地认识和了解他人，同样关系到人际交往能否顺利进行。要走出对他人认知的心理误区，要注意以下几个方面：

（一）不以第一印象作为取舍判断的标准

第一印象，也就是第一次对人知觉时形成的印象，它往往最深刻，而且常会成为一种基本印象而影响对他人各方面的评价。俗话说，先入为主，讲的就是这个道理。人们很重视给别人的第一印象，但也应该看到，第一印象得之于较短时间的接触，又无以往的经验作参照，主观性、片面性较强。所以，一定要注意其消极的一面，既不能因第一印象不好而全盘否定，又要防止被表面的堂皇所迷惑，“金玉其外，败絮其中”，这样的例子也屡见不鲜。要练就一番透过现象看本质的本领，在长期的相处中全面、正确地认识和了解他人。

（二）不因一时一事评价人

某人刚犯了一个大错误，于是就有人发现，他从来就不是好人，这是近因效应在作怪。在较为长期的交往中，最近的印象比最初的印象更占优势，这是一种心理惯性。由于这种惯性的作用，人们往往会以最近的印象来评价人。另外，还有所谓的“光环”效应，其人的一种优点、优势放大变成了笼罩全身的“光环”，甚至原来的缺点也被掩盖或者蒙上了一层夺目的光彩，这种对他人认知的最大失误就在于以偏概全。“借一斑而窥全貌”并不总是适合于一切人和事，个别和局部并不一定能反映全部和整体。在人的诸多行为或性格特征中抓住某个好的或不好的，就断定他是好人、坏人，无疑是幼稚的。恰当地、全面地认知他人，就要克服说好全好、说坏全坏的绝对化方法。

（三）切莫先入为主

第一印象固然是一种先入为主，除此之外，在我们的头脑中，总有一些先在的、得之于各种途径的观念，并常常以此来评价和判断他人，因为这样所耗费的心理能量最少，也就是说，它最省事。但是，图省事往往会造成一些认知偏差。什么美国人开放，英国人保守，商人精明世故，农民老实本分……这些说法虽与某些人的特征相吻合，但绝不是个个如此，还要“具体问题具体对待”。人如其面，各个不同，不能用概念来衡量人，把人简单化。

为什么有的人不能从人际交往中得到快乐？人是社会的动物，人际交往是我们每个人的一种需要。在人际交往中，过分留心、处处算计、总怕吃亏上当，这当然得不到快乐。可以说，这样的人还没有领悟到人际交往的真正内涵，因此也无法体验到交往中的快乐。两人互相交换一个苹果，还是一人一个苹果，两人互相交换一个主意，一人就有了两个主意，这个例子是交往内涵的一个体现。此外，交往的意义还在于增大个人的心理空间，减少彼此的心理距离，建立“我们感”。这些都是人的一种心理需要、社会需求。

消极的情绪，如不快、痛苦、愤怒、失望等，会影响人际交往的正常进行，这点不言而喻。这些消极情绪的产生，可能来自某种压力，或者受挫，或是某种丧失。每个人都要学会在生活中对付这些不良情绪，这也是个人成长的一种重要表现。

现代社会主张个性独立，人际交往也日益复杂，如果说在一些场合，或和某些人的临时性的交往需要一些表面的客套、应酬，那么，建立和发展深入持久的人际交往，最重要的是坦诚相见、表达真实的自我。水至清则无鱼，人至察则无友，人们并不喜欢那些假扮的圣人。当然，如果是自己身上存在着明显的缺点，理应努力克服和改正。人们在人际交往中不断审视、认识自己和他人，不断领悟人生，这是人际交往的内涵之所在。

**【案例】**

## 人际交往受挫　大一新生欲退学

一个多月前，在长春某重点高校念热门专业的大一学生小蕾（化名）几次找到老师要求退学。“小蕾写得一手好文章，还弹得一手好钢琴。入校不久，她就因文笔出众，被校内文学团体破格吸收为会员。”小蕾的老师告诉记者，听说她要退学，大家都很吃惊。

小蕾要退学的理由主要有两个：一，自己是自费生，要花10多万元的学费，父母负担太重；二，同学们瞧不起她，总在背后议论她，以致于她感觉“大家都挺虚伪的，一回到寝室，就胸口发闷”，甚至觉得“活着没意思”。据小蕾的父亲讲，家里并不缺钱，供孩子读自费根本不成问题。老师们也描述说，“当小蕾讲到第二点时，就变得烦躁不安，最后竟然泪流满面”。

由此，老师们认为，在大学人际交往中感到不适，甚至产生深深的受挫感，才是小蕾想退学的根本原因。“其实，不光是小蕾，很多大学新生面对全新的人际环境，都会感觉比较迷茫。退学，只是一种较为极端的反应。”老师说。

像小蕾这样的情况确实比较少见，但记者发现，尽管开学已有两个多月，“人际交往不畅”仍然是困扰许多大学新生的重要问题。

对此，东北师大心理辅导中心的魏仪梅老师分析说，远离父母的孤独、陌生的环境，使大一新生对“人际交往”产生前所未有的渴求；来自五湖四海的同学、朝夕相处的寝室室友、不同年级的老乡、不同院系学生组织的校内团体，使大学新生的人际交往环境一下子变得复杂多样；与此同时，分数已不再是唯一的追求目标，学生们思考的内容更为丰富，对人际交往中的细节也更为在意；几个因素迭加起来，使人际交往引发的心理不适在大一新生中表现得特别明显。

采访中，记者看到一位笔名 SUSAN 的师范院校大一学生写给心理辅导员的一封信。信上说：“我感觉很孤独。今天下午在寝室，室友们聊天的聊天，学习的学习，唯独我既学不进去，又融不到她们中去。我的上铺是个南方人，地方口音很重，寝室里又没有老乡，可是总有人和她讲话，为什么？我有那么孤僻吗？有那么高傲吗？其实也不是，好多次我都想给身边的每个人一个微笑，想向每个人表示我的友好，并成为他们的朋友，可是我做不到！为什么这么难？”一位来自哈尔滨的学生向记者抱怨：“我神经衰弱，睡眠不好。晚上寝室熄灯后，室友们不住地高谈阔论。不参加，显得不合群，参加吧，第二天头昏脑涨，无精打采。几次抗议，毫无效果，真不知咋办才好。”另一位女孩则气愤地说：“有些同学，在家里当惯了大小姐，到了学校，还对人发号施令，呼来喝去。一想到还要和这类人相处四年，就头疼。”

不少高校的学生处老师反映，近年来，大学新生的“人际交往”问题正变得越来越突出。为什么会出现如此现象？老师们分析说，一是近两年的大学生多为独生子女，属“自我中心型”，凡事都想以自己的意志为转移，不顾及他人感受，缺乏包容心。二是在这个崇尚“吸引眼球”的时代，学生们往往过分关注自己的形象，总觉得自己一举一动都会引起旁人的注意，对别人的反应过于敏感。三是不能理解他人的交友原则，找不准自己的位置，缺少真诚的沟通与交流，因而觉得别人虚伪，而这一点在今年的新生中表现尤为突出。

大一新生渴望能够在校园中建立起良好的人际关系，这不仅是一种求得他人认可的心理诉求，而且也在某种程度上决定着其大学生活的质量。中国科技大学少年班学生邢晓曼也告诉记者："光埋头学习肯定不行，没有一定的人际交往，很多有用的信息就得不到。"据上海市教委日前的一份调查显示，该市各高校有心理问题的大学生约占大学生总数的10%，其中，21%的大学生感到"人际交往"有困难。正因如此，深入了解人际交往艺术，迅速掌握各种交往技巧成为大学生的迫切需要。

据了解，长春市的一些高校针对新生的这一问题，开展了心理辅导与疏导活动。最近东北师范大学举办的"象牙塔中的黄金法则"系列讲座与咨询活动，就很有吸引力，令"象牙塔中的黄金法则"风靡高校校园。据悉，这一概念来源于一本书，专门论述大学生人际交往中的原则与技巧。长春工大一位姓徐的同学认为，"象牙塔中的黄金法则"其实有两个，一个是教人如何取得好成绩，另一个是教人如何交更多的朋友。"然而，目前大家更关心的还是后一个。因为，掌握交际技巧，并能如鱼得水地灵活运用它，对于习惯了埋头读书的大学生来说，更不容易。"

教育心理学专家说，在不知该怎样去交往或交往失败后，大学生往往变得性格孤僻，少言寡语，对人际关系敏感，对人有敌意，有偏执、多疑、自闭倾向，甚至感到无助、绝望。这一心理问题如果得不到及时有效的解决，就可能转化为严重的心理障碍，并且影响到学生的一生。几所高校学生处的老师也感觉到，人际交往受挫的学生往往不爱参加集体活动，遇事表现得烦躁、偏执，甚至以流浪者、边缘人的心态对待生活。因此，加强人际关系课程的建设，引导大学生进行健康、顺利的人际交往，已成为一个必须予以更多关注的课题。

引自新华网

http：//big5. xinhuanet. com/gate/big5/news. xinhuanet. com

## 第三节　人际交往的误区和禁忌

### 一、人际交往的误区

一位哲人说过："没有交际能力的人，就像陆地上的船，永远到不了人生的大海。"人们学习知识进入社会，了解自我，获得新生和爱情，都是在人际交往中发生的。没有与别人的交往，人类就无法生存。

当前，我国加快改革开放，市场经济大潮滚滚而来，各种机遇和挫折也纷至沓来，面对这种激烈的竞争和日益增大的社会心理压力，人们就更需要重视交往的数量和质量。在现实生活中，无论有多么强的能力，多么好的条件，如果没有良好的人际关系，既无法取得成功，也不会得到生活的幸福和身心的健康。

对于如何能建立良好的人际关系，不少人感到迷茫，他们往往抱怨自己运气不好，怨天尤人，认为自己生活圈子里好人太少，无法进行满意的交往。实际上，这是因为他们的交往活动存在着误区。这些误区主要有：

（一）自私、自卑，人际交往中的功利性

有的人在与别人交往时处处从自己着想，只关心自己的需要和利益，强调自己的感受，把别人当作自己达到目的、满足私欲的工具。不尊重他人的价值和人格，漠视他人的处境和利益。在交往中目中无人，与同伴相聚时，不顾场合，也不考虑别人的情绪。这种人在交往中，缺乏对自己的正确认识，无论他们多么精明，永远也不会与他人建立牢固、持久的良好人际关系。只有那些心地善良，待人以诚，能设身处地为别人着想的人，才可获得挚友。

（二）冷漠、孤僻，人际交往中的封闭性

有些人在与别人交往时，总喜欢把自己的真实思想、情感和需要掩盖起来，在他们看来，人世一切是那么无聊，令人厌倦，平淡，无意义。他们往往持一种孤傲处世的态度，只注重自己的内心体验，他们的行为和习惯有时令人难以理解。这种人交往的失败就在于在心理上建立了一道屏障，把自我封闭起来，无法与别人沟通。因此，他们只有增加自我的"透明度"，敞开自己的心扉，用热情、坦诚去赢得别人的理解。这种合适的自我袒露可以增加一个人的吸引力。

（三）自卑、多疑，人际交往中的戒备和敌视性

在生活中，有些人缺乏对自己的正确评价，往往对自己过于苛求，估计太低。如有些青年人感到自己的身体、相貌缺乏魅力，或感到自己能力欠缺，产生自卑心理，然而事实上，他们并不一定是没有魅力、能力差，或事业成就低下，反而是自己期望过高，不切实际，对别人的言语过于敏感，总是认为别人看不起自己。其实，在他们深层的心理体验里则是自己看不起自己。他们害怕挫折、失败，特别是在权威、强者或一些强词夺理的人面前，总是感到手足无措，有时则表现出一种戒备和敌对情绪。往往先在自己的思想里，设想别人对自己的不满，然后在生活中寻找真实的证据。有时则把一些无中生有的事实强加于别人，甚至曲解别人的善意。长此下去，他们就人为地把自己的交往范围限制在父母、家庭这样一个小圈子中，有的则会产生厌世心理。对于这种人，必须对自己有一个清醒的认识，接受自己，无论与任何人交往都要做到不亢不卑，既不取悦别人，以博得好评来满足自己的虚荣心，更不需要在别人面前显示自己，炫耀自己，以提高自己的身价。价值正是在于自身，并不随别人的评价而改变。这样，就能渐渐消除多疑心理，从而获得多数人的尊敬。

**二、公共关系人际交往的禁忌**

一般情况下，每个人都能处理好人际交往中的多数环节。真正令人头疼、真正需要技巧的情况不多，倒是其对人造成的烦恼无形中夸大了它的存在。如果这些处理得当，令人尴尬的情况少了，人际交往自然畅通无阻了。

（一）凡事包打听

适当的好奇心不是坏事，这是与他人保持适度交流的必要动力。试想，若一个人对周围的人和事一概没兴趣，哪来的人际交往呢？但是，一个人总让周围的人感到对别人的事情过分关心，也不分“分内分外”，这或多或少有“干涉他人内政”之嫌。久而久之，别人也会不分什么事情，一概对你“敬而远之”。隔阂由此而生。

（二）讲大话吹嘘自己，不顾别人的感受

只顾沉浸于自我吹嘘，在多数场合是不受欢迎的，任何人都有一种逆反心理，都会自然而然地在心中对你的吹嘘贬斥一顿。优点最好由别人去发现，这不是缺乏自知之明，别人发现了也不见得非讲给你听，这样才有人际交往中的震慑力和神秘感，也就是很多人梦寐以求的“魅力”。

（三）一味吹拍对方

适当的阿谀奉承并不是什么坏事，实际上我们很多时间都花在这上头了。但过了头就不怎么讨人喜欢了，甚至会起到适得其反的作用，别人肯定要暗自寻思一下你的居心何在了。请注意，敌意产生了！

（四）闪烁其词，卖弄玄虚

这与保持自己适当的神秘感不是一回事，不要认为“卖关子”总能吊别人胃口，有没有想过，一旦倒了别人的胃口，恐怕会引起对方永久性的厌恶。

（五）过分暴露自己的“隐私”

千万不要将自己喜欢的话题也默认为他人同样喜欢。不要认为总是对人讲“掏心窝”的话就是真诚，其实不然。与过多打听他人的事情一样，过多谈论自己的“隐私”同样令人生厌。每个人都有自己的空间，其独立性不容任意展示。这也是个“度”的问题。何况展示得多了，就失去了应有的价值，难免使人顿生藐视之心。许多人都体会过有人在你面前喋喋不休其家长里短时的无奈和不自在，哪里还有心思去发展更深层面的交流！

（六）替别人做主

助人为乐本是应该大力提倡的美德，这一点毫无疑问。但在人际交往过程中喧宾夺主却属于一大忌。自己揣度他人的心意并帮助出谋划策不失为一种高超的交往技巧，但这种情形下个体的独立性同样很重要，需要予以充分的尊重。有时过分的热心可能扭曲了双方正常的关系，值得警惕。

## 第四节　人际交往的技巧

交往技巧是公共关系交往中自觉发生的行为，是对相同交往情境的自发性反应，能够有效地激发公众的交往积极性，对于创造出坦率真挚、温暖亲密、相互信任的公众交往环境具有重要的意义。

### 一、了解人和人性

提高人际交往和掌握成功的人际关系技巧的第一步是：正确地了解人和人的本性。了解人和人性可简单概括为——“按照人们的本质去认同他们”，“设身处地认同人们”，而不要用自己的眼光去看待别人，更不要把自己的意志强加于别人。人首先是对自己感兴趣，而不是对别人感兴趣！换句话说，一个人关注自己胜过关注别人一万倍。认识到“人们首先关心的是自己而不是别人”这一点，是生活的关键所在。

## 二、如何巧妙地与别人交谈

当你与人交谈时，请选择他们最感兴趣的话题。他们最感兴趣的话题是什么呢？是他们自己！把这几个词从你的词典中剔除出去——“我，我自己，我的”，用另一个词，一个人类语言中最有力的词来代替它——“您”。你是否对谈话感兴趣并不重要，重要的是你的听众是否对谈话感兴趣。当你与人谈话时，请谈论对方，并且引导对方谈论他们自己。这样你就可以成为一名最受欢迎的谈话伙伴。

## 三、如何巧妙地令别人觉得重要

人类一个最普遍的特性便是——渴望被承认，渴望被了解。你愿意在人际关系中如鱼得水吗？那么，请尽量使别人意识到自身的重要性。请记住，你越使人觉得自己重要，别人对你的回报就越多。

1. 聆听他们；
2. 赞许和恭维他们；
3. 尽可能经常地使用他们的姓名和照片；
4. 在回答他们之前，请稍加停顿；
5. 使用这些词——“您”和“您的”；
6. 肯定那些等待见你的人们；
7. 关注小组中的每一个人。

## 四、如何巧妙地赞同别人

绝对不要忘记任何愚人都可以反对别人，而只有智者和伟人才会赞同——尤其当对方犯错误时！“赞同艺术”可概括为以下六点：

1. 学会赞同和认可；
2. 当你赞同别人时，请说出来；
3. 当你不赞同时，千万不要告诉他们，除非万不得已；
4. 当你犯错时，要勇于承认；
5. 避免与人争论；
6. 正确处理冲突。

赞同艺术的根源在于：

1. 人们喜欢赞同他们的人；

2. 人们不喜欢反对他们的人；

3. 人们不喜欢被反对。

### 五、如何巧妙地聆听别人

聆听越多，你就会变得越聪明，就会被更多的人喜爱，就会成为更好的谈话伙伴。当然，成为一名好的听众，并非一件容易的事，这里我们有五点建议可供参考：

1. 注视说话人；

2. 靠近说话者，专心致志地听；

3. 提问；

4. 不要打断说话者的话题；

5. 使用说话者的人称——“您”和“您的”。

### 六、如何巧妙地影响别人

促使人们按照你的意愿去做事情的第一步，是找出促使他们这样做的原因（即他们想要什么）。和别人说他们想听的东西，他们就会感动。你只需简单地向他们说明，只要做了你要求他们做的事情之后，他们便可以获得他们想要的东西。“了解人们所想”的方法是：多询问，多观察，多聆听，再加上自己的不懈努力。

### 七、如何巧妙地说服别人

当你说一些有利于自己的事情时，人们通常会怀疑你和你所说的话，这是人的本能的一种表现。更好的方式就是：不要直接阐述，而是引用他人的话，让别人来替你说话，即使那些人并不在现场。因此，要通过第三者的嘴去讲话。

### 八、如何巧妙地使别人做决定

1. 告诉人们为何要同意你，告诉人们，按照你所说的去做他们便会受益，而不是你自己受益。

2. 问只能用“对”来回答的问题。但是，应注意，要恰当地问这些

“对”的问题。也就是说，当你问此类问题时，应点头示意，并以“您”来开始你的问题。

3. 让人们在两个“好”中选择其一。这个技巧是让他们在你的两个“可以”中选择一个。

4. 期待人们对你说“好”，并让他们知道，你期待他们做出肯定的回答。

**九、如何巧妙地调动别人的情绪**

记住，任何一个交往最初的一瞬间往往决定了整个交往过程的基调。

接着，运用人类行为的第二基本规律——人们总是对他人的反应带有强烈的反馈性。因此，在最开始，你与别人眼神接触的瞬间，在你开口说话之前，在你打破沉默之前，请露出你亲切的笑容。人们总不能意识到，有多少付出，就有多少回报。别忘了，从现在开始，请露出你的笑容，就像专业演员模特那样，并且对自己说——“笑一下!”

**十、如何巧妙地赞美别人**

慷慨些，去赞扬别人吧!

1. 要真诚；

2. 赞扬行为本身，而不要赞扬人；

3. 赞扬一定要具体——要有的放矢。

快乐方程式——养成每天赞扬三个不同的人的习惯。你会感到，这么做后，你自己是多么开心！当你看到这么做给别人带来幸福、快乐和感激时，你自己也会因此而感到幸福。

**十一、如何巧妙地批评别人**

1. 批评必须在单独相处时提出；

2. 批评前必须略微地给予赞扬或恭维；

3. 批评时，不要针对人，批评某种行为，而不要批评某个人；

4. 提供答案；

5. 请求合作，而不是命令；

6. 一次犯错，一次批评；

7. 以友好的方式结束批评。

## 十二、如何巧妙地感谢别人

仅仅在自己心里感激、赞赏别人是远远不够的，应把你的这种感激、赞赏的感情向值得你感激的人表达出来。

1. 态度要真诚；
2. 清晰、自然地表达；
3. 注视着你感激的对象；
4. 致谢时说出对方的名字；
5. 尽力地致谢。

## 十三、如何巧妙地给别人留下良好印象

如果想美丽，就自己先要美丽起来。如果你想让别人赞赏你、钦佩你、敬重你，你就必须让人感到，你是值得获此荣誉的。为你自己而骄傲吧（但不要自负）！为你自身，为你的职业，为你的工作环境而骄傲！不要为你现在的处境和不足之处而自卑。你就是你自己——要尊重自己，要为自己感到骄傲。

1. 真诚；
2. 要热情；
3. 不必过分急躁；
4. 不要通过贬低别人抬高自己；
5. 不要打击任何人、任何事。

## 十四、如何巧妙地发言

1. 明白你所说的内容；
2. 说完该说的，就停止；
3. 说话时，请注视着听众；
4. 谈论一些听众感兴趣的话题；
5. 不要试图演讲。

## 【思考题】

1. 怎样理解人际交往原则及涵义？针对小故事中提供的“人际交往的四句话”谈谈你的感想。

2. 人际交往的心理障碍是如何形成的？怎样克服？

3. 人际交往中有哪些误区和禁忌？

4. 分析你在人际交往过程中存在哪些障碍？对照提供的技巧，选择适合你的技巧。

**【案例】**

## 社交恐惧症案例与诊治

来访者情况：柳某，女，21岁，某科技大学三年级学生。

来信诉说了她近年来的苦恼，并希望如有可能一定前来咨询。她在信中说："长期以来，我一直经受着心理障碍的困扰和折磨，时至今日，我仍旧无法摆脱这个阴影。我真心希望心理医生能帮助我！"她还在信中提出了会见时间，又特意嘱咐道："我不愿这件事让别人知道，也不希望众多过往的同学看见我，我没有勇气前来敲门，请你们将咨询室的门开一小缝，我即可进来。"按照约定时间，心理医生把门敞开着。她来了，神色慌张而羞怯，大步跨入咨询室后赶紧把门关上。心理医生一面热情地为她让座，一面告诉她有关心理咨询的保密原则，并表明乐意为她排忧解难。她认为自己是个怪人，有害羞的怪毛病。两年多来，从不多与人讲话，与人讲话时不敢直视，眼睛躲闪，像做了亏心事。一说话脸就发烧，低头盯住脚尖。心怦怦跳，肌肉起鸡皮疙瘩，好像全身都在发抖。她不愿与班上同学接触，觉得别人讨厌自己，在别人眼中是个"怪人"。最怕接触男生，即使在寝室里，只要有男生出现，也会不知所措。对老师也害怕，上课时，只有老师背对学生板书时才不紧张。只要老师面对学生，就不敢朝黑板方向看。常常因为紧张对老师所讲的内容不知所云。更糟糕的是，现在在亲友、邻居面前说话也"不自然"了。由于这些毛病，极少去社交场所，很少与人接触。自己曾力图克服这个怪毛病，也看了不少心理学科普图书，按照社交技巧去指导自己，用理智说服自己，用意志控制自己，但作用就是不大。后来她哭诉说，这个怪毛病严重影响了她各方面的发展：学习成绩下降，交往失败，同学们说她清高。她正在争取入党，同学关系不好肯定不行。眼看就快毕业了，这样下去怎样适应社会呢？她急切地说："医生，请你快点告诉我，我为什么会这样呢，我该怎样才能克服这些怪毛病呢？"

分析诊断：

从柳某的来信叙述和她与心理医生的面谈经过，心理医生分析她是一种常见的心理障碍——社交中的对人恐惧症。这是由心理原因导致的。只要通过心理分析和心理治疗，可以逐渐消除。

施治方案：

认知领悟疗法，放松训练法。

咨询与治疗：

首先，让她回顾一下所经历过的不愉快事件，分析一下自己性格形成的过程，以找出造成她现在这种情况的真正原因。在心理医生的耐心开导下，柳某细细地回忆道："我从小性格内向、胆小、孤僻。父母对我要求极严甚至苛求。父亲动起怒来特可怕。记得一次我的考试成绩不理想，父亲让我重做生题，我不乐意。父亲怒气冲天地将钢笔甩到我脸上，笔尖刺伤了我的脸，鲜血直流。至今想起那件事还很害怕。父母很正统、很古板，对我的禁忌很多，不准我和男孩子交往。所以除了学校和家，我很少在外玩耍，从不和男生交往。中学时，见到男女生之间的往来很反感。"说到不愉快的经历，柳某还讲道："初中时，一向成绩很好的我，一次提问没答好，老师当众批评我、挖苦我，我难过得直流眼泪。再就是大一时，同室一位同学来自农村，家境不好，我经常主动帮助她、资助她，可这样反而伤了她的自尊心。她不但不把我当朋友，反而时常挑剔我、指责我、刁难我，故意当我的面和其他同学亲亲热热，冷落我、孤立我。这使我难过极了。我恨自己，自责自己是不受欢迎的人。后来，我们发生了冲突。我讨厌她、恨她、不和她讲话。我也觉得她讨厌我。不知不觉地我就怕和人接触了，愈来愈害羞了。"

心理医生以关切的、耐心的态度听完了她的述说，时间已过了两个多小时，只得约定改日再谈……第二次会见时，心理医生先为她作了原因分析：

你的内向、孤僻、胆小的性格特征是影响人际交往的内在因素。

父母对你交往中的禁忌以及灌输的与男性交往的"羞耻感道德意识"，使你的性格中形成了较强羞耻，这对人际交往起着阻碍作用。

少儿时，你父亲发怒导致的恐惧反应和老师当众的批评、挖苦所产生的羞辱反应在你心灵深处留下了负面心理印痕。这种印痕会由于日后的负面生活事件而被激活，对心理障碍的产生和发展起作用。

在与同学相处中感到"好心未得好报"，反被误解，恶意相待，于是委屈、怨恨、愤激；又由于心理防御机制的作用，这些挫折反应在潜意识中被转换为对那位同学的压抑的敌意和回避反应导致你产生了泛化心理现象（即由对某一人的敌意、回避发展为对周围的人都产生了戒备心和回避反应）；

另一方面，自责、自怨加重了你性格中的羞耻心和胆怯。所以，人际矛盾这桩负面生活事件是导致你对人恐惧的直接的、现实的诱因。

正值青春期的你，一方面有着正常的与异性接触的愿望；另一方面你已经内化了有关两性交往的“羞耻感道德意识”有意无意地使你批判自己的想法，抑制自己的欲望。因而，你常常处在一种是否与异性交往的心理冲突之中。而害怕、羞于见男生这种病态反而减轻了你的这种冲突。从心理学上讲，躯体的“症状”是内心冲突的“改头换面”。

当你出现对人恐怖反应后，便批评、督促自己该怎样怎样，控制自己不要怎样怎样，这就产生了一种暗示、强化“症状”的作用。再加之你愈感到“不自然”，头脑中就愈多地出现“想象观念”，这进一步导致了你的自我感觉恶化。如此恶性循环，“症状”便日益严重了。

在心理医生分析的过程中，她频频点头，表示赞同心理医生的看法。接着，心理医生给她提出了一些建议：

1. 设身处地地站在那位被你帮助而又对你不友好的同学的角度想一想，理解并宽容她。同时检查自己是否存在过敏、多疑等不利于交往的心理。

2. 正确认识两性间的正常交往，认识到青春期渴望接近异性很正常，摒弃旧的道德意识，尊重自己的正当意愿。

3. 找两位关系较好的女生了解一下她们对你在与人交往中的反应，如脸红、发抖、目光恍惚等“不自然”状态是否确实。目的是让她通过调查，克服“想象观众”的作用。对此条建议，起初她感到很为难。但经心理医生讲解了人际交往中的真诚原则，她勉强答应试一试。

一周后，柳某再次前来，这次是敲门听见“请进”的声音才进来的，显然没有了前次的那种慌张神色。她有些兴奋地告诉心理医生，那天咨询后，有了克服自己心理障碍的信心；对障碍的原因又进行了思考，心理明朗了许多，好像“拨开了迷雾”；这几天对自己过去的想法进行了反思，和同寝室同学接近了些。关键是，她鼓足勇气找了两位女同学述说了自己在人际交往中的自我感觉和痛苦后，一位同学说她“是有些腼腆”，但认为这是她的性格表现，并不以为然；另一位同学说根本没觉察到她有什么“脸红”、“发抖”之类的“不自然”表现，非常奇怪她为什么有那么多的“感觉”。两位同学的评价开始动摇了柳某的“想象观众”观念，但她仍然坚信男生、老师看出了自己的毛病、讨厌自己。对于她的思考、领悟以及行为上的进步，心理医生给予了肯定和鼓励。在对障碍原因进一步讨论和对人际交往方面的一些方式方法做出必要的指导后，心理医生为柳某制定了下一步的治疗计划：

1. 每天坚持写观察日记，着重观察周围人的举止言行和对你的态度。

2. 分别调查两位老师和两位男生对你的评价，证实自己的感觉是否正确。

3. 每天做二至三次想象——放松训练。即在想象中将最想见又最怕见的人（如某位男生），想回避又回避不了的人（如任课老师）突然呈现在自己面前，体察自己的情绪反应和心理反应，然后放松，使情绪和肌体产生由紧张到松弛的反应，最后产生意向上的适应并扩展到现实行为中。

4. 为其布置了“大目标小步走”的与人接触、交谈的作业。

5. 加深对障碍产生原因的认识，淡化负性心理印痕，提高挫折承受力，树立正确的交往观。

为了检查计划执行情况和进行反馈调节，心理医生又约见了柳某几次。从反馈中了解到，通过注意观察别人和写观察日记，发现“别人各做各的事，并不特别关注我，也不在意我的行为”。在对男生和老师的调查中，她意外地获知：由于自己成绩不错，听课时埋头记笔记，老师说她“很有发展潜力”，辅导员对她争取入党给予了热情鼓励。男生对她的评价是“文静、端庄、矜持，只是觉得像一位‘骄傲的公主’，但并没发现她有什么异常，更不讨厌她”。这些评价证实了她自己过去“想象观念”的错误性，使她信心大增。再加之改变了过去一些不正确的观念，坚持了想象放松训练，开始了逐步与人的交往。

总结：

对社交恐惧症的治疗应以心理咨询为主，并辅以心理治疗，如转移疗法，满灌疗法，尤其是系统脱敏疗法。

社交恐惧症之所以是后天形成的，也就在于社交能力不是与生俱来的。一方面固然需要通过人际交往掌握社交技巧，以扩大社交面，另一方面要具备健全的人格发展，才可能进行人际交往。因此，社交恐怖实际上是人格发展过程中，尤其是青少年难以避免的。不过，还是个人人格发展的不健全才导致了习惯性的社交恐怖，从而形成社交恐惧症，影响着正常的学习与生活。所以增强自信、参加集体活动是战胜社交恐惧的关键。

资料来源：http：//www. 7018. com

# 第七章　服务型公共关系

只要你一心一意地想着顾客，向他们提供所需要的服务，那么其他的一切便会自然而来。

——安瑞克（美国）

任何销售活动都离不开服务，可以说在任何情况下销售都必须以进行周到服务的能力为限度。只有这种经营态度，才能使商业活动健康开展。

——松下幸之助（日本）

**【本章要点】**

本章主要介绍有关公关服务的基本概念，分析企业在开展服务型公共关系活动时，可以采取的服务策略、服务方式等。

**【核心概念】**

服务　服务策略　服务方式策划

## 第一节　公共关系服务的有关概念

前几年国内许多商家的柜台上都竖有一块牌子："商品离柜，概不退货。"意思是，消费者你自己睁大眼睛看清楚，一旦做出决定，就莫后悔。商家自有一番道理：如果顾客买了东西以后都来退换，我怎么赚钱？要是消费者素质差，把昂贵的商品假意"买"回去摆摆排场，然后退还给商店，岂不是连"租金"都用不着付？如此等等，理由一大堆。但随着入世和我国经济的发展，诸多商家都开始采取了一些以消费者为中心的措施，例如贴有醒目告示：顾客如果觉得商品有瑕疵，对所购商品不满意，买了之后又后悔等，可以凭购物发票免费调换或退货。由此可见，只要真正把服务做到位，消费者就会从心理上接受你，行动上支持你。

## 一、公共关系服务的概念

服务型公共关系就是以提供各种实惠服务为主的公共关系模式。它以优良服务来取得公众的好感，进而树立社会组织的形象。服务是一个广义概念。我们从经济学角度所认识的服务，是指一种可供销售的活动，是以等价交换的形式为满足企业、公共团体或其他社会公众的需要而提供的劳务活动、技术活动或物质产品。而伦理学上的服务主要是指人们基于某种生活道德准则，本着互助互爱、见义勇为等高尚的道德情操，帮助其他人的过程。从这两个“服务”的概念，我们能够明显看出区别，一个是有偿原则，以等价交换为中心；一个是无偿帮助，以他人利益为重。我们现在所讲的服务偏重于经济行业，诸如服务业、商业、饮食业、维修业务、咨询业务、银行、法律事务、网络产业等第三产业的内容。但公共关系中所强调的服务又是怎样的一个概念呢?

我们知道服务具有无形性、差异性、不可储存性和生产消费同时性，但公共关系服务不仅具备以上所说的特征，还具有本身的特殊性，指的是企业为了完成促销任务，塑造良好的形象，基于道德文化和商业文化要求而为公众提供相关帮助的活动。2002 年，在整个中国空调界已上演价格大战时，海尔反其道而行之，在上海市场不降反升，将变频空调的价格上调了 500～1 000 元不等的档次，市场反应却出人意料。购买海尔的顾客急剧增多，让其他商家大跌眼镜。大家也知同等质量比价格，同等价格比服务，这种常为商家利用的经验之谈，海尔顺势而生，赚了很大一笔。究其缘由，是海尔推出了“无尘安装”的空调安装服务，顾客不仅仅买到了满意的产品，还获得了良好的服务，而这一切是当时其他商家所无法给予的。在这个案例中，我们看到了海尔考虑的不仅是自身利益的需要，而且把消费者的要求与利益放在了第一位。公共关系服务不仅是为了促销，而且具有浓厚的道德文化色彩。

**【案例】**

### 只有一名乘客的航班

英国航空公司所属波音 747 客机 008 号班机，准备从伦敦飞往日本东京时，因故障推迟起飞 20 小时。为了不使在东京候此班机回伦敦的乘客耽误行程，英国航空公司及时帮助这些乘客换乘其他公司的飞机。共190名乘客欣然接受了英航公司的妥当安排，分别改乘别的班机飞往伦敦。但其中有一位日本老太太叫大竹秀子，说什么也不肯换乘其他班机，坚持要乘英航公司的008号航班。实在无奈，原拟另有飞行安排的008号班机只好照旧到达东京后再飞回伦敦。

一个罕见的情景出现在人们面前：东京——伦敦，航程13 000公里，可是英国航空公司的008号班机上只载着一名旅客，这就是大竹秀子。她一人独享该班的353个飞机座舱以及6名机组人员和15位服务人员的周到服务。有人估计说，这次只有一名乘客的国际航班使英国航空公司至少损失约10万美元。

从表面上看，的确是一个不小的损失。可是，从深层意义上理解，它却是一个无法估价的收获。正是由于英国航空公司这种一切为顾客服务的行为，在世界各国来去匆匆的顾客心目中换取了一个用金钱也难以买到的良好公司形象。

熊源伟．公共关系案例．合肥：安徽人民出版社，1993，296～297

## 二、公共关系服务的特征

公共关系服务就其性质而言，是一种特殊的企业行为，服从并服务于企业的需要，不同于一般意义上的社会服务活动，无论在操作上还是在功效上都有自己的特殊性。

（一）有形与无形的统一

公共关系中提供的服务，可以是有形的，例如咨询服务、维修服务等，它主要提供给公众的是一种以实物形态存在的物质产品，给公众带来明显的实惠和实在的利益。但从无形性来看，公共关系的服务活动并不向公众提供实物产品，而是以“活动”形式提供帮助，对于企业而言，是一种带有特殊的利他色彩的服务劳动过程。

（二）人情化与商业化的一致

公共关系服务具有两重性，既有物的因素，也有人的因素，在特定时空下由特定的人完成的。通过服务，公众既与商品发生联系，又与人密切接触，实现心灵沟通，建立良好的人际关系。

“所谓服务的内容从理论上来说可以分为物质的服务和人的服务。前者是使顾客感到愉快的设备，如店内装饰，高级设备等；后者则是服务员的接待服务。”日本的中村卯一郎如是说。

由于公共关系服务把人性化与商品化紧密结合在一起，既有利于企业推介商品，又有利于企业强化公众关系，为推行关系营销战略奠定了良好的基础。世界著名的迪斯尼乐园在培训前台的接待人员时，就花费了相较于其他娱乐企业更多的精力。在接受采访时，负责培训的经理说，他们要做的不仅是接待，还要知道乐园里有哪些可供游玩的项目，行走路线等等，有问必答，尽量让游客满意而来，尽兴而归。

（三）道德性与经济性的一致性

刚刚我们已从经济的角度和道德的角度分别给服务下了定义，这就说明了公共关系服务所具有的两个特性。无论是从其策划依据，还是社会背景，与公众的结合点，乃至形式和内容，都能体现出来。

一方面，公关服务具有道德性。中华民族历来倡导传统美德，比如提倡移风易俗，反对封建传统；提倡艰苦奋斗，反对铺张浪费；提倡文明、健康、科学的生活方式，反对愚昧、落后的陈规陋习等，无一不要求企业在开展公关服务时遵循以上的要求。另外一方面，公共关系服务活动又具有经济效应。这主要体现在三个方面：

1. 企业通过服务，创造了良好的营销环境和消费氛围，促进了商品的流通速度，以此赢得当期的商业经济利润。世界快餐业巨头肯德基在2004年整个亚太区遭受“禽流感”病毒威胁时，主动开展后台敞开服务，让消费者清楚地知道它的鸡源来自何方，让他们放心地食用肯德基的食品。

2. 企业借助服务，塑造了良好的道德人格形象，赢得了公众在心灵深层上的支持乃至高度评价，为企业的可持续发展准备了消费公众市场，能够获得长远的商业经济利润。世界日化业巨头宝洁公司在新世纪初在农村开展路演活动，让农村消费者在亲身接受宝洁服务的同时，感受了他们的真诚和实在，使他们在不知不觉中认可了宝洁公司。

3. 企业借助服务，可以创造出高于商品的附加值。一样的产品，不一样的服务，结果就截然不同，这确实是服务的魅力。

（四）长期性与专题性的统一

公关活动一直强调服务性需求，而且是永恒的存在。但公众在评价企业时又受近因心理的支配，这就要求企业在开展公关活动坚持长期性的同时，还要遵循专题性的要求。

宝洁公司进入中国市场以后，长期以来坚持在西部开展公关活动，建立希望小学，赞助失学儿童等，这不是一时之计，需要坚持和耐心。它在承担企业公民责任的时候，每年都要举行一些有针对性的专题活动，让企业员工和客户在感受宝洁文化的同时，实实在在地为西部失学儿童服务。

### 三、公关人员在开展服务型公共关系时应具备的基本理念

（一）服务意识

服务意识是重要的公关意识之一，它是指企业组织及其成员为公众服务的态度和观念，包括对公众的情感、服务的积极性、责任心等。具有服务意识的公关人员会时时刻刻把公众的利益放在绝对重要的位置上，也会在服务的广度和深度方面下工夫，进而使公众对自己产生信任感和亲近感。只有通过强化全体员工的服务意识，提高为公众服务的自觉性，才能在竞争中立于不败之地。日本航空公司、美国西南航空公司在为客户服务方面可谓是典范。而我国某些航空公司仍然放不下“老大”的架子，只为自己的利益考虑，飞机晚点、航班取消等都是家常便饭，更不用说恶劣的服务了。我们要和国际接轨，不具备为公众服务的意识，是无法和跨国巨头争夺市场的。

（二）坚持“信誉第一，顾客至上”

具有强烈的服务意识，必须把“信誉第一，顾客至上”贯穿于公共关系工作的全过程，特别是在处理与顾客的纠纷时，一定要站在顾客的角度，努力寻找解决问题的办法。针对有着不满情绪的顾客，去做和颜悦色的解释工作，以取得顾客的谅解；反之势必造成与顾客矛盾的激化。

“顾客是上帝”、“顾客是自己的衣食父母”，国内外一些卓越企业始终坚持“信誉第一，顾客至上”的原则，即使享有卓著信誉、生意兴隆的大公司，也决不对此而掉以轻心。上例中，英航宁可损失10万美元，也要使顾客称心如意，也决不让公司的形象受到丝毫的损害，正是把乘客放在了首要的地位，才使公司的良好声誉不胫而走。

（三）“顾客永远是正确的”

“顾客永远是正确的”并不意味着顾客在事实上的绝对正确。我们从公共关系角度去理解它的含义，这句话不仅典型地概括了企业与顾客关系状态的最佳境界，而且反映了企业在处理顾客关系时应处的主动地位。企业的经营者只有树立这种思想，才能改善服务态度，提高服务质量，也才能建立良好的公众关系。在现实中，企业应做到：

1. 把顾客的需要作为企业的奋斗目标，企业应尊重顾客并尽力去满足

顾客的需要。

2. 企业应把“一切为了顾客”作为提高服务质量，改善服务态度的中心环节来抓。

3. 企业的服务工作永远没有尽头，企业经营者应该在自己已有的成绩基础上去不断地改进服务工作。

## 第二节　公共关系服务策略

要把为顾客服务的思想置于追求利润之上。利润不是目的，只不过是为顾客服务的结果而已。

——亨利·福特

### 一、顾客至上策略

现代顾客的服务需求具有至高无上的位置，任何人、任何企业也不能漠视它。售前服务、商品保证以及修理保养的制度，已经是消费者对商品的绝对要求，而这些要求也已经成为产品的必不可少的部分。如果企业无视顾客的要求，将产品强加给顾客，最终失去的不仅是利润，更多的是顾客对你的厌恶，乃至避而远之。所以，企业界必须有积极的准备，以适应消费者的要求，这样才能获得长远的利益。在公关服务活动策划中，应该根据顾客的服务需要设计服务项目，这样才能从根本上赢得顾客的青睐。

在公关服务活动的开展过程中，往往存在着过分追求企业的利润而忽视顾客需求的状况发生。有时服务活动的时机和项目不符合消费者的口味，得不到顾客的认可，因此无论是经济效应还是社会效应都不能达到最大程度的发挥。如果置社会需求于不顾，只图扩大自己的销路，那么，势必造成一种强行推销的风气，进而助长批发和零售商店之间的利益，也会损害消费者、社会乃至整个国家的利益，最终引起社会混乱，影响国家经济健康发展。这段话给我们很多启示：首先，强力推销暗藏风险，一个感觉不如意的顾客他会把他的不幸经历告诉给他的亲朋好友，培养一个新顾客的成本是失去一个老顾客成本的十倍。所以，在任何时候，都应该力求留住老顾客，而不是急于培养新顾客。另外，策划服务活动时，应注意时机和内容要求。很多时候，顾客不需要锦上添花，而是雪中送炭，这样才能更显公关活动的影响力。

2004年的劣质奶粉事件风波中，秦俑奶业集团没有通过新闻媒介来指责生产劣质奶粉的企业，而是切切实实地将弱势群体——受害最重的农村消费者放在了第一位。他们把奶粉送到最需要奶粉的地方去，在那里普通老百姓不需要跑到很远的镇上去买，就近就可以买到他们最急需的物品——而这时候任何的炒作都不具意义，唯有这样切实的服务才是消费者和广大公众最关心的。也只有真正把消费者的利益放在第一位，才能真正地产生满足消费者需要的利润，而这对整个社会才最具有价值。良好的顾客至上的策略在郑州亚细亚集团得到了超常的发挥，也给我们的服务行业做出了最佳示范。

## 二、品牌服务意识的策略

看到金黄色的拱门，我们就能想到香喷喷的汉堡，清凉的可乐，优雅而统一的环境，甚至更多……我们知道，汉堡并不是在麦当劳才有，可乐更不是麦当劳的专利，但为什么孩子们在假期总是指名要到那里去就餐，情侣也乐意到那里，买上一杯可乐，打发浪漫的时光。究竟是什么在这里指引着消费者行动的方向，魅力到底在哪里？这就给我们提出了品牌服务战略，因为QSVC标准让消费者高兴而来麦当劳，满意而归，并一再重复这样的行为。

作为品牌而言，最重要的就是其视觉识别系统，例如IBM这样的单词，我们看到了就明白它其实就是服务的象征，而这一直是IBM公司所倡导的理念。品牌服务策略由如下部分构成：

### 1. 服务理念品牌化

理念是很抽象化的表达，在其中传达了很强的文化品位和哲学色彩。服务理念的确定主要根据服务活动的创意主题，从哲学境界角度提出高度概括化的词句，来表现服务活动的指导思想，或服务活动的主题内容。企业要确立起自己的服务理念，并将它应用于企业的发展过程中，通过确立服务品牌来赢得公众的理解、支持。例如，LENEVO这样的标志在强调国际化的同时，更多灌输了企业的服务战略，这也说明了联想集团战略的转移，由以前的有形物品为主转为品牌服务为主，而服务的诉求正是通过品牌标志显现出来的。

### 2. 服务活动品牌化

服务理念主要通过服务活动体现出来的，而服务活动的品牌化，关键在于服务项目品牌化。在策划之前，应具体了解公众的服务需求，根据企业的实际条件，推出具有可操作性的服务项目。例如长虹集团推出的“一、三、五”服务规范，海尔集团推出的“三大纪律，八项注意”等都在一定程度上强化了企业的品牌形象。而最为引人注目的是 2002 年海尔的“无尘安装服务”，不仅加强了自身的竞争能力，更赢得了消费者的喜爱。

### 三、主题包装策略

所谓主题，就是整个服务的灵魂，是策划的核心，贯穿于整个服务之中，是公共关系活动的高度概括，主题对于服务的重要性决定了策划人在辨认公众后，必须精心设计主题，使其表述得精练传神。设计主题是公共关系活动中最富创造性的一个步骤，为此，必须明确构成主题的三要素：第一，服从和服务于策划目标或服务目标，如“新北京，新奥运”是为申办奥运而设计的，这样才能给公众留下深刻的印象；第二，要有独特新颖且具有个性特色的信息，如“××电视报，生活真需要”和“开门第八件事，买××电视报”这两者相互比较中，后一句更能体现个性，而避免了雷同；第三，融入公众需求因素。一个企业无论开展何种活动，都应同公众需求结合起来，找到最佳出发点。

在公共关系服务策划中，为了提高服务主题的品位与实效，可从以下几个方面进行主题包装设计：

#### （一）道德伦理服务主题

道德伦理是一种社会文化，规范着人与人之间的许多关系，其中就包括服务性准则。如武汉红金龙实业的“思想有多远，我们就能走多远”，有利地强化了企业服务形象的文化品位，使公共关系服务活动蕴涵着浓郁的文化气息。

#### （二）行业文化服务主题

行业的发展过程十分漫长，每一个行业都形成了一套相对独特的服务。如以长城饭店为代表的饭店业就提出了“宾至如归”、“小事不小”的活动主题，不仅体现了强烈的公关意识，而且反映了对饭店工作的真知灼见。“宾至如归”是一个主题，更是检验饭店服务活动的尺子和目标。长城饭店把这把尺子放在公众“上帝”的感觉上，充分体现了饭店行业公关工作中公众地位的权威性。饭店以提供良好感觉为目标，使宾至如归，可谓提纲挈领。

#### （三）大众文化服务主题

大众文化是当前广为流传的，人人遵守的文化，其中蕴涵了关于行为规范的内容。如果企业能够选择一些行为规范作为公关服务活动的主题，往往就能达到吸引眼球的目的，更能达到公关活动想要创造的轰动效应。如真诚、讲真话一直是我们公关人员所倡导的准则，也是我们做事的指导方针。可以结合当前假冒伪劣之风的盛行，刮起一阵“百城万店无假货”联手活动，无异于给大众文化注入活力，引起公众更多的关注。

### 四、新颖导向策略

所谓新颖导向策略是企业根据公众的消费潮流和时代文化的特色，策划创新营销服务活动，及时或适当超前性地推出全新服务项目或更改部分服务内容，使企业的服务富有强烈的新颖特征，由此赢得公众的认可，以扩大企业在市场上的占有程度。

我们所处的这个时代，每时每刻都处于变化过程之中。经济的不断发展，公众生活水平的提高，都使公众对企业的服务提出了更高的要求，为此，需采用新颖导向策略才能适应不断变化的公众需求。同时，公众受求新心理的支配，往往存在着喜新厌旧的现象，对一些从未见过的东西十分好奇，而企业要出奇制胜，就需在新颖上做足文章。企业推出新颖服务，不仅可以提高企业在公众心目中的服务形象，而且可以有效地吸引公众。

新颖导向服务策略的主要内容包括以下三个方面：

（一）服务新颖化的基础

敢于做第一个吃螃蟹的企业，即率先在社会上提倡具有鲜明时代色彩的服务理念，推广符合公众需要的服务，这是服务新颖化的基础。如世界著名的酒店——希尔顿集团，其创始人希尔顿先生在培训员工时都要问他的员工：“今天你微笑了没有？”微笑服务由此开创先河，随后其他服务型企业纷纷效仿，变成了行业服务规范。

（二）服务新颖化的关键

推出市场上尚未出现而公众又急需的崭新的服务活动、项目或服务制度等，这是服务新颖化的关键。

**【案例】**

#### 处处留心皆公关

千里之行始于足下。任何公关机构要想达到内求团结外求发展的目的，必须从无数细微琐碎的小事入手，逐渐地取得公众的信任，提高本企业在公众心目中及社会上的知名度，扩大本企业的影响力。因此，公关人员应该成为细心的人，有心的人，有强烈的公关意识，不放过任何微不足道的机会进行“公关”。

在东京一家日本公司的公关部，有一位年仅20岁的女士，她的工作主要是负责为来往客户购买车票，安排客人食宿。她所在的公司跟联邦德国的一个大公司有密切联系，联邦德国公司的经理常常来日本，这位公关小姐隔不久就要为联邦德国经理购买往返大阪的车票。久而久之，联邦德国经理发现了一件有趣的事：每当他去大阪时，他的座位总是靠右边的窗口；而从大阪返回东京时，他又总在左侧的窗口边。经理很纳闷，于是问这位公关小姐是怎么回事？小姐微笑着说：“因为您去大阪时，富士山在您的右边，而从大阪返回东京时，山又到了您的左边。我想，人们都喜欢富士山的壮丽景色，所以我就特地给您买了不同位置的车票。”联邦德国经理听后十分感动。他认为，在这样一些细微的小事上都能考虑得这么周到，跟她的公司做生意还有什么不放心的呢？从此，双方的业务往来便有了更大的发展。

从这个案例中不难看出，此位公关小姐做的虽然是小事，但却是其他公司所无法给予的。这不正是其新颖之处吗？

（三）服务新颖化的表现形式

更新原来服务项目中的某些条款，主动为公众提供更好的、周到的服务，并竭力实现自己的承诺，是服务新颖化的重要表现形式。作为企业来说，刚推出的某些服务项目可能是先进的、新颖的，但现代竞争是如此激烈，如不及时更新服务项目，就会被竞争所淘汰。如世界零售业巨头凯马特就因不能及时顺应市场，被后来者沃尔玛居上，这艘航空母舰于2002年沉没。

### 五、规范运作策略

规范运作策略即根据服务文化和岗位特性，制定详尽的服务规范，约束员工的服务行为，确保员工服务始终处于良好状态，避免退化。沃尔玛公司为提高服务水平，制订了一系列的服务规则，如“日落原则”、“提高比满意还满意的原则”、“十步服务原则”等，使沃尔玛公司始终如一地为公众提供优良的商业服务，获得了良好的商业业绩。

要做好服务规范运作，可从以下几个方面入手：

1. 制定服务岗位规范

在服务活动中出现的纠纷，一般是由于员工的服务质量造成的，而服务质量的出现又与服务岗位规范有关，或是制度不健全，或是制度未能贯彻。推行规范运作服务策略的基础就是完善服务岗位制度。一旦制度化以后，一切都有章可循，而不是有理说不清。这也是给服务型企业敲响了警钟，或是提供了行动指南。

2. 推行文明服务用语

在公共关系服务过程中，员工的语言形象直接影响着公众的感觉与判断。所谓“良言一句三冬暖，恶语伤人六月寒”，正是说明了这种现象。这就要求从口头语言、书面语言和体态语言三个层面找出容易触犯公众的忌语，规定员工无论如何不得使用，从反面提高服务水平。同时，要规定容易取悦于公众的服务用语，要求员工在相应情景和岗位上不厌其烦地运用，从正面提升员工的服务语言水平。

### 商业服务用语举例

您好！欢迎光临。

先生，您想买点什么？

小姐，您要的是这种吗？

慢点挑选，没有关系的。

很抱歉，这种货刚刚卖完，请您到别的商店去看看，好吗？

收款台在那边，请您到那边付款好吗？

您买的东西共计××元，收您××元，找您××元，请点一下。

请您拿好发票。

请稍等，我帮您包装好。

谢谢惠顾，欢迎再来。

3. 推行服务礼仪工程

礼仪是文明的规范，掌握礼仪、运用礼仪是员工的艺术素养。现在很多公司都推出了礼仪培训工作，从员工的基本素质着手，让员工在公共关系服务中有意识、自觉地运用各种待人接物的礼仪规范，可以大幅度提高服务水平，完善企业的素质形象。

4. 强化服务监督管理

在实际工作中，有些服务质量问题不是由于无章可循，而是有章不循。

缺乏切实可行的监督办法，才使得很多服务无法得到良好的效果。要强化服务监督管理，除了常规的督察以外，还可以加入一些技巧性，如国外推行的“神秘顾客制度”颇值得借鉴。

**六、其他策略**

公关服务策略，还有很多策划方式，如适度展示策略，通过展示组织的产品或服务而不是推销，向顾客传达组织服务公众，以顾客利益为经营理念的有关信息。就像这两年的车展，重在通过展示赢得消费者对组织产品和服务的认识、信任，而不在于销售。

## 第三节 公共关系服务方式策划

公共关系服务方式，是保证企业开展服务活动的最直接表现，企业要销售产品，开拓市场，塑造形象，就必须策划好服务方式，根据企业服务工作与企业其他工作的关系，可以分为两种基本类型，即渗透式的服务和单纯的服务方式。

渗透式服务主要是指企业开展业务过程中进行的一些服务活动，它把服务与业务相结合，以服务推动工作更趋科学，让业务工作保证服务真正到位，这样才能使企业更受公众的青睐。在企业开展的所有业务活动中，都体现了为公众服务的精神，同时要求企业全体成员都应具备服务意识，即所谓全员公关，企业无时无刻都不应忘记为公众服务的本色。企业的利润，企业的形象主要来自于顾客满足需要后的剩余，这是公众给企业的报酬。唯有把服务工作做到位，才能达到企业的主要目标。渗透式服务根据企业与公众的接触程度来分，可以分为售前服务、售中服务和售后服务。而单纯的服务方式则是企业不将服务和业务相结合，单纯开展服务工作，一般即指公益服务。

要做到优质服务，全面满足公众的需要，建议从以下几个方面着手：

1. 提高服务质量，以高效的服务树立良好的形象

IBM公司新总裁小托马斯·沃森对于服务曾做过非常贴切的剖析：“随着时间的积累，良好的服务几乎已经成为IBM的象征……多年以前，我们登了一则广告，用一目了然的粗体字写着：‘IBM就是最佳服务的象征。’我始终认为，这是我们有史以来的最佳广告，因为它很清楚地表达出本公司

真正的经营理念——我们要提供世界上最好的服务。”

所以，在实际工作中应树立强烈的业务服务意识，端正业务服务动机，努力培养高超、优质的业务行为，切实有效地为公众服务。提高服务质量的关键在于引导员工精通业务，外在的表现更多来自于内在素质的提高。

2. 对顾客诚实友善、和蔼可亲、热情接待，以良好的服务态度赢得公众的好感

“瑞福祥”的顾客还未走进商店，就体会到作为“上帝”的优越感，因为有专门人员在门口接待顾客。他们个个穿戴整齐，彬彬有礼，笑容可掬，见有顾客来，先道一声“您早”或“您好”，然后鞠躬让进。

从服务态度上讲，店内人员对顾客是不分等级的。服务人员对所有进店的顾客都应笑脸相迎，热情张罗。即使只是进来看看，他们也热情张罗，笑脸相迎，走时道声“您走好”。

服务要公平、公正，绝对不能欺骗、坑害顾客，哪怕是丝毫，也不能侵占公众利益。现代经济社会，信誉资产是一笔最宝贵的财富。如果企业能恪守信誉，不仅能推销产品，开拓市场，更重要的是能塑造良好的企业形象。

服务要周到、细致。顾客未想到的企业要想到，这就要求企业在开展服务活动时商品、品种、档次等要齐全。在一些高档的百货公司里，都专设了一个针线柜台，专售家庭缝补所用的物品，而主妇们会在此购物时，捎带逛逛商店，无形中就增加了企业的销售收入，更重要的是提升了企业形象。

当好顾客的参谋，为顾客出谋划策。顾客相对于服务人员来讲，显得“业余”了一点，这就要求员工为顾客提供“专家”式的服务，站在顾客的立场上，帮助顾客出出主意，这易打动消费者的心弦。

3. 注意环境清洁卫生

麦当劳在招聘员工时，有个非常著名的培训环节，无论你是应聘员工还是竞聘 CEO，第一件事就是为麦当劳打扫厕所。在国外公关策划中，就提出了一项所谓“厕所战略”的促销方案，进而引发“厕所卫生效应”，使顾客能经常光顾企业，增加企业的客流量，带动了企业产品的销售。

4. 公益服务

公益服务即是不以盈利为目的的，在企业开展正常经营活动的过程中，为了加强企业的人格化形象，提升企业的道德水准，满足消费者的公益化心理需要而开展的服务活动。

为了显示对社会生活的积极参与，组织要经常举办或参加各种公益活

动。相比较而言，主动举办公益活动，效果更佳。公益活动的范围很广，而公益服务即是指对社区或个人提供某种形式的服务，如在组织所在地为民免费修理、义务咨询、给孤寡老人送温暖等。这种公益活动可以适当收取材料费或其他成本费。

公益服务不仅反映组织对社区的参与，有的公益服务还可以反过来，让公众参与组织。美国有家大公司在中西部的一个小镇上建造分厂，在施工时遇到了困难。他们向小镇居民发出呼吁，要求支援，结果当地几乎所有男性公民都在冰天雪地里参加了浇灌混凝土等重劳动。工厂建成以后，邀请全镇居民参加盛大的开业典礼，发送纪念章。居民们自豪地说，这工厂是我们建造的。这表明在公益性社会活动中，组织一定要树立“我们需要大家，大家需要我们”的思想。

在策划公益服务时，应注意以下几个问题，首先，要主题鲜明，日程安排要详尽；其次，性质要明确，举办单位要说清楚，表达要明确；再次，计划要周密，进行大力的媒体宣传，最重要的是抓住社会热点，这样效果会更好一些。

公益服务主要分为两大类，一类是慈善活动的服务，这是从道义角度出发进行的策划，更具宣传效果。例如可以资助贫困学生，安徽电视台推出的“关注女童”行动，在资助女童的同时，很好地塑造了安徽卫视的良好形象，加深了人们对它的好感。可以为有其他特殊困难的社会成员，如艾滋病人的遗孤，丧失劳动能力的成年人，见义勇为致残者服务。在筹划慈善活动时，要更注重实效性，要把有限的赞助金额资助给最需要解决问题的困难者。另一类就是市政公益建设活动，如独家捐资建设市政工程，如桥梁、道路、公共交通、公益性娱乐休闲活动场所等。

公益服务主要就包括这两大块，另外还有就是对一些社会热点问题的服务，在前文我们已有表述，在此略过。

**【思考题】**

1. 服务型公关与产品销售服务有什么关系？服务型公关的最终目的是什么？
2. 服务型公关应该建立什么样的目标？
3. 结合你熟悉的案例说明应如何做好服务型公关？

【案例】

## 重塑服务业品牌的公关策略——
## 广×大厦旅游饭店业公关案例

把传播形象的工作与日常的服务工作融合在一起，在服务中传播。将有限的资金投入技术改造，投入培训，逐步形成安全、优质、快捷的服务规范，并将这种服务特色推而广之。推行“顾客完全满意”的概念，像接待政务、公务活动一样接待好每一项商务活动，像接待市长一样接待好每一位客人，努力提升公务酒店品牌形象。

**项目背景**

广×大厦的前身是广州市人民政府的接待基地。为了适应改革中的广州市政府对接待基地的需求，广州市政府办公厅于1993年在榕园大厦的基础上按四星级标准建成了现在的广×大厦，并于1997年9月28日开业。

**公关策略**

（一）密切联系目标公众，创造良好的人际传播渠道

公务酒店的公关需要独特的传播渠道，那就是依靠公务员队伍的人际传播渠道，依靠酒店员工队伍的传播渠道，将酒店的形象传播给目标公众。在形象策略定位的基础上，广×大厦还确定了以公务客人为主、以商务客人为辅的目标公众群，制定出一整套密切联系目标公众的方法，以保证大厦与目标公众的双向沟通。

（二）全面强化公务公共关系，拓展公务市场

要树立公务酒店的形象，离开政府的支持是绝对办不到的，因此，在塑造公务酒店形象品牌策略中，重点是做好政府及其各职能部门的公共关系工作，让政府及其各职能部门以主人的姿态帮助、扶持大厦，把大厦当作自己的企业；并通过政府及其各职能部门的特殊影响力，扩大知名度，拓展公务市场。

（三）在服务中传播，在传播中营销

基于公务酒店传播的特殊性，广×大厦为自己量身定做了一套独特的传播方式，那就是“在服务中传播，在传播中营销”，依靠实际行动宣传自身的特点，依靠为目标公众提供优质的服务所产生的口碑宣传自身的形象；通过新形象的不断深化，使目标公众对大厦产生识别和认同，从而创造顾客的忠诚度和美誉度，提高大厦的社会效益和经济效益。

**项目实施**

重塑品牌形象，是广×大厦宏观的公关策略，大厦以综合治理的方式，全面推进了这一计划的实施。

（一）发挥自身优势，重塑品牌形象

广×大厦作为公务酒店拥有不同于商务酒店的独特优势，在充分把握这些优势后对酒店资源和接待资源进行有机的整合和利用。

（二）强化自身品质，提升品牌形象

（三）利用各种途径，宣传品牌形象

在总体的形象策略确定后，广×大厦推出了一系列的宣传活动：

1. 选取曾经是广州市市花并被人们誉为英雄花的红棉花作为大厦的形象标志，还选取绿色作为企业形象识别色彩，旨在推行绿色管理，普及环保意识。将富有个性的红棉花与充满生机活力的绿色组合在一起，较好地传递了大厦的信念和追求，有效地宣传了大厦的文化形象，并很快得到了公众的认同。

2. 宣传活动先从内部做起。大厦在大堂、电梯等公众场所制作了一批有着人情化、个性化的鲜明服务特色的精美宣传画，一方面美化大厦的环境，一方面在潜移默化中让客人接受大厦的品牌形象。

3. 有针对性地选择公众媒体宣传企业形象，在广州地铁沿线投放了以“我在广州有个家”为主题的企业形象广告；还在广九直通车站出口处最醒目的位置上设立了大幅的灯箱广告，让踏进祖国南大门的宾客第一时间就感触到大厦的形象。

4. 在具有权威性的报刊上，刊载由记者采写的关于大厦新品牌形象策略的系列报道，引起社会的普遍关注和同行的积极呼应，有效地传达了大厦新的经营理念，传播了大厦的品牌形象。

5. 创办企业报，对内作为企业文化建设的载体之一，积极引导全体员工树立正确的价值观，增强团队意识；对外作为与目标公众沟通交流的渠道，传播企业信息，强化品牌形象。

6. 充分利用自身所特有的政府资源，借助政府公务员的特殊影响力来宣传大厦。1999 年中秋节，大厦第一次组织月饼生产、销售时，以红棉花为主题精心设计、制作了形象鲜明、大方得体的月饼盒；并及时地将第一盒月饼送到市长林树森手中，获得林市长“出品早，包装好，质量好”的高度评价，并嘱托市政府办公厅将大厦的月饼作为广州市政府的礼品送到北京，从南到北有效地推广了大厦的品牌形象，为大厦的月饼销售做了一次成功的促销。

（四）参与公务活动，强化品牌形象

1. 必须创造出一套适合公务活动的服务模式，并为公务活动营造最佳的环境，创造最佳的气氛，把大厦的“舞台”变成公务活动的“舞台”，让公务客人乐于到大厦来组织各项活动。

2. 要把公务活动当作大厦自己的活动来组织。一年来，广×大厦凭借自己公务酒店的身份及与政府各职能部门的良好关系，积极参与公务活动的组织和策划，并主动提供迎送、导游等一系列在大厦区域外的服务，以主人的身份为主办单位服务。这种参与和服务，缩短了大厦与主办单位之间的距离，使主办单位与大厦真正成了一家人。

3. 要把公务活动当作大厦的公关活动来运作。凡有公务活动的场合，就能见到大厦公关部的工作人员、各位主管直至正副总经理，他们不但在现场指挥、协调工作，而且面对面地与客人沟通、交流，直接听取意见和建议。这种面对面的沟通，往往能收到良好的效果，有些棘手的问题往往就在沟通中解决了，下一轮的公务接待也在交流中确定了。

4. 争取大型公务活动、外事接待是广×大厦营销中的一个重大策略。通过努力，大厦分别接待了省、市人大代表大会、国际龙舟赛、广州地铁开通仪式以及广州国际友好城市“姐妹城市姐妹情”等多项国内国际大型活动，通过这些高规格的大型活动，把大厦的品牌形象传递到国内外，有效地宣传了大厦公务酒店的品牌形象。

（五）在服务中传播，在传播中营销

广×大厦创建公务酒店品牌形象以来，没有投放太多的资金在大众传播媒介上做宣传，而是把传播形象的工作与日常的服务工作融合在一起，在服务中传播。广×大厦将有限的资金投入技术改造，投入培训，逐步形成安全、优质、快捷的服务规范，并将这种服务特色推而广之，在大厦推行“顾客完全满意”的概念。

1. 广×大厦采取了一整套与目标公众联系的措施。大厦的 VIP 客人在入住时会收到一张欢迎卡，离开大厦回到所在地时还会收到一张问候卡；逢年过节大厦的目标公众都会收到来自大厦的问候和祝福。一张小小的贺卡，传达了广×大厦人的心意，换来的是客人对大厦的认同感和忠诚感。

2. 广×大厦专门建立了重点客人的生活习惯档案，为这些客人提供符合其所需的、个性化、人情化的服务。

3. 广×大厦还设置了专门的机构，组织专人调查研究顾客心理与需求，进而制定出相应的服务措施，力求使大厦的服务令每一位客人满意。

4. 广×大厦根据新一代公务员的年龄、层次、工作方式等方面的变化和需要，提供上网、手提电脑以及公务咨询等系列服务，为公务员在大厦构造了临时的办公室，方便了公务所需。

广×大厦的品牌形象就是从这样具体、细致、平凡的服务工作中做起来的。

资料来源：郑发. 重塑服务业品牌的公关策略，
中华财会网（www. e521. com）2002—07—31

# 第八章 宣传型公共关系

一些企业直到现在还抱着“酒香不怕巷子深”的老观念，如果还不让公众知晓自己，那么它迟早会被市场所淘汰。

——某著名企业家语

**【本章要点】**

本章介绍了公共关系传播的理论，以及它对宣传型公关的作用；介绍了公共关系宣传的基本策略及许多实用的技巧；并在文中给出了相关形象和生动的案例。

**【核心概念】**

传播　信息　公关传播　宣传策略

## 第一节　公共关系的传播本质

宣传型公共关系，是运用大众传播媒介和内部沟通方法，开展宣传工作，树立企业良好形象的公共活动模式。其主要做法是：利用各种传播媒介和交流方式，进行内外传播，让各类公众充分了解企业，支持组织，进而形成有利于企业发展的舆论，达到促进组织发展的目的。

### 一、传播的基本要素

传播是一个过程，构成一个完整的传播过程，需要有以下十个要素：

1. 信源

信源也称传播者，是信息的发出者。新闻传播中的记者、编辑，公关活动中的工作者，都是信息发出者，都是信源。

2. 信息

信息包含内容和其表现形式——符号两部分。只有内容没有符号的信息是无法传播的，只有符号没有内容的信息是无意义的。

3. 编码

传播者根据传播对象的特点，按照一定规则将内容制成符号系统传播出去，便于对象的接收和理解。如根据新闻事实写成新闻稿件。

4. 媒介或渠道

媒介或渠道，是指信息传播的中介和途径。口头传播的媒介是空气，新闻传播媒介是报纸、广播、电视等。

5. 信宿

信宿是指信息传播的归宿，即传播的受传者，或传播的对象，有的称为受众、读者、听众等。

6. 译码

信宿受到信息后，将信息符号译成自己理解的内容，就像战争的双方截获对方的密码，必须经过破译才能掌握其内容一样。

7. 干扰

干扰是指传播过程中放大或缩小信息量使信息失真的因素。干扰可以出现在传播的任何一个环节，它是影响传播质量和降低传播效果的重要因素。常见的干扰有编码干扰（不会写作）、信息干扰（信息本身产生歧义使受传者误解）、信宿干扰（信宿本身条件影响了信息的正常接受）等。

8. 共同经验范围

指信源与信宿之间的共同经验，其共同经验范围越大，“共同语言”越多，传播效果越好。

9. 反馈

指信宿对信息所作的反应。传播者可根据反馈调整或改变传播行动。

反馈分为正反馈（与传播者传出信息内容要求一致的反馈），负反馈（与传播者传出信息内容要求不一致的反馈）；显反馈（明显公开的反馈），隐反馈（隐藏、潜在的反馈）等。

10. 环境

一切传播活动都在一定的社会环境中进行的，不同的社会环境，同样的传播会取得完全不同的效果。

以上十个要素在传播过程中可以构成以下的传播模式：

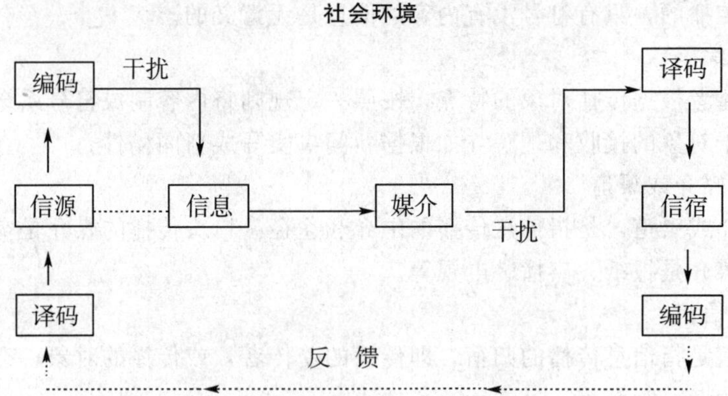


## 二、公共关系传播的特征

公共关系传播，是指一个社会组织为了提高自身的认知度、美誉度、和谐度，借助传播的方式，开展的传播活动及其传播管理。

公共关系传播具有以下特征：

（一）社会性

任何组织都是社会的一员，组织要想生存和发展必须与周围的环境相协调。其中不仅包括生产与消费、供给与需求等经济方面因素的协调，还包括政治、文化、地理环境等方面的协调。如："满足人民群众日益增长的物质文化生活的需要"应该成为每个社会组织的历史使命；保护生态环境也是组织不可推卸的责任；企业文化应该与社会中积极向上的优秀文化相协调等。

（二）道德性

道德是人们应该遵守的行为准则和规范。对于一个组织来说，在社会生活中对社会履行道德义务，负有道德责任；同时也把应负的道德责任变为内心的道德感和行为准则，这就形成了组织的良心。由于良心，组织就会考虑"假如我是消费者会怎么样"，"如果我要这么做可能会有什么后果"，有了认真的思考、慎重的选择，就能做到自尊、自爱和自律，就能有正确的荣誉感，在创造的过程中与公众分享成功和幸福。成功的公共关系传播，往往会以道德的目的达到功利的效果。

（三）文化性

文化性是指社会组织自身的文化和外在的文化氛围。一个社会组织的内外公众与组织的沟通，很大程度表现在文化层次上。人有生理、安全、社交、尊重和自我实现的需要，这些需要呈阶梯型，满足了初级需要，人们就会有高级层次的需要。随着社会物质生活水平的提高，人们的文化追求越来越明显，“文化搭台，经济唱戏”已经成为很自然的现象。因此，社会组织的公共关系传播不但要有市场意识，还要有文化意识。

（四）情感性

随着生活节奏的加快和生活水平的提高，人们越来越渴望情感的交流，重视精神生活的愉悦。公共关系传播也不可能是纯粹的信息传递与反馈，由于人们的心理、情感因素直接影响传播行为和传播效果，因而设法增进彼此间的情感交流尤为重要。传播者在传播过程中要积极输出情感，开展情感交流，以引起公众的心理共鸣。在公共关系领域内，传播过程的情感性是十分明显的，很多时候传播行为往往主要不是信息传递，而是情感互动，这样可以达到理性方法所不能达到的效果。

（五）新奇性

所谓新奇，一般都是首创之举。人们对于新异事物总是较为敏感，会给予更多的关注，当然新奇的事物也会给人们的生活带来新的情趣。善于创新的组织，有活力，也能不断地吸引公众的注意，赢得公众的青睐。例如成功的企业无论是对它的产品，还是其他举措，往往是“嘴里吃着一个，手里拿着一个，眼里看着一个，脑子里想着一个”，总是领先一步。成功的公共关系传播不仅能给公众带来意外的惊喜，而且还有一定的新闻价值。

## 三、经典传播理论的启示

在西方公共关系界，十分重视引进传播学理论，尤其是传播模式理论，并加以消化，使“传播理论公共关系化”，推动了公共关系的发展。二战后，西方传播学特别重视运用传播模式理论分析传播现象，解释传播过程，因此创造了许多传播模式理论，其中具有代表性的有：香农和韦弗提出的传统的直线性单向传播模式、美国学者施拉姆提出的循环模式、拉斯韦尔的五“W”模式、两级传播模式、把关人理论、纽科斯的双向平衡模式、丹斯的动态螺旋模式、公众选择三“S”理论、议题设置论等。研究其中的一些经典理论，对公共关系传播工作将起到促进作用。

（一）在研究传播结构方面——拉斯韦尔的五“W”模式

拉斯韦尔认为，传播行为应该回答五个问题：谁传播、传播什么、通过什么渠道、向谁传播、效果如何。据此，他又把传播学的研究内容分为五个方面：控制分析、内容分析、媒介分析、对象分析和效果分析，这是传播研究的基本范畴。用新型控制论模式图形可表示为：

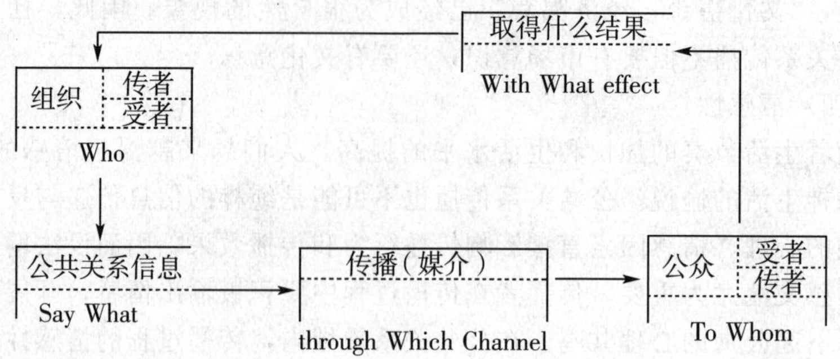


根据拉斯韦尔的五“W”模式，策划公共关系传播活动时，应该全面分析传播活动的要素，针对传播者和受传者的需要，选择合适的传播渠道和信息，谋取良好的传播效果。

（二）在研究传播运行机制方面——把关人理论

把关人这个概念出于库尔特·卢因的《群体生活的渠道》，又称为守门人，是指在信息传播中，对信息的提供、制作、编辑和报道能够采取“疏导”和“抑制”行为的关键人物，一般是指记者和编辑。该理论认为，在传播过程中，把关人发挥极其重要的枢纽作用，它处于信源和信宿之间，有权决定中止或中转信息，他们认为具有新闻价值、符合时代要求的信息则给予中转，即报道出去，否则给予中止，即不予报道。把关人的传播行为包括疏导和抑制两个方面，他选择不同的传播行为，主要是出于自己的预存立场。

根据把关人理论，在公共关系传播活动策划中，应该重视新闻价值的研究，积极开展具有社会意义、符合先进文化发展方向的公共关系活动，争取把关人的支持，借助大众传播媒介的报道扩大公共关系活动的影响范围。

（三）在研究公众接收传播信息方面——公众选择三“S”理论

传播学者发现，公众接受信息时具有选择性倾向，是一个自我选择过程，主要表现为选择性注意（Selective Attention）、选择性理解（Selective Perception）和选择性记忆（Selective Retention），简称为公众选择三“S”理论。该理论认为，选择性注意是指在众多信息中，公众只能对某些信息做出反应。为了提高信息的竞争力，应该关注“对比、强度、位置、重复和变化”等因素的作用。选择性理解是指不同的人对同一条信息会做出不同的理解，其主要影响因素有需要、态度和情绪三个方面。选择性记忆是指公众只记忆对自己有利或愿意记忆的信息，记忆的过程分为输入、储存和输出三个阶段。此理论把公众视为信息加工的主体，而不是消极地、被动地接受信息的对象，重点研究了认知主体的内部心理因素。

根据公众选择三“S”理论，在公共关系传播策划中，应该重视研究公众的需要，组织传播信息时积极推行公众导向模式，根据公众的个性、需要选择传播内容，从而增强传播活动的效果。

（四）在研究传播效果方面——两级传播模式

美国学者拉扎斯菲尔德在 1940 年提出了两级传播的假设：观念先从广播和报纸传向意见领袖（即舆论指导者），然后由意见领袖传向一般公众，信息传递是按照“媒介→意见领袖→普通受众”的模式进行的。在传播中，意见领袖一般是消息灵通人士或权威专家，具有影响他人态度的重要作用。

根据两级传播模式的理论，在公共关系传播策划中，应该高度重视意见领袖的作用，借助意见领袖的传播力量来加强传播活动的影响力。

（五）在研究传播舆论形成方面——议题设置论

麦库姆斯等人于 1972 年提出议题设置论，指大众传播对某些议题的强调与这些议题在公众中受重视的程度成正比，大众传播具有选择并突出报道某种问题、从而引起大众关注的功能，突出地报道某一事件，公众就会积极地议论这一事件，从而成为舆论。该理论基于两个观点：第一，各种传播媒介对信息具有过滤作用。只有大众媒介突出报道的新闻事件，才有可能成为公众关注的“议题”。第二，面对过多的信息，公众感到无所适从。

根据议题设置论，在公共关系传播中，要充分重视新闻事件的策划，使企业或其产品和服务成为报道的热点，成为公众的“议题”，成为舆论关注的对象，创出理想的轰动效应，从而达到良好的传播效果。

## 第二节　公共关系的宣传策略

为扩大公共关系活动的影响，在宣传策划中，应该强化策略意识，组合不同的宣传策略。公共关系宣传离不开媒介和活动，因此出现了媒介宣传策略和活动宣传策略。明星具有强大的社会影响力和传播力，因此便有了明星宣传策略。公共关系宣传强调道德形象，因此便有了赞助宣传策略。这四种宣传策略在塑造企业形象方面各有所长，在公共关系中应该整合运用。

## 一、“媒介”宣传策略

日本的西铁城手表为打破瑞士钟表垄断世界的局面，开拓在澳大利亚的市场，派直升机在澳大利亚某地的广场上空，撒下一批崭新的西铁城手表，并事先登了广告。当天，新闻媒体争相报道，广场上的人们也争先恐后地拾起手表，他们惊奇地发现手表完好无损，正在准确地走时。西铁城手表的高质量立刻轰动了澳大利亚。

这是一个成功的利用媒介宣传自己的案例。

媒介宣传策略是公共关系宣传的最基本的策略，指的是根据媒介性质、形象定位、公众特性、目标定位、宣传费用、企业战略和市场策略等，选择最恰当的宣传媒介，组建最佳的媒介体系，在最恰当的时机推出最恰当的媒介宣传作品，以期取得最佳的宣传效果。

公共关系工作的主要途径是大众传播媒介，因此它们总是公共关系宣传的首选媒介。大众媒介具有公开、快速、科学色彩浓、娱乐价值高、社会权威性大、容易形成轰动效应的特点，能够使公众无可置疑地相信它所刊载、刊播的内容。有时用其他媒介无法有效地宣传社会组织，一旦改用了大众媒介，便可获得巨大的宣传功效。

### （一）撰写新闻资料和新闻稿

新闻资料是提供报社、电台、电视台编写新闻消息的文字材料，它不直接与公众见面，要经过记者、编辑的加工。因此，新闻资料的撰写要求不高，只要把新闻五个要素（即五个“W”）写清楚就行了。五个“W”，即何人（Who）、在何时（When）、何地（Where）、因为什么（Why）、做了什么事（What）等。

新闻稿是直接提供给报社、电台、电视台对外发布的文字资料，它的写作要求是：主体突出、简明扼要、生动活泼。一般而言，新闻稿的总体结构包括四个部分：标题、导语、正文及新闻背景。新闻标题点明事由即可，如“中国移动通信公司手机用户突破 1 亿”。导语部分主要阐述新闻的五要素。正文部分主要阐述新闻事件的基本过程，正文结构常用的倒金字塔结构（即按照重要性进行排列，重要人物、重要事件置放在前面，次要人物、次要事件置放在后面）、顺时结构（即按照事件发生的先后顺序安排写作内容）和并列结构（即把同等重要的人物或事件进行归类，按专题形式予以安排）。新闻背景主要是交代与新闻事件有关的背景资料。要写出具有影响力的优秀新闻稿，还需要多实践，在写作实践中不断提高技巧。

（二）策划新闻事件

策划新闻事件是企业围绕某个公共关系目标而展开的，通过巧妙地策划与安排，有意引起新闻媒介关注和报道的宣传方式。策划新闻事件，实际上就是以新闻事件为中介，引导大众传媒给予宣传、报道，实现公共关系的目的。这是一种无偿利用大众传媒进行公共关系宣传的方式，其成功的关键就在于策划的事件上确实具有新闻价值，使大众传媒单位感到确实有必要进行报道。如果策划的新闻事件平淡无奇，新闻单位看不出其中的新闻价值，也就不可能把它作为新闻素材加以报道，那么这个公共关系宣传就是失败的。

（三）召开新闻发布会

新闻发布会是企业召集新闻记者、政府公众、社区公众等，宣传某一信息（如荣誉、事故真相等）的一种特殊会议，是企业让公众了解有关信息的最简洁、最有效的途径之一。当企业拥有具有新闻价值的信息时，应该及时召开新闻发布会，通过记者的新闻报道来实现公共关系的宣传目的。新闻记者直接影响着新闻发布会的公共关系宣传效果。因此，召开新闻发布会，必须多为记者着想，发布的消息确有新闻价值，并创造条件激发出记者的新闻写作灵感，尽可能满足记者的业务工作要求，以借助其新闻报道，达到公共关系宣传的目的。

（四）利用社会重大新闻价值，开展搭乘式宣传

社会重大活动，如大型体育比赛、重大社会事件、重要名人活动、重大外交活动等，本身具有较大的新闻价值，是新闻媒介的报道对象。企业只要通过巧妙策划，去参与或为其提供场地、人员设备等方面的服务，使企业成为整个活动的有机组成部分，进而成为新闻报道的基本内容。这样，可以借助大众传播媒介，达到特定的宣传目的。这种搭乘式公共关系宣传，成功的关键是选择参与的事件本身要具有极大的新闻价值，同时企业有机地参与到活动之中，做到了这两点，就可以产生良好的宣传效果。如上海金沙江大酒店为日本著名影星中野良子提供免费招待服务，借新闻媒体和影迷对影星的热情关注来宣传自己。

（五）有偿租用大众媒介的使用权

出资购买大众媒介的使用，有偿开展宣传，这是较为熟悉的宣传方式。大众媒介具有“高额投入，超高额回报”的机制。企业为了使用媒介虽然支付了大笔费用，但是只要策划成功，必然能取得巨大的反响，投入与收效相

比仍将是极富收益率的。一项调查表明：在经济不景气时继续做广告或者增加收入的企业，在2～3年后均增加82%的销售量；而消减广告投入的企业平均只增加了45%的销售量。

在方式上，有偿租用大众媒介的使用权，与广告相似，但是在内容上，两者是有区别的，即公共关系宣传是关于企业整体形象方面的内容，而广告宣传的信息一般只涉及产品和服务项目的内容。

公共关系的媒介宣传方式，在强调多方位动用大众传播媒介的同时，还要积极策划企业自身的媒介（如厂报、厂广播站、闭路电视、黑板报、厂车、厂服等）、人际媒介、实物媒介等的综合运用，以便最大程度地扩大企业的影响。

## 二、“活动”宣传策略

美国IBM公司每年都要举行一次规模隆重的庆功会，对那些在一年中做出过突出贡献的销售人员进行表彰。这种活动常常是在风光旖旎的地方，如百慕大或马霍卡岛等地进行。对3%的做出了突出贡献的人所进行的表彰，被称作“金环庆典”。在庆典中，IBM公司的最高层管理人员始终在场，并主持盛大、庄重的颁奖酒宴，然后放映由公司自己制作的表现那些做出了突出贡献的销售人员工作情况、家庭生活乃至业余爱好的影片。在被邀请参加庆典的人中，不仅有股东代表、工人代表、社会名流，还有那些做出了突出贡献的销售人员的家属和亲友。整个庆典活动，自始至终都被录制成录像带，然后被拿到IBM公司的每一个单位去放映。

IBM公司每年一度的“金环庆典”活动，一方面是为了表彰有功人员，另一方面也是同企业职工联络感情，增进友情的一种手段。在这种庆典活动中，公司的主管同那些长年忙碌，难得一见的销售人员聚集在一起，彼此毫无拘束地谈天说地。在交流中，无形地加深了心灵的沟通，尤其是公司主管那些表示关心的语言，常常能使那些在第一线工作的销售人员“受宠若惊”。正是在这个过程中，销售人员更增强了对企业的亲密感和责任感。

在此案例中，IBM公司利用庆典活动能够有效地传播企业信息，强化相关信息的影响力，从而提高企业的知名度、美誉度和认可度。

### （一）活动宣传策略的实质

所谓活动宣传策略就是通过举办与传播信息相关、能够吸引公众积极参与的主题文化活动或情趣性娱乐活动，来展示企业现象、商品现象，使公众接受相关信息的宣传策略。

相对于媒介宣传而言，活动宣传策略具有活动性、程序性、谋略性、娱乐性、品位性和新闻性的特性。活动宣传策略的基本物化载体是“活动”形式，而不是媒介，呈现出来的是一个“运行过程”。但是，这项活动不是自然性的社会活动，具有较强的策划色彩和设计色彩，是企业配合公共关系宣传需要而人为设计出的一种程序，有主题，有情节，有开头序曲，有高潮安排，有结束办法，表现出较浓的程序气息和谋略色彩。在项目编排和表现形式上，活动宣传策略讲究“雅俗共赏”，既蕴含着理想化的文化境界，又包容着娱乐性、游戏化的情趣，属于社会大众文化，因此它具有娱乐性和强品位性的特点，深受公众喜爱。企业精心策划的公共关系活动，具有较强的新闻价值，往往是大众媒介报道的题材，加之内容新颖，公众乐意阅读、收视、收听，从而有效地扩大了企业的影响范围。

活动宣传策略具有较好的心理基础，这就是公众的自我表现欲和娱乐休闲愿望。随着物质水平的提高，公众自我实现的需要有所突出，希望能有机会展现自我价值。此外，当代社会生活高度紧张，节奏比较快，工作压力也比较大，因此公众期望在生活中找到放松心情的机会，所以产生了娱乐休闲的强烈愿望。在公共关系活动中，只要抓住公众的自我表现欲望和娱乐休闲愿望，策划出能给公众自我表现机会或者提供娱乐休闲的活动，公众就会趋之若鹜，积极参与到企业的公共关系活动中来，而公共关系活动则有可能成为社会的热门话题。从某种角度来看，活动的宣传效能绝不亚于宣传形式，由于它本身能给公众一种参与机会，公众自主性强，而不像媒介宣传中只是被动接受影响，因此在直接吸收公众方面具有特殊的效用。

基于活动宣传策略需要而开展的公共关系活动，客观上具有促进精神文明建设的作用，但是决不能因此把它限定为精神文明建设活动，公共关系活动具有功利性。企业运用活动宣传策略的目的在于借助主题文化、娱乐活动向公众传递信息，引导公众关心企业现象，从而提高知名度、美誉度和认可度。这也是衡量活动宣传策略成败的根本标准。

（二）活动宣传策略的基本形式

活动宣传策略，在表现形式上是多种多样的，如生活方式推广活动、体育活动、生活情趣活动、文化仪式活动、游戏娱乐活动、专题庆典活动、参观活动、竞赛活动、节日文化活动、明星宣传活动、服务活动、商品使用示范活动、商品咨询活动等，都是公共关系活动的形式载体。只要策划巧妙，都能有效地影响公众。

（三）活动宣传策略的运用规范

策划和组织活动宣传策略，关键是要策划出高水准、对公众有吸引力的活动。具体而言，应注意以下几个要求：

1. 主题鲜明化

公共关系专题活动的实质是一种商业性大众文化，因此应该要有鲜明化的主题思想。一般来说，策划公共关系活动时，可以从以下几个方面进行主题定位：企业经营的社会主题文化（如奥运体育文化）、社会节日文化、纪念日文化、人文道德精神文化、时代文化（如绿色环保文化、科技文化等）、品牌文化、商品文化等。

2. 形式娱乐化

策划公共关系活动时，应该重视活动形式的设计，引导公众出于娱乐和好奇而积极参与活动。活动宣传策略的成功运用，取决于公众的参与规模。如果商业色彩太浓，公众就会识破其中的促销意图，参与活动者甚少，自然无法产生轰动效应。相反，如果根据公众的心理特点，策划出符合其心理需求的活动，娱乐色彩比较强，公众就会踊跃参加，公共关系活动就能真正发挥巨大的影响作用。

3. 品位文化化

现代公众高度重视文化享受，文化性心理需要比较强。公众参与公共关系的活动动机并不是购买商品，而是寻找一种感性化、大众化的文化休闲机会。他们要求公共关系活动具有一定的文化品位、文化气息。因此，策划公共关系活动时，应该讲究文化性，从主题思想、活动形式到现场气氛、赠送礼品设计都应突出文化色彩，给公众以文化美的享受，借助文化机制来吸引公众。

4. 刺激利益化

利益，总是公众追求的目标。公众参与社会活动时存在一定的惰性，需要我们给予刺激，才能激发出参与活动的愿望。刺激公众的途径很多，其中最主要的应是利益刺激。在公共关系活动中，可以根据公众的经济动因，设置较有吸引力的奖品、奖金，引导广大公众出于获利而积极参与到活动中来，接受宣传影响。公共关系专题活动，只要奖品设得巧妙，符合公众贪图小便宜和侥幸获大利的心理，就能吸引众多人参与，取得良好的宣传效果。

5. 程序情节化

公共关系活动作为一种程序性项目，应该富有情节性。情节的设计与安排要符合主题思想、活动品位和促销宣传的需要，同时还要有趣味性、高潮性和煽情性，使公共关系活动组织井然有序，形式生动活泼，以欢快的现场气氛和富有感染力的情节稳住到会公众。

企业出于商业需要而策划出来的公共关系专题活动，对公众来说没有行政约束力。公众到达现场以后，如果发现商业活动色彩浓烈，或者形式古板，过于约束，那么他们随时都会离开活动场地。为了吸引住到会公众，并以他们的参与再吸收更多的公众，企业就要策划出高水准的活动，注意情节安排和戏剧化效果，以生动性、娱乐性和轻松性赢得公众。

6. 心理参与化

在公共关系活动中，公众的参与有两个层次：第一层次是形式参与，公众到了活动现场，能够感受到现场气氛，但是心理活动还没有到位，没有产生相应的心理思维。第二层次是心理参与，也就是说，公众不仅到达现场，而且还为之高兴，产生出愉快的心理思维，自觉关心公共关系活动。在公共关系活动策划过程中，应该选择具有容易引起公众争议的主题，设计具有新奇色彩的活动项目，以出乎人们意料之外的形式巧妙地推出，有意识地影响公众的心理思维过程，实现心理参与化的目的。

7. 时机科学化

公共关系活动的时机选择要恰当，符合公众的时间性心理规律。一般而言，宣传企业形象、品牌形象和商品形象的公共关系专题活动，应安排在节假日或者是商品销售的热点期间。在节假日里，一方面，公众有闲暇时间，有空参加活动；另一方面，公众有比较强烈的娱乐、休闲愿望，这样，就可能有比较多的公众前来参加活动。而在某种商品消费热点期举办相关的活动，如夏天举办啤酒文化节，则可进一步吸引公众的消费愿望，扩大消费公众队伍。

8. 要求简单化

公共关系活动的目的是吸引大量公众来认知企业形象、品牌形象和商品形象，谋求的是轰动效应。因此，对公众的要求应该简单化，从公众的参与条件到活动中的操作性介入，都应力求简单。苛求的条件设置、对公众过高的表演要求，会淡化公众的参与欲望，这不利于扩大企业影响。

9. 活动系列化

企业如果能定期举办具有内在联系的公共关系专题活动，活动与活动之间在主题上具有呼应性，在形式上具有配合性色彩，表现出相对稳定性，就可以创造出公共关系活动的规模效应和名牌效应，从而吸引更多的公众参与到活动之中，利用公众心理的积累效应强化企业的市场辐射力。

10. 氛围喜庆化

在气氛的营造方面，要运用大手笔艺术表现形式，选用鲜明的色彩，制作、悬挂多种充满欢乐气息的巨幅宣传作品，使活动现场洋溢出祥和、欢快、喜庆的色彩，给公众以愉快的享受。

## 三、"明星"宣传策略

2001 年 6 月 23 日晚，昔日皇家禁苑中乐声翩翩，弦歌阵阵。世界著名三大男高音歌唱家在紫禁城午门广场联袂演出，在"6·23 国际奥林匹克日"掀起北京申奥活动的高潮。国务院副总理李岚清和数万热情的中外观众一同观赏了这场精彩的演出。

当晚三位"歌剧之王"身着黑色燕尾服，站在紫禁城古老红墙之间的舞台上神采奕奕。他们演唱了近 30 首脍炙人口的歌剧选段或歌曲，从卡雷拉斯的《我知道这个花园》，多明戈的《星光灿烂》，到帕瓦罗蒂的《今夜无人入睡》，洪亮且有穿透力的歌声，赢得了在场 3 万名观众的热烈掌声。

昔日这里曾经钟鼓齐鸣，如今西方歌剧在这里缭绕；昔日皇帝曾在这里议政，如今三位西洋音乐大师在这里纵情高歌。东方建筑的神韵与西方艺术经典在这里得到了完美的交融，古老的紫禁城在一个充满激情的夜晚被唤醒，改革开放的中国以一场东西文化交融的音乐盛会，向世界展示了他们积极走向世界的宽阔胸怀。

紫禁城午门广场，"歌剧之王"帕瓦罗蒂、多明戈和卡雷拉斯激情演绎的音乐盛典，取得了空前的成功，音乐会电视直接可覆盖全球 110 多个国家和地区的 33 亿观众。

在此案例中，中国借三大男高音歌唱家的名气，向世人宣传了中国的美好形象，为申奥活动增添了有力的一笔。在现代公共关系的策划中，明星宣传策略是一项基本的内容，也是提高广告宣传作品影响力的重要因素。

### （一）明星宣传策略的涵义

所谓明星宣传策略，就是根据企业的市场定位、产品的公众定位、公众的明星崇拜情况等，聘邀合适的体育明星、文艺明星、社会功臣、公众领袖等知名人士，来宣传组织形象的策略。因为明星对公众、尤其是青少年公众具有巨大的感染力，所以利用明星进行宣传，在提高知名度、扩大影响范围、改变商品形象等方面具有重要的意义，而且往往能创造轰动效应。

现代社会中，在产品有出色的质量和服务作保障的前提下，聘邀明星宣传是产品走向市场的捷径。只要对现代社会市场稍加观察，便可发现：世界级的著名产品，背后往往有一个世界级的明星。明星作宣传所特有的非凡感染力，是其他广告媒介所不可取代的。

（二）明星宣传策略的作用机制

明星宣传策略之所以能够创造出市场轰动效应，其作用机制在于公众对于明星形象的崇拜。人都有一种爱屋及乌的移情心理，公众对于明星形象的崇拜，会转移为喜爱明星所推荐的商品。

现代公众对于明星的崇拜是有其心理基础的，这主要表现在以下几个方面：

1. 人性本身具有一种崇拜基因，渴望找到一种信念或者是信念的替代物（如图腾）作为自己的人生精神支柱，充实自己的生活。如在原始社会，人们主要崇拜“神灵”，国家出现以后，人们发现“神灵”并不能保护自己，于是开始崇拜英雄，特别是开国元勋。而大众传播媒介发展起来后，人们发现英雄不是完美的，存在不少缺点，于是又找出理想化的偶像化身，这就是完美无缺的大众明星形象。

2. 明星形象能够满足现代人追求成功的心理需求。这主要有两个方面的原因：一是明星之所以能够拥有较高的社会地位和经济地位，是他们不断追求的结果，每个明星都有一个追求成功并取得成功的奋斗历史，这样就能移情式地满足现代人渴望成功却没有取得成功的心理愿望，从这个意义上讲，明星崇拜具有“英雄崇拜”的色彩；二是人们所喜爱的明星，其所扮演的荧屏形象往往是百折不挠、勇往直前、刚正不阿、仁慈忍让、理智克制、智慧过人、大苦大难之后大获成功的典型，是社会正义的化身。这样，明星崇拜就具有“理想崇拜”、“信念崇拜”的气息。

3. 明星形象能够让现代人体验到一种浪漫化的非凡爱情。在影视作品中，明星形象的容姿比较好，特别是通过艺术包装后，其非凡的银屏形象更加具有人格魅力，人们通过这些爱情化主题、爱情化台词（歌词）、爱情化形象的渲染，能够间接地尝到一种神话般的伟大爱情，因此对明星容易产生一种情感上的幻想。这可以说是青少年公众崇拜明星的一个重要原因。

4. 明星形象能够满足现代人追求时尚、流行的要求，与明星形象保持一致，公众似乎就有了时代感和社会依赖感，跟上了时代的步伐。

由于人们崇拜明星具有深刻的心理基础，所以说现代社会充满着浓郁的明星崇拜气息，明星多，明星迷多，“发烧友”多，这是现代社会区别于传统社会的重要特点。

（三）明星宣传策略的方式

在公共关系中，策划明星宣传策略进行宣传，最关键的就是选择恰当的明星、名人。一般而言，企业聘邀明星、名人进行宣传，主要有以下几种方式：

1. 聘请明星、名人长期作企业的特殊荣誉员工，企业一旦有重大宣传任务，便可与其协商，邀请明星出场宣传。这种长期合作关系，不仅可以强化企业的明星效应，而且可以建立企业与明星之间的情感关系，由此创造出良好的明星宣传基础。

2. 策划、主持、资助名人明星俱乐部之类的活动，这既可以利用明星宣传企业形象，又可以改善企业与明星群体之间的关系。

3. 聘请明星参加某次公共关系专题宣传活动，让他们以自己特有的明星形象向公众推介企业信息和形象。

4. 利用各种机会，向明星、名人赠送产品，提供服务，让他们在使用产品过程中，潜移默化地宣传产品。在这种形式下，明星、名人是以顾客、消费者身份出现的，因而更具有公共关系宣传效应。

5. 利用明星、名人的赞誉词进行公共关系宣传。

6. 在不侵犯肖像权、名誉权、姓名权、表演权等权益的前提下，选用酷似某个明星、名人容貌的“假明星”进行公共关系宣传。这是西方企业广告界利用明星机制进行公共关系宣传的新尝试。聘请大明星、大名人作宣传，一则费用很高，二则他们日程安排很满，所以总有些困难。于是有些人想出一个既花钱少又能产生“明星效应”的方式，即搞“假明星”宣传。

（四）运用明星宣传策略的技巧

为了更好地发挥明星形象的宣传效果，运用明星宣传策略时，应注意以下要求：

1. 注意公众的“明星崇拜潮流”，公众有时崇拜潇洒型的明星，有时又喜欢丑星，有时崇拜活泼型，有时又喜欢冷峻型的，虽然都是明星崇拜，但是具体对象又各不相同。在公共关系宣传中要侧重选择与公众“明星崇拜潮流”同步的明星作宣传模特。

2. 选聘的明星要真正具有冲击力，明星效应要显著，在社会上拥有一大批狂热公众，这样才能最大程度地发挥出明星形象的宣传效果。

3. 选用的明星个人生活形象、语言形象比较好，幕前幕后都能堪称生活楷模，对公众的态度也要比较友善，具有德艺双馨的品质。否则，就会影响广告形象，甚至断送产品的市场前途。例如，香奈儿香水曾聘用法国某少女大明星，这个明星获得过“恺撒最有希望新人奖”荣誉，几度高居全法金曲排行榜首，理应颇具影响力。然而事实上不尽如人意，宣传效果不好。这是因为媒介盛传她年纪轻轻，为人行事极端任性，生活形象不尽如人意。这样，她的个人形象和“香奈儿”产品一贯具备的优雅雍容大相径庭，因而在公众中产生了负面影响。广告心理学指出：如果观众厌恶某个明星，那么他所推销的产品必然会连带受到公众的唾弃。这就告诉我们，选聘明星要非常谨慎，力求以全方位良好的明星形象开展宣传。

4. 注意对明星形象进行大众化处理，使之更加贴近公众。国外一项调查表明：70%以上的人不相信明星本人当真是他们宣传的产品的喜爱者。一般而言，明星的生活水平高于大众。如果在广告宣传中，对明星形象不进行大众化处理，公众就会觉得明星远离自己，高高在上，自然就不会相信明星所宣传的商品。

5. 处理好明星崇拜效应与公共关系宣传效应之间的关系。一般有明星在场的公共关系活动，会有众多的公众。但是公众参加这类活动，主要是想目睹明星风采，会因此而把企业淡忘。对于公众而言，明星是第一位的，而企业则可能完全在关注之外。公共关系活动中往往明星崇拜效应显著，而宣传效应相对较弱。因此，协调好这两者的关系，就成为公共关系活动成败的关键。

6. 处理好明星形象与美女形象的关系。美女形象因其容貌出众，自然具有吸引公众的独特之处。但是，现在国外研究指出：在广告中过多借助美女形象进行宣传，容易产生两个副作用：一是视觉导向失误，即让公众只注意美女形象而忽略企业形象、品牌形象、商品形象；二是直接得罪于市场消费的主体公众，即女性公众。由此，国外广告界提出一个主张，在广告宣传中应谨慎使用美女形象。这个研究结论对于公共关系同样是有指导意义的。

7. 明星宣传的内容要具有一定的品位，做到名优商品与明星效应的有机结合，这样才能真正发挥明星形象的宣传效能。

8. 明星宣传的信息内容应力求货真价实，实事求是，绝不能借助明星形象宣传虚假信息。

9. 选用明星形象进行公共关系宣传时，应该加强创意、策划和设计，强化明星宣传的主题境界和艺术气息，让明星根据创意主题和情节进行表演，巧妙地推荐商品。如果把明星形象与产品形象简单地置放在一起，企图借助明星脸面来宣传商品，其影响力是相当有限的。

10. 策划明星广告时应该强调特色，以特色化的明星形象、特色化的主题情节和特色化的明星表演，创造出特色冲击力，以最大限度地提高明星宣传的宣传效果。

### 四、“赞助”宣传策略

1984 年，健力宝公司提供价值 250 万元的健力宝作为我国运动员参加第 23 届奥运会的专用饮料。第二次提供价值 200 万元的健力宝作为我国第 6 届全运会的专用饮料。第三次提供价值 1 500 万元的健力宝和李宁牌服装作为我国运动员和记者参加在北京举办的亚运会专用饮料和运动服。这三次活动使健力宝饮料名声大振，产品畅销我国 30 个省市，并远销美、英等 18 个国家和地区，被称为“中国魔水”。亚运会之后，健力宝在北京的订货会上，拿到了 10 亿元的订单。

此案例中，健力宝通过三次赞助活动，提高了企业的知名度和美誉度，开拓了市场。

（一）公共关系赞助的基本原则

所谓赞助策略，就是指企业通过资助某些公益性、慈善性、娱乐性、大众性、服务性的社会活动来进行专题宣传，实现公共关系目的。

赞助是一种技术性和政策性很强的公共关系宣传活动，开展赞助活动必须遵循以下基本原则：

1. 社会效益原则

企业开展赞助活动的目的是树立企业的社会形象，表明企业积极承担社会责任和义务。因此，开展赞助活动必须着眼于社会效益，以获得公众的普遍好感。一般说，企业应优先赞助社会慈善事业、福利事业、教育事业和公共设施的建设。

2. 合法原则

合法原则是开展赞助活动的基本要求。企业开展赞助活动时必须遵守党和国家的政策法律。违背政府的经济政策法规，利用赞助活动搞不正之风，这会削弱赞助活动的宣传效果。

3. 实力原则

一般地说，企业赞助的活动应当量力而行，根据企业的利润额、经济实力和市场发展战略，支出合理的赞助经费。赞助的数额，必须在企业能够承受的范围之内，同时又要达到一定的额度，以形成较大的影响规模。

4. 相关原则

企业赞助的活动对象应当与公众生活或自己的经营内容相关联。例如健力宝是运动饮料，它三次赞助体育事业，这样的赞助活动自然和谐，既可赞助经费，又可提供饮料，实惠方便，容易取得公共关系宣传的良好效果，强化企业的品牌形象。

（二）公共关系赞助的类型

企业的赞助活动多种多样，大体上包括以下几种类型：

1. 赞助体育活动

体育比赛活动拥有众多的观众，而且往往是新闻媒介热衷报道的对象，对公众的吸引大，因此企业常常赞助体育运动，以增加对公众施加影响的广度和深度。赞助体育运动常见的主要形式有：赞助体育训练经费、赞助体育竞赛活动、设立体育竞赛奖励基金等。

2. 赞助社会公益事业

即参加市政基本建设，如出资修建马路、天桥、公园、候车棚、路标等，一方面可以为政府减轻建设压力，赢得政府公众的信赖；另一方面又能为广大市民公众带来方便，赢得市民公众的称赞。这不仅能树立企业的社会形象，而且能为企业的发展创造良好的条件。

3. 赞助社会福利事业

为各种需要社会照顾与温暖的人如革命军属、残疾病人、孤寡老人和社会福利机关如敬老院、儿童福利院提供物质经费帮助、开展服务活动，是企业向社会表明自己履行社会责任和义务的重要手段，是企业塑造爱心形象的重要途径。

4. 赞助教育事业

教育是立国之本，发展文化教育事业是一个国家的基本战略。企业应自觉地赞助文化教育事业，如赞助学校建立图书馆与实验室、设立某项奖学金、捐助“希望工程”等。这既可以促进学校教育的发展，又可以为企业树立一种关心教育的良好形象。

5. 赞助社会文化生活

人类生活包括物质生活和文化生活两部分。企业积极赞助公众的文化生活，丰富公众的生活内容，不仅可以增进企业与公众的深厚感情，而且可以提高企业的社会效益和知名度。赞助文化生活的方式主要有：赞助拍摄与企业有关的影视片，赞助文化演出队伍，赞助文化演出活动等。

6. 赞助公共节日庆典活动

企业利用自己的产品或服务项目赞助公共节日活动，增加节日文化氛围，让公众在心情舒畅的气氛中享受企业的祝贺与服务，也能收到良好的宣传效果。

7. 赞助学术理论活动

赞助学术理论活动，如提供开会场所、资助会议的经费、设立学术研究基金等，企业既可以利用学术理论活动在公众中的影响提高企业的美誉度，又能直接得到理论工作者的科学诊断和积极建议，从而改进企业的生产与管理工作。

8. 赞助宣传用品的制作

宣传用品如旅游手册、导购图、年历挂历、交通图、区域经济年鉴、技术性资料手册等，一般印刷量比较大，发行范围广。赞助这些宣传用品的制作，可以提高企业的知名度。

（三）公共关系赞助的技巧

对企业来说，赞助是一种投资行为，需要遵循最基本的投资原则，即投入最小化，收益最大化。为了最大限度地提高赞助的宣传效用，在公共关系策划中应该注意以下要求：

1. 组织赞助基金会形式，以此来获得持续的宣传效果。美国的纽约公益信托基金会，就是由公平人寿保险公司、埃克森石油公司等七家单位集资创建的，基金会成员每年要捐款 3.5 万美元。他们有计划地通过基金会对纽约市的许多方面，包括为青少年提供就业前培训在内的一系列公益事业项目进行资助，这比一家公司单独出面更加具有集约化效应和宣传效应。

2. 强化公益赞助，积极参与社会问题的宣传与解决，以此建立社会——企业——市场联系的纽带，树立良好的企业公德形象，表达关心社会命运的信念，进而开拓自己的市场。公益赞助，对于强化公众的信任具有重要的作用。

3. 注重赞助的一贯性，寻找出相对稳定的赞助对象，长期开展多方位赞助，建立“赞助活动名牌工程”，以赢得社会好感。

4. 刻意赞助很有新闻价值的社会重大事件。如类似奥运会这样的社会重大活动，由于新闻价值高，媒介报道频繁，信息介绍篇幅较大，而公众又乐意收看，具有很高的公共关系宣传效用，因此具有远见卓识的企业家，都乐于出巨资赞助相关的活动和人员，谋求超乎常规的公共关系效应，实现“巨额赞助，超高额回报”的宣传境界。

5. 注重赞助为社会做出过巨大贡献，但是现在生活比较困难的社会有功之臣（如英雄、劳模）及其家属，这既可以帮助他们解决生活困难，又可以利用这些特殊人物的新闻效用实现公共关系宣传的目的。

**【思考题】**

1. 试述传播的要素及公共关系传播的特征。
2. 试述传播经典理论对公共关系的指导作用。
3. 在公共关系宣传中，运用“媒介”宣传策略应注意哪些要求？
4. 在公共关系宣传中，运用“活动”宣传策略应注意哪些要求？
5. 在公共关系宣传中，运用“明星”宣传策略应注意哪些要求？
6. 在公共关系宣传中，运用“赞助”宣传策略应注意哪些要求？

**【案例】**

## 海尔一次成功的公关宣传

海尔，中国乃至世界到处传播的一个响亮的名字，市场经济惊涛骇浪中的一艘巨型战舰，消费者心目中的一个著名品牌，在社会公众心目中已具有良好形象。十几年来，她从一个亏空 147 万元的无名小厂到现在人均产值 23 万元、年利税 5 亿元，开创了一个亚洲第一、许多中国第一的著名企业集团。可以毫不夸张地说，海尔十几年的发展是海尔人坚持以市场导向作为企业的基本经营观念的结果。然而，在走过了这样一个辉煌历程后的今天，面对新的市场竞争条件和不断变化的社会经济环境，海尔人发现，仅仅以市场为导向已不能适应这些变化。从 20 世纪 90 年代初期起，他们就非常注重海尔品牌形象的宣传，下面就是其中一个较有代表性的宣传性公关的典型案例。

从 1996 年 8 月底，青岛海尔冰箱股份有限公司陆续投入近千万元，为

139个县的农民放映1万场电影。一位全国人大常委会副委员长闻知此事，很受感动，并对海尔这种为消费者或者说为农民办实事，为社会主义精神文明建设出力的举动深表钦佩，欣然命笔，写下了“海尔冰箱放映队”，以表支持。这项工作已于去年年底完成。据报道，这场省城的23场电影首映式就迎来了5万多农民兄弟，最多的一场挤满了5千多名观众。海尔冰箱放映队在每场电影放映前总要放一段专题片。该专题片中不仅有宣传海尔及其产品的有关内容，而且他们还集中宣传中国民族家电工业的发展道路及其在国际市场竞争中的地位，以教育农民支持民族工业，提倡用国货，为民族工业的发展出力，为国争光。同时，“海尔”还充分利用这样一个极好而又难得的机会在农民兄弟心目中塑造、传播和维护“海尔”良好的企业形象。在电影场，他们把经特别设计、印刷精美的《农村手册》赠送给农民兄弟。手册中有许多农民熟悉而又陌生的并且是作为一个新时代农民的所必须具备的知识，如农村生活篇讲述二十四节气及有关知识；农业技术篇讲述怎样购买、使用农药，怎样栽培农作物，怎样管理葡萄等果树，怎样科学养猪等；冰箱使用篇针对农村的特点，讲述如何防停电、防电压波动等。

资料来源：原载《销售与市场》，1997年第11期，作者潘成云

# 第九章 促销型公共关系

销售中的每个因素，都需要公共关系人员来加强和完善。公共关系或许可以称为销售社会学。

——英国弗兰克·杰夫金斯

**【本章要点】**

本章简要地介绍了如何把公共关系的一些技巧与手段用于企业产品的促销活动中，以此来促进企业产品销售量的增加。让读者理解企业如何将公共关系与促销有机结合，创造良好销售环境，有效促进销售。

**【核心概念】**

促销　促销组合　促销型公共关系　公关广告

先看两个案例：

**【案例 1】**

## “南仔”电影专场联谊会

南仔奶粉在进军某一个县级市场时，先向全县大大小小零售店的店老板和店员发出诚挚的邀请，邀请他们到当地最好的影院参加“南仔”电影专场联谊会。免费看电影的联谊活动，一下子吸引了全县所有零售店的店老板和店员。在观看电影前，南仔奶粉乘机介绍了南仔相关奶粉的产品知识和给予零售店的促销政策。联谊会结束时，给每个店员赠送一袋南仔奶粉。“南仔”电影专场联谊会的活动收到奇效，众多店员都纷纷主动推荐南仔奶粉，至少不会排斥南仔产品。如此，在同类产品的激烈竞争中，南仔奶粉的反拦截率非常高，一下子成为当地市场的零售排头兵。

【案例2】

## 华夏葡园干红举办的“餐饮业职业经理人培训班”

在深圳市场，华夏公司发现餐饮酒楼是消费者消费干红最主要的场所，而酒楼的楼面部长和经理在点菜的同时就可以有效地向消费者介绍酒水。如果这个群体能够成为“华夏葡园”干红口碑的中坚力量，将大大增加产品销售的机会，并可以节约更多的资源。

同时华夏公司还了解到，一方面，对于在高档酒楼工作的员工来说，这一群体面临着非常大的竞争压力，他们需要不断地进行自我提高和突破，以便有更大的发展空间；另一方面，对于高档酒楼来说，他们也非常希望自己的员工能够快速成长，从而给消费者提供更好的服务。

于是，华夏公司超越了一般酒业公司那些庸俗的公关行为，联合深圳市餐饮协会，推出了“餐饮业职业经理人培训班”，面向深圳市酒楼的楼面部长和经理进行免费培训和教育。他们邀请香港知名的培训讲师系统地进行红酒知识、管理技能和沟通技巧等方面的培训，对于成绩合格者还颁发结业证书。同时，通过举行培训班，华夏公司在深圳还建立了70%以上高档酒楼的餐饮部长和经理的档案。此终端公关的创新，给华夏葡园在主力通路的销售起到了很好的推动作用，使华夏葡园在深圳的高档酒楼形成了良好的口碑和销售态势。

这两个案例都是企业促销产品中所用的出奇制胜的公关案例，收到了良好的效果。

促销型公共关系就是企业将公共关系与促销有机结合成一个整体，通过各种传播媒介以客观事实及切入人心的生动方式沟通自己企业同社会公众之间相互联系，增进相互的了解和理解，树立自己企业的良好形象和信誉，激发公众的好感与信任，为企业产品服务创造一个良好的外部环境，从而有效地实现销售和盈利。

# 第一节　促销与促销组合

## 一、促销的含义与作用

（一）促销的含义

促销，又叫促进销售或销售沟通。指将有关企业的优势以及产品的独特属性信息通过各种方式传播给消费者，促使其了解、信赖并购买本企业的产品，达到扩大销售的目的。它是一种有效的销售手段。包括以下几个方面的含义：

1. 促销的主要任务是沟通和传递信息。现代市场营销活动是以满足消费者的需要为前提，关键在于企业与消费者之间的信息沟通。促销是沟通的手段，一方面企业通过信息的沟通与传递，将产品的性能、特征、价格等信息传递给消费者，激发消费者的购买欲望，达到销售目的；另一方面，企业通过市场调研，根据信息反馈与消费者需求，制定相应的销售计划，保证企业营销活动的顺利进行。促销的实质就是企业与消费者之间的信息沟通。

信息沟通过程如图：

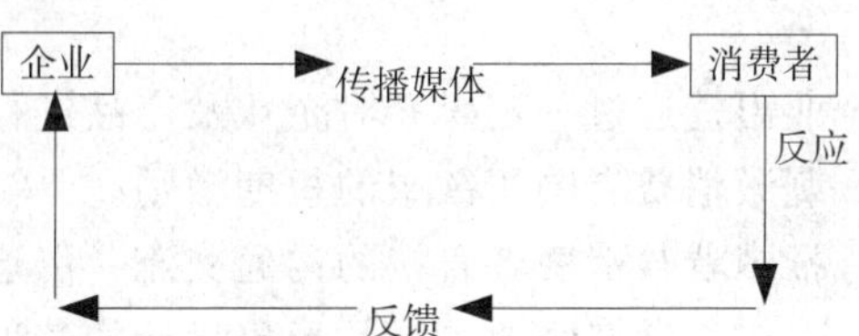


2. 促销的目的是吸引消费者对企业的形象或产品产生兴趣和好感，激发其购买欲望促使其采取购买行为。在一般情况下，消费者的态度直接影响和决定消费行为。所以，要促进消费者购买行为的产生，就必须通过信息的传播和沟通，使其对本企业的产品产生兴趣和好感，达到销售目的。

（二）促销的作用

1. 沟通信息

这是促销的最基本作用。促销的实质就是通过信息传递，在企业和消费者之间架起沟通的桥梁。一方面通过宣传将企业的形象，产品的性质、特点、作用等信息传递给消费者，调动其购买的积极性；另一方面，通过信息反馈及时了解消费者对产品的意见和看法，随时解决销售中存在的问题，达到促进销售的目的。

2. 刺激销售

企业通过人员推销、广告、公共关系和销售促进等方式激发消费者的购买欲望，刺激需求，引导需求，将潜在需求变为现实需求，扩大销售。很多企业的经验表明，当某一产品销量下降时，适当的促销活动可以使销量提高。

3. 有利竞争

科技的迅速进步，产品同质化程度越来越高。在同类产品竞争激烈的情况下通过促销活动，突出宣传本企业的市场优势和产品利益，使消费者对本企业产生好感以及对本企业产品产生兴趣，提高企业竞争力。

## 二、促销组合含义及方式

（一）促销组合的含义

促销组合就是对各种促销手段有计划、有目的地综合运用，以使销售手段相辅相成，取长补短，从而实现整体效用最大化。

（二）促销组合的形式

促销组合由四种最基本的促销方式构成。即广告、销售促进、人员推销和公共关系。

1. 广告。由企业出资通过一定媒介对企业及产品进行宣传的促销活动。

2. 销售促进。刺激消费者购买欲望的短期激励。

3. 人员推销。推销者与消费者直接的沟通交流，以达到促销目的。

4. 公共关系。为树立良好企业、产品形象设计的各种方案。

目前中外企业在营销活动中经常使用的促销工具见表 9.1。

企业为了更好地促进销售，会对各种促销手段综合运用，使促销手段相辅相成，取长补短，从而实现整体效用最大化。

例如：瑞士雀巢食品公司被认为是当今世界在消费性包装食品和饮料行业最为成功的企业之一，它之所以能够长期雄踞市场领先地位，是与它正确运用促销手段分不开的。在树立企业形象和产品形象方面，雀巢公司花了大量精力。它从 8 000 多个品种中精心挑选出 2～3 个品种大做广告，使之很快享有较高的市场份额。在韩国，自 20 世纪 50 年代以来，卡拉—通用食品公司一直居于市场垄断地位。当雀巢公司进入后，仅用 7 年时间便夺去韩国 35％的市场份额，这主要依靠大规模的广告宣传。

雀巢公司拥有一支高水平的销售队伍，他们能够卓有成效地争取到货架空间，并与零售业客户在现场进行展销和促销活动。例如，在泰国，超级市场销售在1989年只占其城市销售量的8%，但到1994年就扩大为45%。雀巢公司在不同地区采用不同的促销策略，它通过希腊雀巢公司研制出希克品牌，一种流行于泰国的冷饮咖啡，从而成功地进行了夏季咖啡的促销活动。

雀巢公司一贯与经销商保持亲密关系。在日本，雀巢公司完全与当地的批发零售系统融为一体，而看不出有什么西方公司特色。为了与泰国超级市场建立牢固关系，雀巢公司向他们提供最新的库存管理系统，如“尼尔森太空人”系统，并教会他们如何使用。雀巢公司还帮助像斯里兰卡、印度、中国、印度尼西亚、泰国等发展中国家建立起本国的乳品加工业和咖啡饮品的消费偏好，这使雀巢公司在这些地区信誉极佳，形象极好。

雀巢公司长期不懈地致力于改进、提高产品质量。例如，亚洲人反感人造调料而倾向于天然调料，雀巢公司便不惜花费研究预算的25%开发一种肉类调料。这种调料可以通过生物发酵过程提取。在同质性很强的方便面上，雀巢公司开发出新产品，满足不同口味的消费者，诸如番茄酱面、辣椒沙司面、大杂烩面等等。

**表9.1　常见促销工具**

| 广告 | 销售促进 | 人员推销 | 公共关系 |
|---|---|---|---|
| 电视广告 | 销售竞赛、抽奖 | 推销介绍 | 记者招待会 |
| 广播 | 奖金、礼品 | 奖励 | 演讲 |
| 报纸 | 样品试尝用品 | 电话营销 | 慈善捐赠 |
| 杂志 | 交易会与商品展览会 | 推销员榜样 | 公司期刊 |
| 媒体 | 招待会 | 展览会 | 形象识别 |
| 售点现场陈列 | 优惠券、赠券 | 销售会议 | 社区关系 |
| 宣传手册、说明书 | 延期付款 | | 新闻 |
| 海报、宣传单页 | 退款促销 | | |
| 宣传条幅 | 以旧换新 | | |
| 彩虹门、吉祥物、空飘 | 现场宣传 | | |

## 第二节 促销型公共关系活动策划

### 一、企业在促销中运用公共关系的必然性

（一）市场经济发展的客观要求

市场经济越发展，企业与社会公众之间的相互联系相互依赖性越强。企业不仅销售产品，同时还要从市场上购买原材料和机器设备，因此就需要与消费者、供应商、经销商、新闻媒介、政府部门等社会公众发生联系。企业要想在市场经营中获取最好的物资设备供应、最有效的销售渠道、吸引更多的消费者、扩大市场占有率，就必须建立与社会公众之间的良好关系。

（二）现代科学的发展为公共关系在促销中运用提供物质条件

以信息为中心的世界新技术革命中，现代传播技术高度发展，有利于企业在市场促销活动中，准确、及时地与社会公众沟通信息，建立有效的信息反馈系统。企业可以通过信息的有效传播沟通，在公众面前树立企业与产品的良好形象。

（三）企业自身发展需要

企业经济效益的增值一般靠两个方面资产，即有形资产和无形资产，而后者的竞争能量、增值比重的上升速度愈来愈明显。企业的声誉、形象、知名度、美誉度成为对企业性命攸关的因素，而无形资产的获得和积累要靠企业公共关系来实现。

### 二、广告中公共关系活动

广告在树立企业形象，促进产品或服务的销售方面，扮演着不可或缺的作用。

（一）广告的含义及公共广告的类型

1. 广告的含义

“广告”一词如从汉语字面意思解释，就是“广而告之”，即向广大公众公开告知某项信息或某件事物，也可解释为“广泛劝告”，向广大公众进行劝说工作，使他们接受广告所要宣传的观念。广告种类繁多，有报纸、杂志、广播、电视、橱窗、广告牌、灯箱、气球广告等，但“如果广告只是促进产品的销售，而不改善企业的形象就是极大的浪费”。我们把那些运用媒

介物，旨在为组织树立形象和创造声誉的广告，称为公共关系广告。

2. 公共关系广告类型

（1）介绍型广告

介绍型公关广告旨在扩大企业知名度和塑造企业权威形象，企业应注意运用公关广告来扩大自身影响，及时地将所取得的成绩向社会公众作宣传和介绍，树立良好企业形象、产品形象。

例如：山西长治洗衣机厂在《中国广播报》上刊登一则广告，题目是《产值过亿元　销量上百万　盈利超千万》，列举该厂近5年来海棠洗衣机的产量、产值及利税点，充分说明长治洗衣机厂对社会所做的贡献，就起到了塑造良好企业形象的效果。这就是介绍型广告。

再如：日本三菱电机公司多次在《广州日报》登出大幅广告，一开口就是“我是三菱电机”，并以大篇幅显示“三菱电机75年的技术结晶和创造力”，以鲜明数字与16幅画面相结合，突出三菱电机的目标与所取得的辉煌业绩，有效地扩大了企业的声誉和知名度，促使销售量大幅增加。

（2）迂回型广告

迂回型广告的主要目的在于尽量消除和淡化广告的商味，强化人情味，让人耳目一新，容易接受。

这类广告的典型例子就是一种特殊的“致歉广告”。例如，1985年5月，广东富力美运动食品公司在报纸上刊登了一则广告，“近月来在我省许多城市发生富力美营养食品脱销之事，使许多顾客未能如愿，我们将表示歉意。我公司日前正加紧安装一条新的生产线，投产后将使产品提高八成，想必能更好地满足大众的需求”。这是一则绝妙的广告，既树立了组织形象，又促使产品的销售。

再如：广州中药厂在1985年7月《广州日报》上刊登了一则“道歉启事”，说明该厂生产的白蚀丸由于购者众多，一度出现市场脱销，工厂深表歉意。目前，厂里正在赶紧加班生产，不日即可满足广大顾客的需要。这种类型的公关广告从反面树立了企业深受用户欢迎的形象，在表示歉意的同时宣传了企业及产品。

（3）服务型广告

服务型广告旨在为公众服务，以服务为基础，通过服务来树立组织的形象，确立和提高组织的信誉，从而使产品扩大销售。例如：上海无线电四厂生产的凯歌牌彩色、黑白电视机截止到1989年底，总销售量超过650万台。

该企业为树立企业形象，获得美誉度，进一步促销，采取了一系列服务措施，在《文汇报》上刊登了以“买凯歌，高枕无忧”为通栏标题的巨幅广告，公布该厂“三年保修的细则”、“上门保修细则”和“全国联保细则”，消除了消费者的后顾之忧，产品销量大大提高。

再如：IBM公司在广告宣传上明确向用户表示：使用IBM的微机，如果出了故障，不管在世界的哪一个地方，一定在24小时之内得到修复。有一次，加拿大的一个用户在使用微机时出了故障，IBM公司仅用8小时就从欧、亚、非三洲派出8名工程技术人员去维修。宣传一个企业形象，实质上也是宣传产品形象，直接影响企业产品的销售。有专家中肯地指出：IBM的技术并非世界第一流，但它的企业形象使它的市场占有率长期保持世界第一并持久不衰。

(4) 创意型广告

所谓的创意，即表现广告主题新颖，宣传手段奇特，与众不同。例如：湖南湘潭卷闸门厂曾先后多次在《湖南日报》、《湘潭日报》上刊登“有奖寻找本厂不合格卷闸门”广告。这一设奖广告刊出后，不仅没有影响企业形象，反而更加赢得公众的信任。根据报道，这家只有46名正式职工，建厂不到4年的小厂，广告之后仅八个月，产值就达206万元，实现利润21.1万元。

例如：可口可乐的广告宣传是多种多样的，技巧变化是无穷的。可口可乐公司设计很多价廉物美的小赠品，如表带、纸牌、明信片、时钟、皮包等等，所有的赠品均印上可口可乐的商标。这些做法目的在于广泛宣传企业和产品形象，提高知名度，经常保持与消费者的密切关系，促进销售。

再如：“二战”时，美国有家火柴厂，在广告中使用“火烧希特勒”的创意：火柴盒贴面是一幅希特勒的漫画像，擦火柴的磷片涂于其人像的臀部，使每划一根火柴都仿佛火烧了一次希特勒。结果人们争相购买。

(5) 公益型广告

公益型广告是企业通过自愿承担义务和社会公益活动来提高自身声誉的宣传方式。有一段时间，美国杜邦公司在我国一些影响很大的杂志上相继刊出一则广告。广告三分之一的篇幅是一张华人科学家的照片，接下来一段文字是赞美这位科学家对中国科学事业所做的贡献，然后寥寥数语表达了杜邦公司的心声：杜邦公司是一家高科技公司，愿为中国科技发展尽一份力量，与中国人民共创美好生活。这是一则典型公益广告，展现了杜邦公司的高科技实力，引起了人们的关注，使中国消费者对杜邦企业形象产生好感，也促进了杜邦产品的销量。

（6）祝贺型广告

在节日、庆典之际用广告向公众祝贺。祝贺广告既可以广结善缘，改善自己的社会关系环境，又可以提高本身的知名度和社会声望。例如：美国一家咨询公司做的一个广告十分巧妙，这家公司的公关部利用年终岁末之际，在报刊上登刊一则公共关系广告宣传本年度公司的盈利甚丰，并向所有惠顾和支持该公司的客户致以深切谢意和圣诞祝贺，随后开列了所有与本公司有业务往来联系的客户名单。这则成功的公共关系广告，在广大公众中为这家咨询公司树立了人才济济、实力雄厚、声望高大的印象，因为这则公共关系广告开列的客户名单包括美国许多家大公司、大企业，这样一来必然会增加公众对该公司的信任感。

除了上述介绍的几种常用的公共关系广告类型外，还有赞助型广告、保护型广告等等，这里不一一赘述。

（二）广告中公共关系的作用

1. 树立企业的形象和声誉

公共关系广告的主要目标，是使社会公众了解本企业的机构、经营理念、行为准则、信誉、技术、成就、政策与计划、对社会的贡献等，以谋求他们对企业的认同、支持、信任和赞许。通过公共关系广告宣传企业，树立企业在公众心目中的良好形象。

2. 争取股东、消费者和企业近邻的信赖和支持

一个企业要在事业上取得成功，离不开内外环境的融洽和谐，这就是人们常说的“天时、地利、人和”。公共关系广告是一个企业公关战略的有机组成部分，是沟通企业与股东、企业与消费者、企业与近邻的关系，增进相互间的理解和信任的桥梁。

3. 增强员工的向心力和凝聚力

公关广告使企业在社会公众中建立起良好形象，有着知名度和美誉度，使本企业员工有着自豪感，必然产生一种对企业的信任感和依附感。全力维护企业形象和名誉，还可在共同目标下，员工和领导之间建立关心、信任的和谐关系，增强企业内部的向心力和凝聚力。

4. 消除公众对企业的误会

由于种种原因，往往使社会公众对企业产生某种误会而影响到企业的声

誉。公关广告如实地向社会宣传企业情况，使公众对企业有了客观公正的看法。对各种诬蔑不实之词和流言蜚语，要严正批驳，以正视听，维护企业形象，消除公众对企业的误解。

公共关系广告是一项长期的战略型宣传方式，它的主要作用体现在社会效益方面，致力于塑造统一的整体企业形象。然而企业形象的好坏直接影响到产品的销售，最终目的还是持久销售，提高经济效益。“爱我＋买我”，这就是公共关系广告的目的。

### 三、促销型公共关系活动的策划

市场营销是现代企业的一项重要管理职能，在市场经济条件下，企业的生存和发展决定于它的产品销售情况。运用公共关系推动市场营销有利于树立企业良好形象，沟通协调企业的内部及企业与社会公众的各种联系，有利于创造良好的市场营销环境。

（一）促销型公共关系的主要内容

促销型公共关系主要是利用公关的沟通功能、协调功能协调企业和社会公众之间的关系，争取公众的理解、认可和合作，达到促进企业产品、服务销售的目的。因此，促销型公关的主要内容也就是要协调好与有关公众的关系。

1. 正确处理企业和消费者的关系

消费者是企业的终端服务对象，他们对企业的印象和评价决定企业的生存和发展。因此，公共关系工作要树立以消费者为中心的思想，积极主动地处理好与消费者的关系，来促进消费者认同和接受企业产品。

(1) 做好消费者的需求调查，只有满足消费者需要的产品，才能赢得消费者。因此，做好消费者需求调查，是促进产品销售的前提。

例如：在一次市场调查中，海尔热水器的开发人员发现，农民更需要家庭洗浴设施，尤其是炎热的夏季，在地里劳累一天的农民需要洗澡解乏。但实际情况是很多地方没有自来水或者有自来水也经常停水。这种情况使农民无法使用靠水压启动的普通热水器。海尔人本着“用户需要什么，就设计什么”的理念，凭着自己的高科技实力，很快地开发了不受水压、水量限制的开口式零水压热水器，被农村消费者所接受。这使海尔热水器在激烈的竞争中争取了16％的市场占有率，几乎占前十名总份额的1/3。

同样，也正是海尔公司根据消费者的需求开发了能洗土豆、地瓜的洗衣机。原来，四川的农民喜欢用洗衣机洗土豆、地瓜等物，导致他们的洗衣机常常出现故障。当海尔公司得知这一信息后，马上组织技术人员进行攻关，解决洗衣机不能洗土豆、地瓜等物的缺陷。过了几个月，四川各地出售海尔洗衣机上都贴有“主要供洗衣服、土豆、地瓜等物”的标签。这种洗衣机的问世，给消费者带来了很大的方便，也为自己带来了无限商机。

（2）为消费者提供销售服务

销售服务包括售前、售中和售后服务。消费者至上，消费者是上帝。只有全心全意为消费者服务，在消费者心目中留下良好印象，才能树立良好企业形象和产品形象，才能从根本上为产品销售打开局面。以前，我国一些商店经常出现“商品售出，概不退换”的字样。一些企业面对消费者不是趾高气扬就是一副舍我其谁，拒人于千里之外的态度，置消费者利益和要求于不顾。这是缺乏公关意识的。企业不能树立消费者第一思想，必将自食其果。企业必须紧抓销售服务这个突破口，带动公共关系工作的开展。

①售前服务

售前服务是购买行为发生之前企业向潜在消费者提供的服务，如主动提供样品、商品说明书、现场操作表演、示范是谋求消费者合作的前提，这就要求售前服务要诚实、热情、耐心、主动，为产品和企业赢得良好的第一印象。例如：联想公司成立之初，组织具有高级职称的计算机专家进入销售一线，在他们所站的柜台前，总是挤满了计算机爱好者。他们从原理到技术，从硬件到软件，有问必答，现场示范，使计算机的使用知识得到普及，推动联想微机的销售，联想品牌得到消费者的认可。

在顾客购买产品之前，免费赠送有关样品或试用品，以介绍产品的性能、特点和使用方法，刺激消费者购买。例如：美国商人里力制作的口香糖在销售初期，顾客很少。里力就按照电话簿上刊载的地址给每个家庭免费送四块口香糖，他送了150万户，共600万块。几天后，孩子们吃完里力赠送的口香糖，都还要吃，家长们只好去买。从此，里力的口香糖市场打开了。

②售中服务

售中服务是企业在消费者在购买成交过程中提供的服务。企业树立消费者利益第一的思想，让利给消费者，互惠互利，促进销售。让利活动有抽奖促销，附加赠送，价格折扣等。还有方便消费者的活动，如以旧换新促进销售等。

价格折扣。

例如：哈尔滨某商场在“五一”期间优惠酬宾，即在“5 月 1 日～5 月 2 日”的上午 11：00～13：00 部分商品九折零售，使得这时间内消费者得到了优惠，花低价买真品，促进了销售。

附加赠送。

例如：奖品对孩子有很大诱惑力，麦当劳根据孩子的心理设计了一整套卡通人物形象，比如，家喻户晓的麦当劳叔叔、汉堡神偷、麦克警察和奶昔小精灵等卡通玩具作为奖品赠送给来麦当劳就餐的孩子。不少孩子声称到麦当劳最快乐的事是吃完汉堡包还能得到这样一件奇特的奖品。这样既起到促销效果，又树立了良好的企业形象。

以旧换新，惠民销售。

例如：上海华联超市推出了废电池以旧换新，保护环境，不让有害电池被乱扔，对新电池优惠出售，受到消费者普遍欢迎。通过电池“以旧换新”提高了人们的环保意识，又达到促销的目的，消费者得到了实惠。

③售后服务

是企业对已购买产品的消费者提供的服务，这是最富有公共关系色彩的活动。它对有效沟通消费者感情，获取消费者宝贵建议，以消费者亲自使用产品的事实来宣传企业，宣传产品。一个满意的消费者会影响 8 个人，这 8 个人中就会有一个人购买产品。而一个不满意的消费者会影响 24 个人，而这 24 个人的背后还有 24 个人。因此，“要拉住新顾客，必须先拉住老顾客”。现在企业提出口号叫“二次竞争”，第一次竞争的战场在销售点，那么第二次竞争就在售后服务。售后服务的方式很多，如包退包换、维修、安装调试、追踪服务、定期走访消费者、在重要时间向消费者赠送礼物等。

退货促销。

例如：英国有家商店，三个月内退货无需理由。有一次一位王姓台湾游客，来到伦敦这家商店，花了 600 英镑，买了一台最新品牌的数码相机，回家后觉得贵了。两个月后，他再次来到英国，到原购物商店不费事就退货了，退货理由就是“我不喜欢”。这家商店没有因为可以退货而影响生意，相反，由于树立信誉，生意越来越好。

追踪服务。

例如：小鸭集团推出了洗衣机售出后，追踪服务到家。顾客只要一个电话，马上上门解决问题，并且用七个“一”规范上门维修人员的操作行为，即：穿一套标准工作服；说一声麻烦你了；穿一双自备鞋套进门；带一块自备工作垫布；不喝一杯茶；不吸一支烟；请用户填一张监督卡。小鸭集团投资4 000万元，在全国大中城市设了70个服务点，培育了一支讲道德、守纪律、有技能的上门维修人员，实行24小时全天候服务，做到一律上门免费安装调试，一律终身上门服务，不收服务费，并每年一次定期上门维护保养，受到消费者好评。

郑州一消费者买了一台小鸭洗衣机，有一次，因过滤网没及时清理造成溢水，浸湿了家中的地毯。小鸭维修人员接到电话，及时赶到，当场解决问题并说明浸湿的地毯可以理赔。这位消费者感激不尽，现身说法，影响了周围大批消费者都购买小鸭洗衣机。到位的售后服务使小鸭集团树立了良好的企业形象和产品形象，获得广大消费者的认可和好感。

(3) 及时妥善地处理好消费者的投诉、质问、批评，平息消费者的不满，化解矛盾。美国捷运公司负责人曾说，我的公式是：处理好顾客的抱怨＝提高顾客的满意程度＝增强顾客认牌购买倾向＝更高的利润。

案例：1990年，青岛橡胶厂接到很多用户的投诉，反映鞋子质量问题，要求退货。原来前一段时间，厂里进了台湾产的不合格鞋面材料，用在PU老人健身鞋中，使这些不合格鞋流入市场。厂里有人主张悄悄解决这件事，谁来投诉就给谁退换。但厂领导研究决定，要登广告赔偿用户损失，于是，在1991年初《青岛日报》刊出了青岛橡胶九厂一则与众不同的广告。广告除了向用户致歉外还负责换鞋，赔偿损失。连同广告费，厂里共损失20余万元。但青岛橡胶九厂这种把用户利益看作高于一切的做法，深受公众的欢迎。1991年1月18日，《人民日报》在头版显著位置刊登了以《特殊广告》为题的新闻，用热情的笔调介绍该厂刊登"特殊广告"的经过和由来，赞扬他们对消费者的负责精神。这则新闻的发表大大提高了该厂的信誉和知名度，它使青岛橡胶九厂不仅迅速弥补了原来损失的20余万元，而且使企业进一步打开了市场，生意越来越红火。

2. 正确处理企业和经销商的关系

企业的产品和服务只有通过推销为消费者所接受才能实现其价值。推销商有两种，一种是企业自己直接推销，一种是通过经销商的间接销售。良好的经销商关系对促进产品的销售，宣传企业，维护企业产品信誉有重要作用。因此，企业要重视与经销商建立良好的公共关系。

(1) 企业向经销商提供产品要价廉物美，适销对路；和经销商之间要遵循互谅互让、互利互惠的原则，精诚合作，保持密切关系，谋求共同利益。

例如：雀巢公司一贯与经销商关系密切。在日本，雀巢公司完全与当地的批发零售系统融为一体。在泰国，为了与超市建立牢固关系，雀巢公司向他们提供了最新的库存系统，如“尼尔森太空人”系统，并教会他们如何使用。这使得雀巢公司在泰国超市销售从1989年只占其城市销量的8％到1994年扩大为45％。

（2）指导经销商确立公共关系目标。在把企业的产品推向消费者的过程中，经销商起着十分重要的作用。能否以优质服务、诚信对待消费者，不仅关系到经销商的信誉，也关系到企业的信誉。因此，企业应指导经销商确立公共关系目标，珍视商誉。

（3）企业要加强与经销商的沟通

由于经销商与消费者接触频繁，熟知消费者对产品的看法，企业要多听取经销商在产品设计、包装、广告方面的意见。企业应将产品性能、科研成果、企业政策方针等信息及时准确地向经销商介绍。企业要为经销商开展经销竞赛，增强他们的推销能力；举办产品展销会，向经销商展示新产品，使经销商能够透彻了解企业的生产能力和潜力，增加对企业的信心，大胆经销企业产品。

3．正确处理企业和供应商之间的关系

现代企业生产经营活动日益复杂，要维持正常生产，必须依靠供应商提供原料、零部件和设备等。供应商能否提供优质、价廉的商品和原料，直接影响企业产品或服务质量的优略，影响企业经济效益的好和坏，因此要与供应商处理好关系。企业要密切与供应商之间的关系，让他们了解企业，做到相互支持，真诚合作。主动收集供应商的意见，就物资的质量、价格等问题达成公正合理的协议，企业还要注意培养高素质采购人员，善于和供应商交往、沟通，达到企业和供应商之间互利互惠的双赢目的。

例如：有一段时间，麦当劳和土豆供应商在价格问题上产生纠纷，土豆供应商要求提高价格，而麦当劳坚持低价政策。麦当劳是这样说服土豆供应商的：你不是要利润吗？取得利润的办法有二，一是提高价格，二是提高需求量。提高价格要以降低需求量为前提，提高需求量要以降低价格为前提。只要需求量增加带来的利润扩大，超过价格提高带来的需求量的扩大，那么降低价格政策就是合理。经过推算，土豆商接受麦当劳的意见，并成为麦当劳的长期客户。

4. 正确处理同行之间合作关系

俗话说“天下大势，合久必分，分久必合”，竞争和合作是企业处理同行关系的主旋律。在一定时期一定范围内同行进行合作，目的是共同开发某项技术，或者学习对方的管理经验，或者利用对方的实力打入不易进入的市场。例如，1990年，英国路宝集团与日本本田汽车公司相互投资，各自以转让20%的股权形式结成联盟。这一合作，使得一直难以进入欧洲市场的日本汽车顺利进入了欧洲市场，使其市场范围进一步扩大，促进了汽车的销售。

5. 正确处理同不同行业之间的合作关系

不同行业之间不存在竞争关系，且可以优势互补，这就可以建立合作的伙伴关系。例如：“小天鹅”与“碧浪”在许多大专院校开办了“小天鹅——碧浪”洗衣房，用小天鹅洗衣机和碧浪洗衣粉来洗衣服。在“碧浪”洗衣粉包装上写着“推荐一流产品——小天鹅洗衣机”，“小天鹅”在销售时，则赠送“碧浪”洗衣粉给顾客试用。两企业配合十分默契，共同促进销售，达到双赢目的。

6. 正确处理与新闻媒介的关系

新闻媒介是企业的特殊公众，在传播和引导社会舆论方面有特别重要的作用。它既可以帮助企业走上成功之路，也可以使企业声名狼藉，由盛而衰。因此企业要建立良好的形象和信誉，就必须与新闻媒介建立良好的关系，争取他们的支持。

例如：Windows95 面市当天——1995年8月24日，微软没有为该产品投入任何广告费用，然而几乎所有的人都对此事一清二楚。《华尔街时报》大约用了3 000个标题，6 852篇文章及超过300万的文字进行报道。报道从该年7月1日起，一直延续到产品的面市，微软的全球分支机构也借助媒体进行报道宣传。当Windows95开始销售的时候，成千上万的人排长队购买。Windows95面市的第一周，仅在美国销售额就达到1.08亿元……

7. 正确处理同政府部门之间的关系

政府是对社会统一管理的权利机构。企业作为社会的组成部分，必须服从政府对整个社会的统一管理。所以，企业首先要了解政府，尊重主管部门工作人员，并保持密切联系。其次，要熟悉政策法规，善于利用政策的积极因素推动企业的发展。最后，要主动与政府部门沟通信息，协调关系，争取他们的支持。

1990 年，美国公共关系界评出 20 世纪 80 年代最糟案例是美国埃克森石油公司巨轮漏油事件，从反面说明了企业同政府处理好关系的重要性。1995 年埃克森公司的资产达 2 432 亿美元，它在美国 500 家大企业中居第三位，1995 年全球十大公司排名第九位，销售总额达 1 000 亿美元，纯利润达 50 亿美元。然而就是这样一个大公司，仅仅因为一件突发事件的处理不当，企业形象遭到损害，职工士气下降，西欧和美国的一些老客户纷纷抵制其产品，转而购买皇家壳牌产品。那是 1989 年 3 月 24 日，一艘美国埃克森公司的巨型油轮“瓦尔代兹号”在阿拉斯加州触礁，800 多万加仑原油泄漏，纯净的生态环境遭到严重破坏，附近海域的水产业受到很大损失。环境保护组织对这一突发事件感到伤心，加拿大和美国当地的和更高一层的政府官员敦促埃克森公司尽快采取措施解决这一突发事件。然而埃克森公司却无动于衷，并且对加拿大和美国当地政府傲慢无理。埃克森公司对待原油泄漏事件的恶劣态度激怒了加拿大和美国当地政府、环保组织以及新闻界，他们联合起来发起一场“反埃克森运动”。埃克森公司的石油财阀首领形象受到严重破坏，它在人们心中一下子变成了破坏环境、傲慢无理的公司。清洗、索赔加罚款，埃克森公司的直接损失高达几亿美元。西欧和美国的一些老客户纷纷抵制其产品，间接损失无法计算。直到 2004 年初，美国纽约一地区法院还勒令埃克森公司为 1989 年的漏油案向阿拉斯加人民支付 45 亿美元惩罚性损失赔偿及 22.5 亿美元的利息。

8. 正确处理同社区公众之间的关系

搞好企业同社区公众关系的关键是企业要采取睦邻政策，在社区树立一个守法的良好形象，主动向社区提供各方面支持，为社区公众服务，赢得社区公众的理解和支持。

日本企业日产追浜汽车制造厂与社区公众关系处理得特别好，他们把“与邻为善”作为自己的办厂宗旨，不仅将工厂的福利设施向周边居民开放，还定期邀请附近居民参加工厂庆典，并协助所在地区举办运动会和文艺活动。在他们厂房最显眼的位置，有一块很大的展板，上面贴着来此参观的小学生作文。很多小学生参观该厂后，纷纷表示长大了要买该厂生产的汽车。

（二）促销型公共关系的原则

1. 珍惜信誉、重视形象

企业在市场上树立了良好信誉和形象，其产品和服务才会得到消费者的认可和信赖，社会公众才会对企业产生好感。这样就会增加企业在市场上的竞争力。良好的信誉和形象是企业的无形资产，它是建立在社会公众理解、支持、赞誉基础之上的。

2. 热忱相待、互惠互利

在市场促销活动中必须注意从社会公众利益出发，重视社会效益，坚持维护消费者利益，防止损害消费者利益的行为，把利己和利他结合起来。“从长远来看，对公众有利的才会对企业有利”，应坚持公众利益与企业利益的平衡、协调。

3. 重视感情、真诚合作

公共关系是通过人际交往来实现，因此，在公共关系中应表现出人与人之间的关怀。真诚与合作，密切企业与社会公众的情感，扩大知名度，从而加深社会公众对企业的了解和信任，达到促进销售的目的。

4. 信息交流、双向沟通

企业一方面要根据社会公众的需求和建议，促使自己的生产经营计划、产品设计、服务质量都能更好地符合公众利益；另一方面，要通过宣传，对外传播信息，使公众了解自己。在市场经营中运用公共关系即必须有信息传播，也必须有信息的搜集反馈，为不断完善企业形象和产品形象提供依据。

5. 实事求是、目光长远

企业只有坚持长期不懈的努力，实事求是，客观公正并及时地搜集和发布信息，真实可信、目光长远才能逐步建立良好的公共关系，树立良好企业形象和产品形象，才能得到社会公众的理解和信赖，从而才能长时间地促进销售，占领市场。

**【思考题】**

1. 什么是促销？作用是什么？
2. 什么是促销组合？有哪几种形式？
3. 在促销中如何发挥公共关系的作用？

**【案例】**

## 零售大王——阿尔布雷希特兄弟

阿尔布雷希特兄弟——卡尔·阿尔布雷希特与奥特·阿尔布雷希特，不仅是联邦德国 1 824 家“阿尔迪”商店的大老板，也是美国、丹麦、奥地利、比利时等国数百家“阿尔迪”商店的大老板。

据统计，1986 年一年，联邦德国市民在食品、饮料、香烟、化妆品、清洁剂、洗衣粉等日用消费品的消费总额为 1 400 亿马克，而其中 20%，即 280 亿马克为阿尔布雷希特兄弟赚取。兄弟俩每天都要启动 1 000 多辆特别牵引车，将 3 万多吨的食品运往各分销店。在联邦德国，33%的罐头、蔬菜盒、25%的啤酒、果汁、汽水、牛奶、20%的色拉油、糕点、果酱、香肠、火腿、布丁制品、洗衣粉，均由“阿尔迪”商店出售。所以阿尔布雷希特兄弟的“阿尔迪”商店，被称作“联邦德国零售业大王”。

卡尔和奥特兄弟俩老家在埃森城。当时母亲开设一家小铺，维持一家人的生计。生活和经营的全部重担落在俩兄弟的肩上。这一年，卡尔 27 岁，奥特 25 岁。他俩拼命工作，但一年下来赚头很少。

有一天，兄弟俩来到一家“消费商店”，发现顾客盈门。在店门口有一张告示写到：凡来本店购物的顾客，请您把发票保存下来，到年末，可凭发票免费购买发票额 3%的商品……欢迎您的惠顾。兄弟俩回来后商量草拟了一份告示，贴在“阿尔迪”商店门口。告示内容：“尊敬的各位顾客：本店从即日起，开始实行降价让利销售，降价幅度为 3%，如果哪位顾客发现本店出售商品并非全市最低价，且所降低价格不到全市最低价的 3%，可到本店找回差价，并有奖励。顾客是本店的上帝。我们竭诚欢迎上帝惠顾敝店！致以崇高敬意。”

奇迹就在几天内出现了。“阿尔迪”商店门庭若市，顾客增加了好几倍。营业额也水涨船高。兄弟俩在高兴之余，又发现来“阿尔迪”商店购物的，一般是附近的居民，这还说明自己的生意有局限性。于是，为了扩大影响，他们在报纸、电台刊登和广播广告。

不久，新的购物潮在“阿尔迪”出现，营业员忙得不可开交，连库存货都卖光了。兄弟俩在本市增开了十几家连锁“阿尔迪”商店。“阿尔迪”在全市家喻户晓，大家都在传播“阿尔迪”是廉价商店，一般中下等市民、失业工人等都成了“阿尔迪”的常客。

生意兴隆，兄弟俩又扩大经营，将触角伸向外国。多特蒙特、科隆、杜塞尔多夫等地，相继出现了“阿尔迪”商店。

长期的经营工作中，阿尔布雷希特兄弟从成功中悟出了一个真理：对待顾客如对待上帝般虔诚，你就会赢得顾客；顾客对你忠实，你就不愁生意。兄弟俩据此立下一条规矩：无论在任何时间，任何情况下，对顾客都要像上帝般奉若神明。应该做到，“阿尔迪”商店的货品都有质量保证，特别是食品、饮料，都须经过严格检验，以令顾客买的放心。

有一天，兄弟俩收到一封来信，展开一读，呆住了。信上写到：“阿尔迪商店总经理先生：昨天我有幸到大名鼎鼎的‘阿尔迪’观光，顺便买了一袋橙果干，拿回家打开口袋吃的时候，觉得嘴里霉臭无比，令人作呕，我只好把橙果吐出来。想来贵店也实在辛苦——辛辛苦苦地把货品组织进店，又辛辛苦苦向顾客兜售发霉而廉价的食品。希望这种挂羊头卖狗肉的买卖，还是不要继续为好。至于价廉，敝人不敢恭维——因为发霉的破烂货只能送进垃圾箱，而不应冠以廉价的美名愚弄顾客……”兄弟俩读完信，决定首先向这位顾客致歉并赔偿，然后检查进货渠道与检验环节，及时加强管理，并向果品厂发出警告，再出现类似事件就取消合同；检验员扣除当月奖金。

不久那位提出批评意见的汉斯先生收到了一盒“金”牌咖啡和一封“阿尔迪”商店总经理的道歉信，信上写到：“尊敬的汉斯先生：首先对您深表谢意。因为从先生反映情况中，我们得知敝店所售食品尚有质量问题，为今后改进服务大有益处。您对橙果干的质量不满意，我们闻悉此事深感不安。为弥补所蒙受的损失，我们寄上一盒‘金’牌咖啡。”

汉斯接到咖啡和回信深感意外，此后他成为“阿尔迪”永久的顾客。

《消费经济》调查，1983 年有 3/4 联邦德国市民，即大约4 500万德国人曾到“阿尔迪”至少买过一次东西；有大约 1 100 万德国人是“阿尔迪”的常客——并且他们家中生活必需品的 1/3 都来自“阿尔迪”。这就是“阿尔迪”成功绝招。

**问题：** 1. 阿尔布雷希特兄弟是怎样从零售小贩变为零售大王？

2. 阿尔布雷希特兄弟的成功给我们什么启示？

3. 假如你是一位竞争者，你怎样从阿尔布雷希特兄弟“高招”中取得破其优势的“更高招”？

# 第十章　危机管理型公共关系

优秀的企业安度危机，平凡的企业在危机中消亡，只有伟大的企业在危机中发展自己。

——安迪格鲁夫（INTEL 公司前首席执行官）

**【本章要点】**

本章首先对公共关系危机的涵义、特点、类型作了简要的阐述，其次，介绍了公关危机处理的程序，并介绍了一些公关危机处理的策略与艺术。

**【核心概念】**

危机公关　危机处理　公关艺术

**【案例】**

## 奔驰的失败危机公关

沸沸扬扬的“砸奔驰事件”在国内外影响不小，成为 2002 年国内一个不小的事件。一家国际著名的公关公司总监在接受记者采访时认为，这是一个完全失败的危机公关案例，危机公关中的几大忌讳，奔驰几乎都犯了。

而在 2002 年 3 月 25 日，梅赛德斯——奔驰（中国）有限公司总裁麦基乐对他的公关失败做出检讨：“与客户沟通缺乏技巧。”

公关界人士对奔驰公关败笔有诸多评论，如反应迟缓、态度傲慢、渠道错误和国情不通等，但认为最不能容忍的失误是：对用户无端指责和威胁，使公司很快在公众中形成难以磨灭的傲慢自负的形象。

在“砸奔事件”中，奔驰公司的所有声明都有对消费者的指责，并给予它令人难以接受甚至反感的定性。第一辆奔驰被砸后，奔驰公司的声明是：“极端的、没有必要的行为”、“非理性的而且无意义的举动”、“不必要且侵害我公司权益的行为”。几顶大帽子盖下，又没有实质性的解决措施，连旁观者都看不下去。

在第二辆奔驰被砸后，奔驰的指责几乎升级为外交恐吓："希望王先生的行为不会给正在进行国际化的中国造成不良影响。"此时，奔驰给人的联想只有店大欺客和蛮横自负，结果使自己为解决这一事件做的很多努力都付诸东流。

其实，公关业人士在讥笑奔驰的处理不当时，也对这种结果丝毫不感到意外，甚至认为"这是迟早要发生的事"。因为说来令人难以置信：这个世界顶级品牌的汽车公司，在中国居然没有聘用一家专业的公关公司，当然就更没有"危机处理小组"和"危机对策中心"之类的机构。

由于没有专业公关代理，没有与媒体的长期联系，以至出现这种尴尬景象：大笔的公关费投下去，危难之际竟无一家媒体援手，这当然是由于记者的良心和正义或民族情绪或舆论压力，以至不愿或不便出手，但如真有心帮忙也会干着急——因为奔驰的应对措施伐善可陈。

奔驰公关的错位一目了然。首先是制度的刻板导致反应的迟缓，德国公司大多如此，稍大点儿的事要报总部层层审批，新闻稿和采访稿都要字斟句酌。

另外，奔驰公司显然是技术替代公关、律师替代公关，这是奔驰公关败笔最根本的原因。在奔驰的每次表态中，技术和律师都是主角，技术专家讲一通谁也听不懂的名词，律师再来一通不是每个人都能懂的术语，这些话可能都没有错，但别人听了却不是滋味，因为没有经过公关过滤和包装。奔驰可能没有意识到，让那些严谨而较真的律师取代公关真是一种灾难，因为他们对法律的忠诚和信仰真可以到什么都不管不顾的地步。

资料来源：案例分析：奔驰的失败危机公关，

www.emkt.com.cn2002－05－24

竞争时代，危机四伏。在商海大潮中搏击的企业随时随地会面临各种各样的危机，由于公共关系危机是突发性的，并且在传媒十分发达的今天，危机会在很短的时间内迅速而广泛地扩散，呈燎原之势。稍有不慎，就会对企业造成毁灭性打击，甚至危及生存。因而，公共关系人员必须了解公共关系危机的特点，掌握公共关系危机的基本原理和方法技巧，学会处理各种不同类型的公共关系危机，使组织的公共关系处于最佳状态，这样才能在商战中立于不败之地，始终"笑傲江湖"。

## 第一节　公共关系危机特点与类型

### 一、公共关系危机的涵义

公共关系危机也叫危机公关，它是指由于某些突发事件及重大问题的出现，影响组织生产经营活动的正常进行，对组织的生存、发展构成威胁，从而使组织形象受到严重损害。

组织发生危机的原因是多种多样的，在公关危机中，突发事件是危机公关的核心。这些事件既包括人为原因造成的，如经营决策失误、产品质量问题、工伤事故、政府制裁等；也包括由于自然原因造成的各种灾害，如洪水、地震、火山爆发等。无论是何种危机，它往往会给组织带来巨大的损失。若对危机处理不当，还会给组织带来灾难性的后果。“好事不出门，坏事传千里”，危机的到来常常会引起媒体和公众的广泛关注。危机事件会对组织的品牌形象、信誉及消费者和股东的信心造成严重的威胁和影响。一不留神，危机事件就会成为组织商海航行中碰到的一块暗礁，轻则帆破桅断；重则船毁人亡。因此，正确认识、高度重视危机公关的妥善处理，这是组织及组织公关部门和人员的重要任务。

### 二、公共关系危机的类型

天有不测风云，人有旦夕祸福，对组织而言，危机每时每刻都有发生的可能。并且，组织中存在的各种大大小小的问题与缺陷都有可能导致危机的发生。目前，社会组织中发生的各种公关危机主要有以下几种类型：

（一）信誉危机

信誉危机是指使组织信誉和组织形象都会遭到严重损害的危机。这种危机或是由于组织的产品、服务质量有问题，或是由于组织不能履行合同等原因，损害了消费者的权益而造成的。信誉危机是组织自身的“恶疾”，若不及时“医治”，往往会对组织造成重创甚至使组织走向毁灭。因而，一旦组织发生信誉危机，早诊断，早治疗才有可能还组织一线生机。如国内某知名保暖内衣企业，2002 年还被评为上海名牌产品，资产过亿，市场广泛，但 2003 年却因质量问题受到中国消费者协会的质疑，企业转眼之间走上了绝路，此后几乎绝迹于火暴的保暖内衣市场。

（二）市场危机

市场危机是指由于市场环境风云突变，或是消费者购买需求有变，竞争对手营销能力增强等原因导致的组织危机。如果说信誉危机是组织自身的“恶疾”，那么市场危机则是由于组织不能及时适应市场变化，用“以不变应万变”的死板态度去迎战变幻莫测的市场竞争的恶果。“流水不腐，户枢不蠹”，常变才能常新，常变才能长存。一条道走到黑，在瞬息万变的市场面前，自然是死路一条。

（三）管理危机

管理危机是由于组织领导决策失误或是管理不当造成的组织危机。我国目前有相当一些企业存在决策不当、管理不善、人才流失、投资失误等问题。管理水平的低下导致这些企业经济效益不佳，生存和发展步履维艰。若不立即做出决定性的变革，必将会使企业的生产经营严重恶化，最终也会使企业江河日下，日暮西山。管理不当的企业犹如患有“亚健康”的人，若不及时改变生活方式，加强锻炼，迟早有一天会从“亚健康”变成真疾病。如某保健品企业，由于没有对环境采取有效的分析评估，在缺乏稳健的资金保障和完善的管理机制下，采取激进的扩张战略，盲目进入房地产业，结果由一个拥有上亿资产的庞大企业集团迅速衰落，负债高达几亿。

（四）灾变危机

灾变危机是由于自然灾害和不可抗拒的社会灾乱而造成的组织危机，如受到暴雨、山洪、地震、雷击等自然灾害的侵袭；因战争、恐怖活动等因素使组织正常运营受到影响而引发的公关危机。灾变性危机大多是不以组织的意志为转移的突发性危机。如 2003 年的 SARS 危机、伊拉克战争危机、2004 年的禽流感危机，都使众多企业一夜之间遭受重创。

（五）媒体危机

媒体危机是由于组织因内部丑闻、重大事故、法律纠纷等被媒体曝光，或是由于媒体报道失实，使组织形象尤其是组织美誉度受到严重损害而发生的组织危机。现代社会是信息社会，媒体的影响力广泛而深远，公众对组织的印象大多是通过媒体获得的，因而，媒体危机往往会使组织失去公众的信任和支持，若不采取重大措施，危机是很难度过的。如某老字号食品企业使用陈馅做月饼，被中央电视台曝光后，非但不承认错误，反而振振有词地宣称“用陈馅做月饼是行业的普遍做法”，引起公众一片哗然。一时间，批评、起诉、索赔接踵而至，不久这家有着八十几年历史的老字号就宣告倒闭。

以上是组织常见的几种公关危机。除此之外，组织还会发生法律、政策、信贷、外交、素质等各种危机。

### 三、公共关系危机的特点

不管何种危机，一旦发生，对组织的危害都是十分巨大的。上述几种危机一般都具有这样几个基本特征：

（一）突发性

危机的到来往往是突如其来的。它们一般是在组织毫无防备的情况下，在很短时间内突然爆发。这是公关危机最明显的特点。因而，它往往会给组织带来混乱和惊恐，给组织的公关部门和公关工作带来意想不到的困难。危机事件就像猛然决堤的滔滔洪水一样，轰然而下，让人猝不及防。

（二）严重破坏性

危机事件的危害性很大。无论何种类型、何种规模的危机，都会给组织带来不同程度的破坏和损失。“病来如山倒，病去如抽丝”，尽管公关危机的性质、强度可能不同，但它们都会给组织带来巨大的经济损失和严重的“形象危机”，尤其是会破坏一个组织最宝贵的无形资产——形象和声誉。

（三）舆论关注性

如果一件事情虽然发生了，但还没有引起公众和媒体的关注，它还不是公关危机，仅仅是一个事件。危机事件往往会受到公众舆论的强烈关注，并成为各类媒体关注的焦点、热点。特别是近年来，媒体之间的竞争日益激烈，为吸引“眼球”，媒体记者们更是对爆炸性新闻孜孜以求，死盯不放。再加上新闻复制、传播异常迅速，互联网、新闻热线等互动方式吸引公众参与，更加大了公关危机的恶化和蔓延。火借风势，瞬间燎原。

## 第二节　公共关系危机处理程序

公共关系危机处理是公共关系工作的一项重要任务，它是指组织领导和公共关系人员针对由危机事件引起的公关危机事件，运用公关手段和方法进行处理，以维护组织良好形象，改善组织的公共关系状态的活动过程。

由于公共关系危机具有很大的破坏性，所以面对严重的公共关系危机局面，组织必须立即行动起来，通过各种有效手段，迅速控制危机事态，解决危机问题，扭转危急状态，使组织转危为安，创造出“柳暗花明又一村”的局面。

公共关系危机处理一般可分为以下几个步骤：

## 一、危机公关准备阶段

“人无远虑，必有近忧。”危机如同感冒病毒一样，预防是最有效、最简便、成本最低的方法。《伊索寓言》里有这样一个故事：森林里有一只野猪在不停地对着树干磨它的獠牙，一只狐狸见了后不解地问：“现在没看到猎人，你为什么不躺下来休息呢?”野猪回答道：“等到猎人出现时再磨牙就来不及啦!”当危机事件发生后再来解决，无论解决得如何，都免不了会给组织带来损害。因此，最明智的做法是及时地发现可能引起公共关系危机的各种征兆和苗头，排查出危机滋生的土壤，增强自身的“免疫力”，把危机化解在萌芽状态之中。这就需要制定切实可行的预防措施。

（一）危机预警

1. 树立危机意识

“生于忧患，死于安乐。”无论是组织领导还是公关人员都要居安思危，要树立强烈的危机意识和危机应变的心理准备。应当认识到：危机就像死亡与纳税一样，是不可避免的，必须为危机做好准备。只有这样，才能建立组织危机预警，有效地防止危机的发生。即使发生了危机，也能够很快做好相应的应对措施，把损失降低到最低程度并能很快得到解决。如美国波音公司，为让员工时刻有防范危机的意识，专门拍了一部纪录片，模拟公司倒闭的情形：因经营不善，大量的员工将下岗，生产停止，宣布倒闭。公司不断地给员工播放，起到了很好的效果。

2. 建立信息监测系统

要想保持身体健康，最好是定期到医院体检，不要等病倒了后再去看医生，组织也同样如此。许多危机在爆发前都会出现某些征兆，因此应当建立起高度灵敏、准确的信息监测系统，把它作为组织的“千里眼”、“顺风耳”。公共关系部门要发挥好收集信息的职能，广泛、及时地收集产品在市场上的信息、公众对组织的反映与评价、国家经济政策信息、竞争对手信息、重点客户信息等多方面信息，使组织能够未雨绸缪，胸有成竹。

（二）危机应变计划

危机预警固然重要，但发现问题后如何解决更加重要。此外，还有许多危机难以预料。因此，为了有准备地对付一切可能发生的危机，必须制订一个危机应变计划，根据这一计划来处理一切紧急发生的危机事件。否则将会只有招架之功，毫无还手之力。危机应变计划就像是汽车的备用胎，它可以在危急时刻帮助我们走出困境。

一个较完整的危机应变计划大致包括以下三项内容：

1. 设置危机管理机构

成立一个由组织行政人员和沟通专家组成的危机小组，熟悉所有运营环节，有足够的决策权力，这样的部门必须由组织最高领导者来担纲。机构人员应善于观察，长于沟通，勇于创新，敢于承担责任，一般由组织领导、本组织各方面的专家、公关部门和法律顾问组成，然后根据危机的具体情况，增加相应的如技术、财务、人事等方面的人员。这样，发生危机时，可以直接找专人负责处理。而在平时，肩负处理某项危机的人员就应有意识地做好各种应战准备。

2. 拟定危机应变计划

危机管理小组要负责拟定危机应变计划。要针对不同情况制定详细的方案计划。如：危机发生的概率、危机应对的负责人、危机应对策略及行动计划、应急计划等。拟定危机应变计划就像是出门旅行时随身携带的地图，它可以在我们迷路时帮助我们找到正确的方向，走出迷途。

3. 训练危机应急队伍

"养兵千日，用兵一时。"组织除设置危机管理机构、拟定危机应变计划外，不定期地举行不同范围的危机爆发模拟训练是使组织真正具有快速处理危机能力的有效手段。"实践是检验真理的唯一标准"，组织之所以具有良好的应变能力，是与其平时进行的危机模拟训练分不开的。可以通过假想最坏情况的危机彩排、模拟各种场景的出现来考核危机管理小组对紧急事件的反应能力，危机处理的知识和决策能力。模拟训练还可以使危机管理小组成员接受心理训练，以免真正危机到来时，紧张的心理妨碍其思维和决策。

## 二、危机处理阶段

当危机爆发后，公共关系人员或危机管理小组可按以下程序处理危机：

（一）调查情况，认识危机

组织一旦出现危机，公共关系人员应迅速根据具体情况做出反应，协助组织负责人调查危机发生的原因，鉴别危机的性质和严重程度。一般危机的爆发总是由于某种原因引起的，而且有一个发生和发展的过程。公共关系人员要及时、广泛地收集信息，调查清楚危机发生的原因、影响的范围和影响的公众，估计危机可能对公众和组织造成的后果等，这对于下一步的行动具有重要意义。“对症下药”，只有摸准了病症，才能谈得上如何治疗。这一阶段的工作往往是最富有挑战性的。在寻找危机发生的信息时，公共关系人员最好多听听组织中各种人的看法，并与自己的看法相互印证。

（二）制定对策，控制危机

危机爆发后，并不会自行消失，反而会迅速蔓延开来。危机从发生到产生大面积影响的时间一般不超过 24 小时，因此，处理危机时，反应速度是关键。速度越快，损失就越小。危机管理小组一旦认清某种危机后，就必须尽快制定相应的对策，并立即投入行动。“兵贵神速”，处理危机时切不可优柔寡断，否则只会贻误战机，使危机更加深重。

（三）总结教训，重塑形象

突发事件处理完后，危机处理工作并不等于就结束了，危机处理阶段过后，实际就进入了形象恢复期。只有组织形象重新树立起来以后，危机事件才算是全部结束了，组织才能真正谈得上是转危为安。在这一阶段，要做好善后处理工作，尽快恢复组织信誉与形象，重新取得公众的信任。“福兮祸所伏，祸兮福所依”，危机既是组织发展的陷阱，也可以是组织发展的机会。危机事件虽然会对组织的形象和声誉造成不同程度的损害，但是通过对危机进行处理，不但可以成功化解危机，而且“因祸得福”的例子也很多。好的处理方式可以失之东隅，收之桑榆。

**【案例】**

## 百事出招，将危机消灭于萌芽状态

6月初，国家质量监督检测检疫总局通报称，由四川省百事可乐饮料有限公司生产的一箱“七喜”柠檬味汽水二氧化碳指标显示为“偏低”。6月9日前后，很多媒体以《国家质检总局抽查饮品质量：三种饮料今夏别喝》、《百事一款“七喜”汽水上黑榜》等标题作了广泛报道，引起了消费者和经销商的强烈反应，销量迅速下滑。甚至有媒体深挖素材，抛出题为《百事“质检事件”爆黑幕　卖浓缩液赚超额利润?》的重磅炸弹。正所谓“山雨欲来风满楼，乌云压城城欲摧”，一场危机就要气势汹汹袭来。但百事可乐公司临阵不慌，有理有节地应对变故，出招“快、准、狠”，将危机消灭于萌芽状态，体现出了跨国公司的大家风范。

第一招：召开紧急会议，对处理危机进行部署。俗语说，好事不出门，坏事行千里。坏消息的传播速度总是远远快于好消息。百事公司深知其中厉害。因此在事件发生后，百事公司高度重视，立即召开了紧急会议，对危机处理的各项事务作了有条不紊的安排，从而争取到了时间和主动权，避免了混乱。

第二招：公司最高层亲自面对媒体，向媒体表明公司的重视程度。事件发生后，百事（中国）投资有限公司董事长亲自面对媒体，表示百事将“杜绝类似事情发生”。正是由于百事的真诚，取得了媒体和公众的理解和谅解。

第三招：与国家质检部门沟通，申请进行复检，以还其清白之身。百事明白，任由自己表白千句万句，但对于国家权威机构的通报，任何辩白都是苍白的。因此事件发生后，四川百事可乐饮料有限公司通过正常途径，向国家质检总局进行申诉，并委托四川省质检局对四川市场上不同时期不同阶段的产品作全面的检查。结果证明，质检部门12日的复检结果对平息危机起到了至关重要的作用，事实胜于雄辩。

第四招：启动检测系统，防患于未然。解决危机的一个关键方面，就是防止火上浇油，从而导致事态扩大。虽然百事对自己的产品质量有信心，但仍然立即启动了检测系统，以确保市面上的百事产品100%符合国家的标准，体现了对消费者负责的精神，赢得了消费者的好感。百事一直以来都依靠一个不受各地罐瓶厂控制的独立的检测系统来控制自己产品的质量。这个系统随机采样，抽取不同时间段的产品，对原材料采购、生产、仓储、运输、市场各个环节进行全面检查。

第五招：向公众解释通报结果，减少公众的恐慌。事件发生后，百事公司通过媒体向公众说明，二氧化碳的作用主要是调节口感，二氧化碳的含量高低不会对饮用者身体健康产生不良影响，国家质检总局现在检测的指标只有一个二氧化碳的指标不合格，还有十多项的指标检测，包括大肠杆菌、细菌的数量、有毒物质、食品添加剂等的标准，都是优于国家标准的。这些有理有据的解释，使公众正确认识了通报的内容，从而稳住了消费者的情绪，不至于产生恐慌心理。

第六招：动员媒体进行正面宣传。在这次危机中，百事表现出超乎寻常的媒体掌控能力。由于百事公司与众多媒体保持着良好的关系，因此大部分媒体在对此事件的报道中都表现得很克制，没有“墙倒众人推”。而且百事在接受媒体采访时，也非常积极地配合媒体，并未像某些企业常在危机公关时的“无可奉告”之类官样文章。这点从事件发生后众多媒体的报道中都可窥知一二。事件发生后，众多媒体都以《国家质检总局抽查：三种饮料质量不过关》、《国家质检总局：碳酸和果汁饮料合格率94.7%》等很中性的标题作了客观报道，而没有在标题上对百事指名道姓，丝毫没有在这次事件上大做文章，以争夺眼球的意图。要知道，在信息爆炸的时代，一篇文章能否被受众关注，80%在于标题！相反，当6月12日复检结果出来后，各媒体均以《七喜放心喝　产品质量监督检验所复检指标全合格》、《七喜饮料放心饮用》、《七喜饮料：复检合格》等醒目标题刊发了新闻，其态度和用意不言自明。

客观地说，这次事件给百事造成不利的品牌影响是肯定存在的，但由于百事的危机管理得当，把负面影响控制在一定的范围之内，使损失降低在最低限度。从6月9日出现负面新闻报道，到6月12日复检合格的报道铺天盖地，短短三天时间，百事公司即化险为夷，打了一场漂亮的危机管理战役。实际上，百事并未摆什么花架子，而是自始至终保持开放的态度，与媒体和公众进行坦诚的沟通，自始至终从公司最高层到公司执行层，都把消费者的利益放在首位。——而这些，恰恰正是危机管理的真谛所在。危机管理就如救火一样，必须迅速及时，必须措施得力，否则就会愈燃愈烈。

对于一个企业来讲，危机随时都有可能来临，但能不能出奇制胜，就要看企业平日的修炼了。这就是成功的企业和失败的企业对比之下的高明之处。

资料来源：游昌乔．百事出招，将危机消灭于萌芽状态．
南方都市报．2003年6月21日营销周刊

## 第三节　公共关系危机处理策略与艺术

如果把公共关系危机比作是悬在组织头上的达摩克利斯之剑，那么，它无疑是一把双刃剑：有的组织不幸中招，丧身剑下；有的组织则手持宝剑，披荆斩棘，顺利前行。在公共关系危机的处理过程中，要想做到如行云流水，任意所至，掌握处理公共关系危机的策略与艺术可以让组织得心应手，心想事成。

## 一、公共关系危机处理的策略

（一）迅速收回问题产品

当组织发生由于产品质量问题所造成的公共关系危机时，应该千方百计、不惜代价地收回所有在市场上的问题产品，并利用大众传媒广而告之，让消费者明确退回产品的方法。“顾客就是上帝”早已成为企业、商家的共识。当产品出现问题时，不论是谁的错，“上帝”没有错。因此，最基本的策略之一就是先收回问题产品，不能让消费者承担本不该由他们承担的后果。在此之后，再进一步详细追查问题产生的原因，采取相应的措施。这样才能取信于民，获得谅解。

2000 年，天津中美史克药业公司在“PPA”风波中耗费巨资，从全国市场上收回尚未销售的感冒药，让消费者看到了一个有责任感的企业，从而赢得公众的信任与嘉许。当其新一代感冒药上市后，大多数消费者表示出接受的态度。

（二）勇于赔偿公众损失

危机公关的前三条秘诀是：态度，态度，态度!!! 在危机发生后，公众和媒体要的不是辩解，而是承担责任。如果组织因为不合格产品使消费者利益受损，或是由于组织发生重大责任事故，对相关人员造成损害时，组织一定要表现出负责任的态度，勇于承担责任。组织应该在第一时间内向社会公众公开道歉并给予受害者相应的物质赔偿和精神赔偿。在危机中，组织要始终表现出对员工负责，对消费者负责，对社会负责的态度。以诚待人才能获得真诚回报。

1991 年，湖北美尔雅公司收到一封美国来信，指责美尔雅西服质量低劣。总经理为调查原因，亲自飞往美国，找到顾客。尽管调查得知这位顾客买的美尔雅西服只是少了一粒纽扣，但公司仍然诚恳道歉，并赔偿其经济损失。这位顾客深受感动，给当地媒体投稿，赞扬美尔雅讲究信誉，使美尔雅一时声名鹊起。

（三）积极沟通新闻媒体

及时、有效的沟通是危机处理的重要策略。媒体是组织与公众沟通交流的窗口，在危机事件中，媒体的配合往往起着关键性的作用。因而，危机发生后，应当指定专人积极主动地与新闻界联系，在第一时间内给记者提供全面、真实、权威的信息，使其及时准确地报道，并以此去影响公众、引导舆论。在危机发生后，采取以纸包火的态度，对新闻媒体说“无可奉告”其实是最愚蠢的方式。以纸包火只会越烧越旺，封锁消息则会让各种对组织更加不利的小道消息、流言蜚语乘虚而入，混淆是非。

2003年，我国东北某市发生“学生奶集体中毒事件”。事件发生后，当地政府及相关部门面对全国各地记者的采访，采取躲避、闭口政策，记者们到处碰软钉子，采访报道成了“捉迷藏”。这种封锁不仅无益于问题的解决，反而使社会上流言四起，人心惶惶，甚至让一些学生家长做出了过激行为，使政府的形象和公信力受到了极大的损害。

（四）及时公布危机原因

在明确了怎么说、对谁说、说什么后，组织就应该把危机真相尽快告诉媒体和公众。发生公共关系危机后，无论组织犯错与否，都要有一个正确的心态，向公众和媒体做出坦诚的解释，说明造成危机的原因。如果是自己的责任，应当勇于承认；如果是由于误解或是别人的故意陷害，则应通过各种手段使真相大白。事实上，很多危机的发生都源于媒体、公众对事实的误解和组织的不透明。即便是组织自身的责任，只要能开诚布公，人们还是会为其“敢于认错、知错就改、勇于负责”的态度叫好。其实，出了问题并不可怕，重要的是要主动找出问题所在，给大家一个明确的交代，只要有一种坦诚的态度和行动，公众会理解的。

20世纪80年代，美国最大的医药公司约翰逊联营公司曾面临一场生死存亡的“中毒事件”危机：有人因服用公司生产的“泰诺”止痛胶囊而死于氰中毒。一时舆论大哗。面对这一危急局面，公司一方面立即收回全部药品，另一方面积极配合美国医药管理局的调查，并向公众公布调查结果：在某地区，有人将氰化物倒入瓶内造成人为的污染。由于公司在处理危机事件过程中及时公布了产生危机的真正原因，再加上公司一系列真诚、正确的公关，最终赢得了公众的理解和支持，重新获得了公众的信任。

（五）努力塑造崭新形象

公共关系危机对于任何组织都是一场严峻的考验。危机的出现，或多或少都会使组织形象受到不同程度的损害。因此，在公共关系危机得到了妥善的处理后，组织内的危机管理部门还要针对形象受损的内容和程度，重点开展弥补形象缺陷的公共关系活动。在这一过程中，沟通仍然是关键。组织要密切保持与公众的联络与交往，敞开大门，欢迎公众和媒体的参观和了解，告诉公众组织新的工作进展和经营情况，同时拿出质量过硬的产品和一流的服务公之于世。另外，对政府进行真切的公关，积极参加社会公益活动，也可以有效地改善和提升组织的美誉度，从根本上改变公众对组织的不良印象，从而塑造崭新的组织形象。

## 二、公共关系危机处理的艺术

2004年3月26日，《北京晚报》刊出“40个假名牌今天曝光”的头版新闻，格兰仕空调赫然进入中国质量万里行促进会公布的首批40个涉嫌虚假宣传的假名牌行列。27日《北京青年报》、新浪网等20多家报刊网站纷纷刊载，在社会上引起很大反响。随后，工商管理部门开始对格兰仕集团进行调查，经销商、消费者纷纷来电咨询，有的地方消费者要求退货，有的商场要求撤柜。可谓四面楚歌，祸不单行。

格兰仕集团企划部迅速查明了被列入“黑名单”的真正原因：原来两年前上海某商场格兰仕空调货架上出现过“世界名牌”的字样，这完全是经销商的个人行为，后来质量万里行促进会曾致函过来，集团也立即进行了查处，并通知全国经销商禁用“世界名牌”作宣传。本以为事情已经了结，但没想到事隔两年之后，还弄出了个大麻烦。

鉴于这一事件对企业的巨大杀伤力，为最大限度地减少事件的负面影响，集团迅速出击“灭火”，上演了一场公关版的“生死时速”。集团首先发表了“严正声明”，要求有关部门慎重对待此次事件，澄清事实。3月27日晚，俞尧昌副总、赵为民总助等人火速赶往促进会进行协调沟通。3月30日在北京召开情况说明会，向媒体和公众解释事件真相，中国家电协会副秘书长陈钢在说明会上明确表示，不能接受“假名牌”的说法。4月2日，集团协同其他企业在京展开一场“‘世界名牌’风波法律研讨会”，会上法律专家纷纷就世界名牌的定义、评定机构和评定标准的合理性与合法性等问题进行探讨和提出质疑。4月5日，集团又在长沙召开媒体说明会。期间，企划部积极与全国的媒体沟通，澄清真相。从3月28日的《南方日报》开始，一直到4月底，全国共有几百家电视、报纸、杂志、网站等媒体对这一事件进行了报道。格兰仕卷入“世界名牌”风波引起了社会各界的高度关注，一些专家学者记者纷纷为格兰仕喊冤，连中央电视台《经济半小时》栏目也于4月初对俞副总进行了采访，并对此事件进行了报道。

由于企业不遗余力地摇旗呐喊，此事惊动了中央。4月底，经过整整一个月的苦苦公关和多方斡旋，中央宣传部、国家质量检验检疫总局、中国质量万里行促进会等部门联合发文，正式给格兰仕正名，认为格兰仕是“中国名牌”、“全国免检产品”。至此，格兰仕终于得以洗冤雪耻。因为企业的积极面对，这次风波反而使格兰仕声名大振，知名度大大增强，美誉度也提高不少，其真名牌形象通过这一事件更加深入民心。

格兰仕的危机处理非常具有自己的特点，这才避免了不必要的危机。所以在危机公关中，应该注意以下几个方面：

（一）快速

在非洲的大草原上，羚羊要想不被狮子、猎豹吃掉，一生下来就要不断地练习奔跑。只有飞快的速度才有可能躲过敌人，保全自己的性命。处理危机同样如此，只有快速地处理，才有可能战胜危机，尽量减少危机造成的损失。实际上，处理危机的第一准则就是要快，对所有危机的处理办法都应该采取尽可能快速的解决方案。如果像老牛拉破车一样慢慢吞吞，势必会扩大事态，造成更为严重的后果和更加惨重的损失。

（二）诚恳

处理危机的重要准则之一就是态度要诚恳。事实上，90%以上的危机恶化都与当事人采取了不当的态度有关。面对危机，一般来说，组织通常会有这样一些错误反应：心存侥幸，以为灾难不会降临到自己头上；理直气壮，对媒体、公众态度强硬；缩头政策，不愿或不敢面对现实；推卸责任，寻找替罪羔羊；隐瞒真相，拒绝报道……这些错误的态度恰如在熊熊燃烧的危机烈焰上又浇上了滚烫的热油，不但不能熄灭烈火，反而让火越烧越旺。实际上，危机发生后，公众与媒体不仅关注事实真相，在某种意义上更关注当事人对事件所采取的态度。所以，诚恳的态度是面对危机时能举重若轻的基础和关键。

（三）统一

处理危机时，在与媒体与公众的沟通过程中，组织一定要统一说话的声音。危机发生后，应立即确定对外宣传的基调和统一的发言人，只从一个渠道，用一个声音传递一种信息，做到始终如一，口径统一。如果组织领导一个声音，公关人员又发出另外一个声音，那么媒体和公众就会无所适从，对组织发出的信息表示怀疑，各种谣言、小道消息也会随即满天飞，使危机事态更加混乱和恶化。

【思考题】

1. 什么是公共关系危机？
2. 怎样预防公共关系危机？
3. 公共关系危机处理的策略有哪些？
4. 你认为公共关系危机处理的艺术有哪些？怎样才能妥善处理好公共关系危机？

【案例】

## 索尼彩电危机公关：日本企业一大亮点

2003年7月29日，索尼（中国）公司发布了一则《致索尼彩电用户的通知》函称，由于索尼有10款特丽珑电视机的零件有瑕疵，它们将在日本召回34万台“特丽珑”电视机。这是继索尼本月早些时候宣布在全球召回1.8万台Vaio笔记本电脑后又一因质量问题而大批量提供产品免费维修的事件。在中国市场，索尼公司并没有销售以上10个型号的彩电，但是，在1998年1月至1999年6月间，索尼在中国生产的少量21英寸彩电有6种型号也使用了该类电容器件。如有中国用户发现以上型号的索尼彩电出现类似情况，索尼在华顾客服务机构将会负责提供“恰当的检查及维修服务”，“如因此为您带来任何不便，我们表示真诚的歉意”。

与此同时，从索尼公司今年第一季度财政表来看，营运利润下降68%至166.7亿日元，去年同期为518.7亿日元。该季度集团净利润下降了98%，仅11.2亿日元约7 840万元人民币。

国内媒体报道了这两则消息，并且部分媒体对索尼在“召回”上存在的所谓的国别“歧视”进行了猛烈的抨击。针对索尼利润的大规模下降，国内媒体和舆论开始对索尼的模式以及战略进行“质疑”。索尼显然陷入了一次公关危机中。

**索尼危机公关可圈可点**

与“东芝笔记本电脑”事件相比，索尼中国公司在处理这次公关危机时显得临阵不慌，并主动出击，把可能会扩大的危机尽量弱化和降低扩散性，并正确地引导了媒体的舆论导向，避免了索尼在中国的品牌损伤，整体而言体现了跨国公司危机管理的风范，具有如下公关经验值得借鉴：

第一，积极与消费者沟通，争取主动性。在“地球村”时代，任何信息的传递和扩散都几乎是在瞬间完成的，比过去快了千百倍。在媒体越来越市场化的今天，“扒粪”与“揭黑幕”更是成为一些媒体生存和发展之道。对于像索尼这样的跨国公司的产品出现瑕疵，对媒体来说无异于一剂关乎民生的“猛料”。因此，索尼要想控制危机并引导舆论的走向就得与时间赛跑。几乎与日本同步，索尼中国公司在许多媒体都还不知情的情况下，主动在自己网站上公布了《致索尼彩电用户的通知》，把出现瑕疵产品事件的来龙去脉进行了描述，并提出了相关的解决办法。索尼此举与当年三菱“帕杰罗事件”中三菱公司试图掩耳盗铃、置消费者利益和损失于不顾的态度形成了鲜明的对比，在整个危机公关的开始阶段以积极的态度取得了主动权。我们不妨设想，如果索尼不积极主动地披露自己产品的问题而是被媒体曝光的话会是什么样子？

第二，指定新闻发言人，保证信息统一性和畅通性。一般来说，一旦企业危机发生，那么企业在成立危机特别处理小组的时候，第一个要做的事情就是确定信息的统一出口，因为公众和媒体都在焦急地等待着了解事件的更详细信息，那么企业的新闻发言人就必须确定，而且只能是一个人。新闻发言人至少是企业公共关系部经理或者主管公关项目的副总裁，直至公司最高层担纲。索尼在这次的危机公关中就很好地贯彻了这一思想，整个对外的声音只有索尼中国公司高级公关经理李曦，保证了与媒体信息沟通的统一性和畅通性。在回答媒体关于索尼彩电的“瑕疵”等问题时，李表现了一个高级公关经理应具备的新闻及公关技巧，给广大媒体提供了一个可靠的信息源，使媒体尽可能获得全面的信息，避免了各类无根据猜测的产生，减少了损失，挽回了形象。

第三，以真诚的态度面对消费者。索尼在致消费者的通知函中，虽含蓄却完整地表达了对消费者的四“R”公关原则：遗憾（Regret）、改革（Reform）、赔偿（Restitution）、恢复（Recovery），即一个组织要表达遗憾、保证解决措施到位、防止未来相同事件再次发生并且提供合理和适当的赔偿，直到安全摆脱这次危机。索尼公司所表达的对产品出现的问题表示了遗憾和歉意，对未来的产品表达了革新，对出现问题的产品免费维修等等，体现了一家跨国公司的管理风范和所应当承担的社会责任，说明他们是抱着解决问题的态度来处理这场危机的。而从“砸奔驰事件”、“东芝笔记本事件”、三菱“帕杰罗事件”、“日航事件”中，这些同样是国际公司的不正确的、缺乏诚意的态度不但会使消费者产生反感，导致事件升级，而且影响了其他消费者对这些公司及其产品的“忠诚度”与“美誉度”，品牌形象也受到极大的损伤。

第四，勇于承担责任。索尼在日本生产的彩电因瑕疵出现问题，索尼实行了“召回”，并免费检测和维修。在中国市场上出售的部分产品也存在着瑕疵，索尼详细地将这些产品型号和生产日期进行了公布，并向消费者表达了“索尼在华顾客服务机构将会负责为您提供恰当的检查及维修服务”、“如因此为您带来任何不便，我们表示真诚的歉意”，这其中包含的意思是可以做免费的“检查”，并公布了售后维修电话。这种做法显示了其勇于负责任的承担者的角色，这样反而赢得了消费者的理解和信赖，因为消费者和公众并不在乎问题本身，而更在乎你处理问题的态度。这与一些品牌的产品一旦出现瑕疵就任其流入市场，甚至当消费者发现产品有大量瑕疵的时候，竞相推诿，形成了鲜明的对比。索尼在这次公关危机中表现出的“我们确实有问题，我们正在着手解决这个问题”的态度，在广大消费者心目中树立了很负责任、你会想尽办法解决问题并且让他们满意的形象。

**由索尼危机管理引发的思考**

只要有危机存在，就会对企业造成影响。索尼的彩电危机还没有完全结束，因产品瑕疵而将日本产品“召回”但对中国用户安抚多少会在中国消费者心目中留下不利影响，最起码当初就应该及早发现问题而不去生产它。只是索尼采取了及时的必要的措施，将不利的影响减到了最低。事实也是这样，从 7 月 29 日索尼在其网站公布“用户函”到目前，媒体上出现对于索尼产品的负面报道并不多。索尼在日本利润大幅度下滑，虽然导致了国内部分媒体对于索尼神话的再反思，但是索尼自始至终谦和的态度，与媒体和公众进行开诚布公的沟通、尽可能减少对消费者的损失和危害等，起到了“以柔克刚”的良好效果。

同时，我们也发现，在索尼的危机公关也存在着一些值得我们去认真思考和吸取的东西。

媒体与企业公关角色的转换。由于日本制造的诸多名牌先后在中国市场由于危机管理的不妥当而出现了问题，比如东芝笔记本、三菱越野车、富士胶片等品牌在中国市场接连发生的信任危机。这些事件的发生使部分国人对于日货在中国的产品缺陷和赔偿行为一直耿耿于怀，全然不顾中国自身法律和制度方面存在着的一些“盲区”。像在美国等国家，如果产品存在质量问题，不仅要召回产品，还要给予巨额的赔偿，直到企业因赔偿而破产。国内的部分传媒更是借国内公众的民族心理做起文章，替公众发泄对日本产品的不满。同样，国内某著名门户网站对于索尼彩电事件以《经营不善质量下降，索尼不行了?》为题，进行了专题的报道和讨论。有的网友对于索尼这次有瑕疵产品事件更是上升到了“民族歧视”的高度，借以发泄对整个日本产品的不满。这种舆论导向使公众对企业产生了错误的理解，并把企业无端地推向了道德的审判台。

事实上，像索尼等国外一些企业的做法比起国内企业来说，还是有很多可圈可点之处的。国内企业的产品和行为出现问题的也比较多，它们更多的是采取“非常规”手段，并深谙中国媒体的操作与“公关”，永远置消费者的弱势地位和权益于不顾。

国内企业该保持什么样的立场值得关注。在索尼的公关危机中，国内某家电公司的彩电新闻发言人在接受记者采访的时候发表了这样的评论：“虽然洋家电近年来在中国市场上大举反扑，但没有一家市场占有率超过10%，而国内多家企业都在18%以上。索尼神话的破灭，更给本土彩电企业带来机会。中国彩电企业应抓住即将到来的数字化机会，踏踏实实做好自己未来高端彩电的研发和生产。”一番评论看似公允实则偏颇。实际上按照行业规矩，作为竞争对手，当一家企业身处危机的时候，另一家企业发表评论是不恰当的，最好的办法就是保持沉默。否则，不恰当的和不客观的评价一方面会影响同业之间的关系，另一方面会使自身的品牌形象遭受损失，而这种损失是在无形之中产生的。内行人士都可以看出上述彩电发言人的谬论所在：第一，跨国公司逐鹿中国追求的是利润，以核心技术取胜，推广的是高端产品，国内企业则以中、低端产品为主导，以量取胜，所以该新闻发言人以市场占有率为论据的评论是没有可比性的，逻辑错乱。第二，企业在发展的过程中遇到一点危机甚至短暂的利润下降的波折都是正常的，而该发言人所谓“索尼神话的破灭”实际已经构成了对竞争对手的贬低。

这些问题的出现很值得每一个企业人进行深入的思考，即在危机管理与危机公关中，如何使用巧妙的说辞既不误导媒体，也不伤害竞争对手。

资料来源：叶秉喜，庞亚辉．索尼彩电危机公关：日本企业一大亮点．博锐管理沙龙

# 第十一章 企业形象设计

善弈者，谋势；不善弈者，谋子。

——佚名

【本章要点】

本章主要介绍了企业形象的概念及价值效应；企业形象设计的步骤；MI、BI及VI等概念及企业产品形象、质量形象、竞争形象、外部设计等内容，这对更好地学习公共关系，理解公共关系的作用与功能具有不可替代的作用。

【核心概念】

企业形象　企业目标　包装策略

## 第一节 企业形象涵义与内容

### 一、企业形象的含义

企业形象是企业形象识别系统的简称，英文是 Corporate Identity System，简写为CIS，它是现代企业通过企业形式的设计和宣传，树立企业形象，增强企业公众（包括企业员工）归属意识的完整体系，是企业状况的综合反映。

企业形象是企业在与社会公众通过传播媒介或其他接触的过程中形成的，包括公众形象、公众态度和公众舆论三个层次。在印象的基础上，加入人们的判断，进而形成具有内在性、倾向性和相对稳定性的公众态度，多数人的肯定或否定的态度才能形成舆论。公众舆论通过大众传播媒介和其他途径反复作用于人脑，最后影响人的行为。企业形象的好坏关键在于企业能否向顾客提供满意的商品或服务。

## 二、企业形象（CI）的内容

根据企业形象的三个层次，可以将企业形象识别（CI）分为企业理念识别（MI）、企业行为识别（BI）和企业视觉识别（VI）三个层次。

（一）理念识别（MI）

理念识别的英文全称 Mind Identity，就是一个企业由于具有独特的经营哲学、宗旨、目标、精神、道德、作风等而区别于其他企业。MI 是 CI 的灵魂和整体系统的原动力，它对 BI 和 VI 具有决定作用并通过 BI、VI 表现出来。

（二）行为识别（BI）

行为识别的英文全称 Behavoir Identity，是企业动态的识别活动，对内引起全体员工的共识，对外使别人能了解、回顾而做的宣传活动。它主要包括对员工的教育训练，如公害对策、服务培训、技术比赛、促销活动、公关活动等。BI 是企业形象的动态识别形式，不同于企业名称、标志等静态识别形式，是 MI 的最主要载体。

（三）视觉识别（VI）

视觉识别 VI 的英文全称 Vision Identity，是指一个企业由于独特的名称、标志、标准字、标准色等视觉要素而区别于其他企业。VI 是 CI 中最形象直观、最具有冲击力的部分。所有这些视觉因素，一方面组成了企业的视觉系统，另一方面又直接影响人们的视觉角度，以及留下什么样的企业形象。

## 三、企业形象设计的准则

企业形象是顾客对企业的评价与印象，而不是企业自我评价与自我感觉。顾客对企业的评价和印象既可以通过购买企业产品和接受企业服务来产生，也可以通过各种新闻媒介的传播来形成。例如，一位从未在希尔顿饭店住过的人，通过各种新闻媒介对希尔顿饭店的优质服务态度、高质量的服务水平和现代化设施的介绍，同样可以对希尔顿饭店做出肯定与好评。这说明，树立企业形象要将着眼点放在顾客和消费者通过各种途径了解企业产品和服务上。为此，在企业形象设计中要注意掌握好以下准则：

1. 企业形象设计具有长期性；
2. 企业形象设计要充分运用传播媒介；

3. 企业形象设计要注意发挥企业优势；

4. 企业形象设计要有社会主人感。

## 四、企业形象设计的步骤

企业的形象是靠长期的沟通体系建立起来的，对企业形象的设计应该从沟通着手。通过良好的沟通，消除消费者心中的阴影，建立起良好的印象，这需要企业经过以下步骤来完成：

1. 分析企业的经营环境；

2. 企业形象的策略规划；

3. 企业形象的设计与传播；

4. 企业形象的推动与塑造；

5. 企业形象的标准化与提高。

## 五、企业形象的价值效应

长期以来，人们对企业形象缺乏足够的重视，认为企业的生存、发展完全取决于产品质量、新产品开发等方面的问题。在当代，没有著名的企业标志就没有市场，企业名称和商标是企业的无形资产和第二生命。只有有了流芳百世的企业标志，才会有永不枯萎的生命。企业形象设计的好坏和企业形象宣传的方法与时机正确与否，影响信息能否有效地传递到顾客和企业良好形象的形成。企业形象从短期效果来看似乎是虚幻的东西，但从长期效果来看，企业形象却是企业经营活动中最为宝贵的无形资源。在市场经济逐步完善、市场日趋繁荣、竞争越发激烈的今天，良好的企业形象更是企业经营过程中不可多得的、无形的、宝贵的资源，它可以为企业带来一些意想不到的结果。企业形象的价值效应具体包括：

1. 企业形象创造消费信心；

2. 企业形象是适应竞争的需要；

3. 企业形象形成“人和”的环境；

4. 企业形象适应外部经营环境；

5. 良好的企业形象可以不断吸引人才；

6. 具有良好的企业形象的企业必能反馈社会。

【案例】

## 杜邦公司企业形象重新定位案例

调查显示，杜邦目前在人们心中仍是一家以发明伟大的原材料，生产传统化学品的“化学公司”。而从 1935 年使用至今的企业口号“生产优质产品，开创美好生活”专注的是杜邦的产品。为了更好地反映杜邦公司今后发展的方向，杜邦公司决定对其企业的定位进行调整，使其能反映出企业发展策略的转移以及企业形象的改变。进入 21 世纪，科学在各个方面都日益成为人们日常生活的一部分。杜邦在科学研究方面有相当长的历史，我们的调查资料显示杜邦是为数不多的被公认为具有科学实力的公司之一，而且目前杜邦正在将自己发展成为一个增长更快、知识含量更高的公司。杜邦意识到，一个能独特地表述公司精髓的新企业定位，对于加快公司发展进程极为重要。因此，杜邦公司特别邀请了四家代理公司为杜邦的新定位进行设计。各相关公司为此做了大量的市场调查，并提出了相应的建议。最后“创造科学奇迹”脱颖而出。杜邦公司充分认识到，企业的重新定位不仅仅是一个新的企业口号或一个新的广告运动。“创造科学奇迹”这个新定位是一个长期的努力，她独特地描述了公司进一步发展的方向，是杜邦进行企业改革的一个重要部分。我们将它称为公司在 200 年历史中的第三次自我重塑。

在近 200 年的发展进程中，杜邦一直领先于所处的时代，所创造的科技飞跃成为人类科技进步的里程碑，印证了人们对科学真谛的不懈追求，对人类的生产和生活均产生了革命性的影响。如掀起现代材料大革命的尼龙，20 世纪 20 年代氯丁橡胶的首次合成以及 60 年代莱卡弹性纤维、NOMEX 和凯芙拉高熔点芳香族聚酰胺纤维的发明，80 年代环保农药磺酰脲类的推出，1998 年日服一次的艾滋病药 SUSTIVA 的上市。杜邦人用科技的成就及技术的飞跃不断给世界带来科学奇迹。

现在这一新的定位，使杜邦公司的传统和未来得以保持一致，使杜邦公司的战略方向和可持续发展的使命相一致。

**项目策划**

杜邦在世界各地的员工参加了选择“创造科学奇迹”为公司新定位的决策过程。在“创造科学奇迹”被选定为公司的新口号之前，杜邦在各主要国家，其中包括中国进行了调查，结果显示她为各个地区的员工所喜爱。许多员工说：“它反映了公司的发明与创新及我们的未来，令我们为成为杜邦一员而感到自豪。”

为了推出企业的新定位，杜邦公司采取了一系列的宣传步骤来配合新定位的实施。最为突出的是在所有的对外宣传活动开始之前，公司首先与员工进行沟通，使每一位员工理解公司的新定位及新的发展方向。除了召开员工会议外，员工通讯，公司内部网都刊登了有关的内容。下述有关推广新定位的具体时间的安排就能说明公司员工在这个活动中的作用：

1.1999 年 3 月：在公司上一年度年报上推出（内部）。

2.1999 年 4 月、5 月：在杜邦杂志，各国或地区的员工通讯中推出（内部）。

3.1999 年 4 月底：在美国、亚洲和欧洲推出印刷广告（外部）。

4.1999 年 9 月：在美国、亚洲和欧洲推出电视广告（外部）。

**项目实施**

1999 年 4 月 28 日，杜邦公司董事长、首席执行官贺利得先生向董事会解释新的企业定位。

4 月 29 日起，一个 8 页的预告式平面广告在美国华尔街时报、欧洲金融时报上刊登。

5 月初，公司开始了与客户的沟通，客户收到的资料包括告客户书、预告式平面广告的重印件及有关新定位内容的新一期的杜邦杂志。

9 月 2 日，杜邦公司全球副总裁凯瑟琳·福特女士专程来到北京召开新闻发布会，向中国媒介介绍了杜邦的新企业定位。

9 月 20 日，杜邦召开全球员工电视会议，在会上首次播映了新的企业形象电视广告。

9 月 22 日，杜邦公司董事长、首席执行官在美国纽约召开新闻发布会，向各国媒介介绍杜邦的企业定位及新的企业形象电视广告。

9 月底，杜邦的企业形象广告“为地球做的事”的平面和电视广告在全球范围内正式投放。在中国，杜邦还展开了一系列的活动来更好地配合企业新定位在中国的实施。

10 月 8 日，由杜邦公司协办的’99 上海科技节主题报告会在新落成的上海国际会议中心举行。杜邦总公司副总裁、全球非织造物业务总经理彭定中博士在会上概述了杜邦为成为一家全球领先的科学公司所做的努力，其中包括在生物科技及材料科学方面的研究与发展。

12 月 21 日，杜邦公司与国家科学技术部举行新闻发布会，杜邦公司全球副总裁彭定中博士在北京宣布，杜邦公司将向国家科学技术部捐资300万元设立“杜邦科技创新奖”，用于奖励在推动科技事业发展中做出突出贡献的本地科技人员。

1999年，杜邦还参与筹建中国科技馆二期工程的高科技材料展示区，宣传科普知识，展示杜邦高科技材料为人类生活带来的奇迹。

**项目评估**

杜邦推出“创造科学奇迹”的新定位已有半年，整个活动引起了较大反响，媒介的反应相当踊跃，各地的报纸，电台和电视台都作了报道（数十家媒体作了相应的报道，其中包括CCTV的新闻和北京人民广播电台的新闻等）。

资料来源：杜邦企业新定位企业形象案例，
http：//www.wocaoma.com/

## 第二节　企业形象设计结构

企业形象设计是企业身份的实现和塑造过程。企业通过理念识别、行为识别和视觉识别三个层次的塑造，向外界传递信息、展示企业特色，促进企业与社会及公众之间的相互了解，协调彼此之间的关系，为企业树立良好的形象和信誉，并利用企业形象资源的优势，为企业的生存与发展提供良好的外部环境。它是现代企业寻求竞争优势的行之有效的工具。

### 一、企业理念识别设计

（一）企业理念识别设计的原则

1. 实践性原则

企业最高目标、哲学、精神、道德、作风、宗旨等等是对企业长期经营发展过程中不断总结提炼并积极吸收外部先进因素的结果，同时企业理念又必须能指导今后的企业实践工作，并在实践中经受检验，得到发展。

2. 个性原则

不同的企业，在其员工中的群体价值观、经营方针、思考和处理问题的方式方法、团体风气等方面具有特殊性，这些特殊性总结提炼的结果必然形成企业理念的个性特色。没有个性的企业理念，必将导致缺乏活力的企业文化。

3. 持久性原则

企业理念是企业生产经营实践的方向标，应该能够在今后相当长一段时间内具有生命活力。这就要求在进行企业理念设计时必须站在历史的高度、时代的高度，吸引先进的社会思想文化观念，能够预见企业未来的发展趋势。

（二）设计企业理念的主要因素

1. 企业目标的设置

目标是组织或个人在一个时期内通过努力而希望获得的成果。“没有目标信念的人是经不起风浪的。由许多人组成的企业更是如此。以谋生为目的结成的团体或企业是没有前途的。”（韩国现代财团创始人郑周永语）

目前世界上最流行的目标模式并非“经济利益最大化”，而是树立一种将企业的经济动机与社会责任相结合的多目标模式，企业目标实现了从单一目标向多目标体系的转变（见下表）。

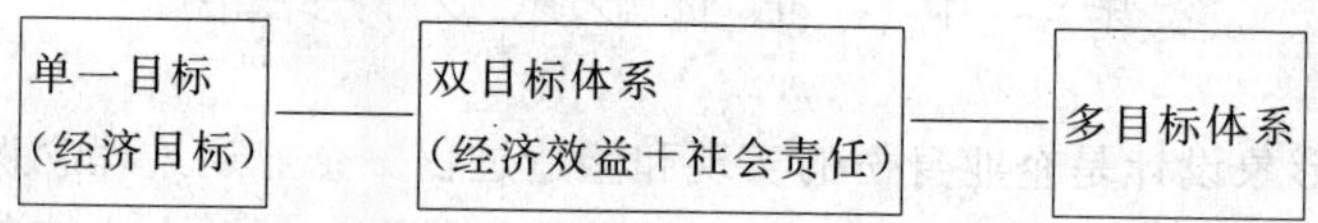


管理学家德鲁克认为一个成功企业应该在八个方面建立自己的目标体系：(1) 市场方面；(2) 技术进步和发展方面；(3) 提高生产力方面；(4) 物质和金融资源方面；(5) 利润方面；(6) 人力资源方面；(7) 员工积极性方面；(8) 社会责任方面。美国著名的高科技公司——HP公司树立了七个目标：利润、客户、感兴趣的领域、增长、人(育人)、管理和社会责任。

在企业的多目标体系中，企业最高目标是全体员工共同价值观的集中体现。只有确定了最高目标，才能够确定整个目标体系，确定企业的其他理念。例如：

环宇集体的企业目标——赶超世界先进水平；

天津达仁堂制药厂的企业目标——振兴中药，造福人民；

长虹集团的企业目标——产业报国，民族兴旺；

四通公司的企业目标——中国的IBM，世界的四通；

海尔集团的企业目标——创造中国的世界名牌。

由此可以看出：成功的企业总是把对国家、社会的贡献作为本企业的最高目标。只有树立崇高的目标，才能够把企业组织和员工的追求集合起来，形成合力。

2. 企业哲学的提炼

企业哲学即企业思想、原则，是企业经营管理经验和理论的高度总结和概括，也称之为企业经营哲学或经营原则。企业哲学应该涵盖的基本内容是“企业与社会的关系”、“企业与员工（顾客）的关系”。下面列举一些成功企业的经营哲学：

顺应天时，借助地利，营造人和（衡水电机厂）；

开拓则生，守旧则死（深圳光明华侨电子公司）；

暖字当头（重庆市家具一厂）；

仁心待人，严格待事（瑞士劳力士手表公司）；

大则死，小则活（日本太阳企业集团）；

以科学技术为经，合理管理为纬（日本丰田公司）。

**二、企业行为识别设计**

在确定企业理念之后，关键是如何将这些企业理念在实践中加以贯彻实施。制度是路线的保证，设计企业行为识别系统，形成科学合理的企业制度体系，正是MI设计得以落实的根本保证。

（一）工作制度设计

1. 分配制度

分配制度是企业最基本、最重要的制度之一。现阶段我国的分配制度是按劳分配与按生产要素分配相结合，公平分配与经济效率相统一，市场机制、宏观调控机制、社会保障机制相协调。法约尔曾经提出：“报酬应能够激起工人的热情，但不能超过合理的限度。”因此企业在制定分配制度时必须正确处理好收入增加与劳动生产率增长两者之间的关系，既充分考虑积累的份额，为企业的发展保持后劲，又必须不断增加员工收入水平，满足大家对物质和精神生活需要的增长。

2. 奖励和惩罚制度

激励是调动员工积极性的主要手段，也是提高员工素质的有力杠杆，还可以塑造良好企业形象，建设优良的企业文化。惩罚是一种负激励，如何搞好惩罚也是企业管理中的重要问题，企业在制定奖励制度时应该做到：

（1）企业目标与员工个人目标相结合；

（2）物质激励和精神激励相结合；

（3）外在激励与内在激励相结合；

（4）正激励与负激励相结合；

（5）民主公正，按需激励。

（二）员工行为规范的设计

1. 仪表仪容

企业出于安全的需要即根据法规政策要求对员工实行劳动保护，如建筑企业要求工人在工地上必须戴安全帽，工厂要求金工车间的女工必须留短发或把头发盘起来；金融业对工作服的严格规定则是金融安全。出于质量的需要，制药业、食品加工业、餐饮业等行业为了保证药品、食品卫生，要求员工穿工作服、戴卫生口罩，而微电子、精密仪器等行业则为了保护产品的精度对工作环境有严格规定。每一名员工都代表着企业形象，员工形象最容易感受到的就是员工的外在形象。我们知道，第一印象是非常重要的，而仪表仪容方面统一规范要求的目的是树立具有特色的企业形象，增强企业的凝聚力。

2. 岗位纪律

这里所讲的岗位纪律一般是员工个体在工作中必须遵守的一些共性的要求，其目的是保证每一个工作岗位的正常运转。一般包括以下内容：

（1）作息制度，即上下班的时间规定和要求。一般都要求员工不得迟到、早退和中途溜号，这是企业最基本的纪律。有的企业作风涣散，往往就是没有严格的作息时间或不能严格执行作息制度造成的。

（2）请销假制度。这是根据国家规定，对病假、事假、旷工等进行区分，并就请、销假做出规定，以及对法定节假日的说明。如果缺乏这些要求，可能导致个别员工钻空子而影响整个企业制度的严肃性。

（3）保密制度。每个企业都有属于自己的技术、工艺、商业、人事、财务等方面的企业秘密，保守这些秘密是企业的一项重要纪律，绝大多数企业都对此有严格的规定。此外，在一些高新技术企业，还对知识产权保护做出了具体规定。

（4）工作状态要求。这是对员工在岗位工作中的规定，除肯定的提法“工作认真”、“以良好精神状态投入工作”等等之外，一般用“不准”、“严禁”的否定形式来进行具体要求，如“不准聊天”、“不准打私人电话”等。

3. 待人接物

由于现代企业越来越多地受外部环境的影响，企业对外交往活动的频率、形式和内容都因此有较大增加，对员工待人接物方面的规范性要求不仅是塑造企业形象的需要，而且也是培养高素质员工的必要途径之一。待人接物规范涉及的内容比较复杂，主要包括礼貌用语、基本礼节、电话礼仪、接待礼仪、登门拜访等方面。

（1）礼貌用语。文明首先是语言文明，语言美是待人接物最起码的要求。一个文明的企业里，“您”、“谢谢”、“对不起”、“没关系”等应该成为员工最习惯用语，而脏话、粗话应该是被禁止使用的；在一些正式场合，连口头禅、俗语等都是被禁止的。

（2）基本礼节。待人接物的基本礼节包括坐、立、行姿态及表情、手势、握手等等。于细微处见精神。员工在这些细节方面是否得体将在很大程度上影响外界对企业的看法。

（3）电话礼仪。电话是现代企业与外部交往的一个重要渠道和形象展示的窗口，电话礼仪因此成为员工待人接物需要十分注意的一方面。企业常常规定“电话铃响后应迅速接听”、“第一句话要说‘你好，这里是某某公司’”、“电话用语要简明”、“对方所讲的重要事情要作书面记录”等等。

（4）接待客人。这里的客人包括客户、关系单位人员、一般来访者，尽管其来意不同、对企业的重要性不同，但在接待客人的基本要求方面，一些企业根据自身实际还做出了许多其他具体的规定。

（5）登门拜访。企业为了推销产品、售后服务、争取资源、协调关系，就需要登门拜访。登门拜访的对象可能涉及用户、潜在用户和政府、社区等重要关系者。登门拜访，第一是要提前预约，避免成为不速之客；第二是要做好充分的准备，以保证在有限的时间内达到拜访的目的，企业可以有相应的规定。

4. 环境与安全

环境方面，企业在环境保护方面对员工提出一定的要求，不仅有利于营造和维护企业良好的生产、生活环境，而且对于塑造良好的企业视觉形象也有直接帮助。保护环境规范主要有办公室、车间、企业公共场所方面的清洁卫生以及保护水源、大气、绿化等要求，需要根据企业实际需要而定。安全方面，根据马斯洛的需要层次理论，安全需要是员工基本的需要之一，维护企业生产安全和员工行为规范应该包含的部分。针对不同企业的情况，安全规范有很大的差别。例如，交通、运输、旅游等行业一般提出安全规范，而化工企业则对有害的化学物品的管理和有关操作程序有严格规定，电力行业则对电力操作、电气安全有相应规范。

### 三、企业视觉识别设计

企业名称、标志、标准字、标准色是构成企业视觉形象的基础，集中体现企业文化精神层的要求，充分传达企业理念。

（一）企业名称设计

企业名称设计一般应符合下列特点：

1. 个性

企业名称是构成企业的基本元素，是企业重要的无形资产，是一家企业区别于其他企业的根本标志。企业名称一旦注册，便受到法律的保护，因此在确定企业名称时，首先要考虑不得与其他企业名称相同，也要尽量避免与其他企业名称相似，否则便是侵犯了其他企业的合法权利，给企业造成很大的损失。有一些企业故意将企业名称或商品名称弄得与某著名企业或名牌产品差不多，以达到以假乱真、牟取暴利的目的，应予以坚决制止。

2. 名实相符

在确定企业名称时，无论采用什么办法，都应该坚持实事求是、名实相符，较好地传达企业实态。某地在 20 世纪 80 年代乡镇企业蓬勃发展的时候，不少企业唯恐自己的名称太小，在竞争中吃亏，于是盲目攀比，你叫“中国××厂”，我就改名“世界××公司”或“环球××集团”，全不顾自己有什么实力，结果闹出了不少笑话。企业名称不但要与企业规模、经营范围等相一致，而且必须与企业目标、企业宗旨、企业精神、企业道德、企业风气等相协调。

（二）企业标志设计

企业标志是企业的文字名称、图案或文字图案相结合的一种平面设计。标志是企业整体形象的浓缩和集中表现，是企业目标、企业哲学、企业精神等的载体。企业标志在设计时应遵循个性、民族性、简易、艺术性、持久性和适应性原则。

（三）企业标准字设计

标准字是企业名称或品牌名称经过设计后确定下来的规范化的平面（乃至立体）表达形式。作为企业视觉形象的核心要素之一，标准字与企业标志及商标一样，能够表达丰富的内涵。同样的企业文化精神层和制度层，如果借助不同形式文字的视觉识别，就可能使人产生有差别甚至完全不同的理解，即形象差异。因此标准字一旦确定，不能随意改动，企业要在各种正式场合和传播媒介中广泛使用。只有这样，企业和反复出现的标准字一样，才能在公众心中形成稳固可靠的良好形象。例如，有一则湘泉系列酒的电视广告片，画面的视觉中心位置有一个字体不断变化的“酒”字，从篆书、隶书到宋体，使人觉得这一品牌的酒不但具有悠久的历史，而且文化气息深厚，顿生一饮为快的愿望。

（四）企业标准色设计

企业标准色是指经过设计后被选定的代表企业形象的特定色彩。标准色一般是一种或多种颜色的组合，常常是企业形象的特定色彩，与企业标志、标准字等配合使用，被广泛应用于企业广告、包装、服饰及其他公共关系用品中。毫无疑问，标准色是企业 VI 策划中重要的基本设计要素。标准色要充分反映企业理念，具有显著的个性特点，符合社会公众心理。

## 第三节 塑造企业形象的策略

### 一、产品形象设计

企业是靠产品生存的，对企业来说，一切宣传都围绕产品，使产品能销得出去，为社会所接受。只有企业自身的劳动最终转化为社会劳动，才能取得效益。从一定意义上讲产品形象代表了企业形象。企业必须以产品为中心，树立良好的产品形象。

（一）产品的命名

企业及企业产品的“牌子”对消费者的选购有直接影响，企业产品命名的好坏，与产品销售之间关系极大。命名恰当，可以扩大影响，增加销售；命名不当，则可能减少销量。日本学者山上定也指出：“现在销售商品的条件是什么？一是命名，二是宣传，三是经营，四是技术。”他把命名列为畅销商品的第一条件。

1. 产品的命名具有以下功能

（1）牌名是企业文化的缩影和体现，对消费者有着较大的召唤力和亲近力，能够缩短企业与消费者之间的距离。

（2）牌名有利于企业产品广告的实施和推销。

（3）牌名能使本企业的产品同其他企业的产品区别开来，促进企业间进行产品质量和价格的竞争。

(4) 牌名是消费者选择心目中产品的质量、偏好和习惯的依据。因而可以说，牌名是产品的一部分，是企业的无形资产。

2. 产品命名的诀窍

对企业产品进行命名，必须注意以下要求：

(1) 产品的命名要适应时代经济生活的明快节奏，提高响亮度。牙膏取名"白玉"、自行车取名"飞鸽"、皮货取名"雪豹"等都是脍炙人口的上品。另外，从简单、动听的角度来考虑，"999胃泰"、"414"毛巾等，虽在语调上的美感稍有不足，但它们简单、清晰，还有易记的特点，因而也是很好的名字。

(2) 产品的命名要易于传播，不易被混淆。产品命名的目的就在于使这一产品与那一产品区别开来，使消费者容易认准牌号购买。如某产品命名易于同别的产品混淆，就会给消费者认购造成困难，势必影响产品的销量。比如"长城"、"熊猫"的命名就易于被同名而非同类的产品所混淆。据统计，有一年杭州市有210个注册商标，其中用"西湖"命名的就有58个。用"西湖"命名作为商际只能给消费者一种共同的感觉，即这种产品可能是浙江省出品的，而区别性、易记性、寓意性就差不多，它不可能成为某一产品及其特征的代名词。显然，对于创名牌和人们认牌购物是非常不利的。

(3) 产品的命名要新颖。新颖，才能给消费者留下深刻的印象。如儿童食品取名为"娃哈哈"，生动形象，新颖独特。目前命名常采用比喻法、双关法、夸张法、直陈法、形容法、颂祝法、借光法、反映法等，无论采取哪一种，都应务求新颖，不与人雷同。

(4) 产品的命名要能给人以艺术的美感。例如"霞飞"牌化妆品的"霞飞"二字是暗引王勃《滕王阁序》"落霞与孤鹜齐飞"的名句。寓意使用该化妆品可使人永葆青春红颜，神采飞扬的意义，并给人高雅华贵的美感。

(5) 产品的命名要能告诉或暗示消费者产品的特征和能给消费者带来的好处。如"顺风"用于电风扇，"舒洁"用于卫生纸，"味王"用于味精等等，这些都是根据产品的特征来考虑命名的。"万家乐"、"健力宝"等则告诉或暗示消费者在使用后得到的益处。

(6) 产品的命名要有伸缩性，可适用于任何新产品。这是因为某些产品的命名，具有过强的产品偏向，适合于电风扇的命名，就未必适合于电视机，例如"顺风"是一个很好的电风扇名字，如以"顺风"来做电视机的牌子，消费者就觉得格格不入。怎么解决这个矛盾呢？企业就必须给产品命名一个通用的名字。例如，日本有一个产品叫“味王”，开始是用于味精，后来又用于酱油、食品罐头等。

（7）产品的命名要字音和谐，韵味悠长，如“茅台”、“凤凰”均为叠韵词，读来琅琅上口，众口成诵。如果是出口产品还要考虑命名在世界各地的发音都要一致。如日本索尼电器公司生产的电器牌号“SONY”。

（8）对国外引进或合资生产的产品进行命名，翻译要灵活。例如 Left Midazole，可译为左旋咪唑，但这种化学名称不易被大众理解，就根据其作用起名为“肠虫清”，此名已家喻户晓。例如还有 Coca－Cola 可口可乐、Sharp 收录机等，都使人从汉语的意思中了解了产品的涵义、性能和形象。

（9）产品的命名要研究消费者的喜好和禁忌，尤其是在出口商品上必须了解消费者所在国家和地区的习俗，切勿犯忌。例如我国的“山羊”牌闹钟，“山羊”在英国是被喻为“不正经的男人”，“山羊”如果出口到英国，肯定无人问津。

（二）商品包装策略

俗话说：“佛要金装，人要衣装”，商品也是这样。商品包装能给消费者留下深刻印象，通过销售包装进行促销已经成为企业销售竞争的一种重要手段。

1. 创新包装策略

这种包装策略，就是企业产品的包装不与别的包装雷同，而采用新材料、新工艺、新图案、新形状，给消费者以耳目一新的感觉。例如，近年来国内外有些企业对食品采用“复合包装”。对人们未用完的食品，这种包装能自动复合。这种新颖包装，既能减少消费者对未用完食品包扎的时间，又能确保食品的卫生。所以，当这种包装的食品一投放市场，便受到消费者的欢迎。

2. 方便包装策略

这种包装策略，就是企业在设计产品包装时，要处处考虑给消费者带来购买、携带、使用、保管等方面的方便。企业可将不同式样、用途、口味的产品，组成多种包装或配套包装；为方便消费者携带，企业可采用手提式包装，听装包装等；为方便消费者使用，企业对有些产品可采用易开包装、定量包装等。总之，企业采用方便包装策略可使消费者觉得产品好像是特意为他设计制造的，这就容易产生连续的购买行为。

3. 廉价包装策略

这种包装策略，就是产品采用成本低廉，构造简单的包装，它通常用于大量使用的日常生活用品。如一般的服装、鞋袜、食用盐、味精等等。使用这种包装策略，主要考虑两个方面，一是这些商品的使用面较广，或使用必须及时，消费者对这种商品的包装要求不高；二是有些人经济不太富裕，或者习惯精打细算，故不愿将较多的钱花在包装上。当然，对于这种包装策略，企业也不能因消费者要求低而随意采用，应考虑其适用、经济、实惠等特点。

4. 组合式包装策略

组合式包装一般是将同种类型不同品种规格的商品集中盛放在一个包装容器内，其特点是既能体现商品的多重美感，又能满足消费者需求的广泛性。例如，江苏宜兴市的特产“徐舍小酥糖”，把原来单一的食品包装改为组合包装，特制一个小型纸箱，内装徐舍小酥糖、玉带糕、炒米糕、红糕、芝麻糕、花生果等十多种糕点食品。顾客只需购买一小箱，就能品尝到南北各色风味的食品。又如，武汉市民权茶叶加工厂，将绿茶、茉莉花、珠兰、毛尖、龙井五个品种的系列化小包装茶叶，以同样方式进行组合包装，其销路亦不错。

5. 成套包装策略

这种包装策略，跟组合式包装策略既有相同之处，又有不同之处。相同之处是，它们均将几种互相关联的商品放在同一包装内；不同的是，组合式包装为同类商品，成套包装为不同类商品。如旅行用品盒、化妆礼品盒等属成套包装。在旅行用品盒内有牙膏、刮脸刀、指甲剪、肥皂、牙刷等，几种旅行必备的生活用品组合在一个包装内，给人一种完备的印象，很受旅行者欢迎。对企业来说，把一些知名度不高的产品（如新产品）或销路不好的产品（非质量原因）与名牌产品或畅销品进行配套包装，可以提高新产品的知名度和身价，并能节约新产品的广告宣传费，使销路不佳的产品由滞转畅。

6. 类似包装策略

这种包装策略，指同一个企业生产的产品，在包装外观上具有相同的图案、近似的色彩等某些共同的特征。采用这种包装策略作用有三：一是有利于购买者从包装上轻易辨认出产品的生产厂家；二是可以节省企业的包装设计费用；三是可提高企业的声誉。这种包装策略，主要适用于一般名牌厂商和专业化制造商。若企业产品各档次的差异较大，品质过分悬殊，一般不宜采用。

7. 系列包装策略

这种包装策略可以说是类似包装策略的一种形式。系列包装是指一种商品采用统一风格，而在造型或装潢上略有差别的包装形式。将这些单个包装摆在一起，犹如一个阵容庞大的包装家族。形成一个包装系列，可以提高商品整体效应，比起单一的包装更具有强烈的视觉冲击力。例如，上海威士德糖果食品有限公司，将各色各样的艺术肖像脸谱画印在精致考究的糖果纸上，从黄帝、大禹到李自成、谭嗣同，整整有100位名人，形成名人系列。威士德公司这一系列糖果包装策略，促销效果极好，特别受到孩子们的喜爱。

8. 小型化包装策略

近年来，人们对商品尤其是食品包装的要求是小型化、精美、卫生、携带及食用方便，因此，小型化已成为包装发展的新趋势。塘汇雪菜的包装由大改小就是一个典型的实例，塘汇雪菜是嘉兴市塘汇乡的传统土特产品，300多年来畅销于江、浙两省和上海，远销东北、西北，并出口朝鲜等国。然而，从1981年开始，塘汇雪菜的销售呈直线下降趋势。究其原因，是因为传统包装的雪菜甏破损严重。由于甏体笨重易碎，运输部门不愿承运，结果仓库积压，产品滞销。于是，嘉兴市城区科协和供销社借鉴榨菜小包装的成功经验，采用铝塑复合小包装包装雪菜，既便于运输，也便于旅客携带和使用。这种小包装的塘汇雪菜一上市，就受到顾客的欢迎，销售量直线回升。

9. 求异包装策略

求异包装是指包装货物从材料、造型、装潢、设计以及包装技术等方面，具有十分明显独特的形式、风格和个性，以满足消费者日趋强烈的求异的心理倾向。它的构成要素主要包括以下几个方面：

（1）包装材料的选择。尽量与其他企业的同类产品拉开距离。例如，我国雪糕包装普遍采用一般彩印纸包装，而温州制冰厂生产的雪糕的包装材料则选择了与众不同的塑料复合及珠光膜。在日本，30元的快餐面历来用透明聚乙烯料袋包装，而日清公司则独家采用塑料杯装蛋清面，售价100日元，居然一举成功。

（2）造型的独特性。商品包装在造型方面愈奇异，愈与众不同，愈富有个性，则求异效果愈好。比如，美国可口可乐饮料采用细腰型的异型瓶，就极富个性化，具有明显的标新立异感。

（3）色彩与构图的运用。要求敢于打破传统，不落俗套，重视色彩与构图的货架效果及对消费者好奇心的吸引。比如，日本光辉牌香烟在品质上与其他香烟没有太大差别，包装造型也很简单，但在色彩上却表现出个性，大胆采用禁忌色，以白色和浅蓝色的包装畅销于市。

（4）商标设计。一是体现商品的个性；二是尽可能地突出企业形象；三是能给顾客鲜明的印象和好感。日本富士海带公司生产的“小富士”系列产品之所以能够迅速行销，并非由于其产品本身有何特色，在很大程度上是靠了它一系列独特商标的作用，如“朦胧小富士”、“四角小富士”等。而美国可口可乐饮料的成功销售，亦在很大程度上依赖于其商标的威力。在我国畅销产品中，健力宝、太阳神的商标设计也是十分成功的。

10. 借古包装策略

这类包装策略，是迎合人们的怀旧心理而采用的一种包装策略。目前，在一些消费者中，正兴起一股复古热。所以，企业的产品包装不能只搞单向的现代新包装，也应注意代表怀旧潮流的古包装。例如，法国的调味品、酱料、渍菜等食品，是用粗加工的木片盒、木片罐筒或木丝编织盒包装，顶面只贴上一帧印刷的报纸，上有数行说明文字，看起来有如前几个世纪的产品，唤起人们对遥远年代的记忆。又如，有些国家销往法国的葡萄酒等酒类产品，采用独特的粗糙木板钉成的外盒，上面的商标牌名等也不采用现代印刷工艺，而用火烙印上的文字。这类外观十分粗陋的包装，所包装的往往是上等酒。上海华光啤酒厂生产的华佗酒包装，成进食品厂生产的“嫦娥”月饼包装等，均使用了借古包装法。这些产品深受怀旧消费者，特别是老年人的欢迎。

11. 趣味包装策略

趣味包装或称幽默包装，也是目前国际市场上较为流行的一种销售包装。这类包装主要是在造型及装潢上采用比喻、夸张、拟人等手法以及别出心裁的构思设计，增加包装趣味性和幽默感，强化对顾客的吸引力。例如，台湾有家饮料公司，在每包饮料的包装上印有一则动人的、富有诗意的爱情故事，很快吸引了众多的男女青年，他们边喝饮料边欣赏包装上的小故事。产品销路由此打开。美国也有一家食品公司，在水果罐头的罐盖上印有谜语，并注明打开罐头，吃完东西，谜底就在罐底。

12. 透明包装策略

透明包装是采用通明的塑料玻璃纸及材料，使内装物品一目了然，既能体现商品的自然美感，又便于顾客识别、选购。因此，这类包装形式在国际市场上盛行不衰。透明包装有全透明的，亦有非全透明的，如一些开窗式纸盒包装，纸板式泡罩包装袋等。

13. 名牌包装策略

这种包装策略，就是通过知名度较高的名牌包装，促进产品销售的一种包装策略。有人做了这样一个试验，将广州市中药厂生产的具有400年历史的名牌“冯了性”药酒，分别用“冯了性”和“丁公藤”两种不同的商品包装，并同时陈列在货架上，结果，“冯了性”很快卖完，而“丁公藤”却一瓶未动。可见，商品质量固然重要，但商品包装给人形成的心理价值也是十分重要的。企业采用名牌包装策略，途径有二：一是自己创造，即通过自己努力，提高产品质量，使用合理价格，讲究信誉，逐渐将牌子创出来。二是设法借。有些企业产品质量较好，但经营时间短；有些企业为将产品进入国际市场，一时又无代理商等，这类企业就可跟名牌商品的生产、经销单位商榷，花一定代价借用名牌商品包装，促进产品销售，但决不可随意假冒名牌商品包装。

14. 广告包装策略

这种包装策略，就是企业利用产品包装做广告，使包装起到包装物品和广告宣传的双重作用，以此扩大产品销售的策略。如王麻子剪刀就在包装纸袋面印上“凡购本厂出品的民用剪，自出售日起，一年之内，如发现有断刃、卷刀、剪股断裂等现象，可凭本包装到原购货处或本厂另换新货”的字样，这一做法使王麻子剪刀的销售信誉提高。企业利用包装做广告，一般可起到这样三方面的作用：

(1) 可充分利用包装媒介，进行广告宣传，达到少花钱、多办事的目的；

(2) 可充分利用商品销售，进行广告宣传，起到流量大、宣传广的作用；

(3) 可充分利用直接感受，进行广告宣传，收到印象深，引导消费的效果。企业在包装上做广告，除要介绍产品的特点、性能、规格、用途、用法外，还要注明销售服务的内容。

15. 安全包装策略

这种包装策略，是根据产品的不同性能而采用具有不同防范措施的包装，从而使消费者在购买、携带、使用该产品时具有安全感。如一些化工产品，包装无防泼、防火、防污染等措施，购买者一般不愿购买。所以，企业若能按照产品的性能，采用安全包装，就可取得较为理想的销售效果。

16. 复用包装策略

这种包装策略，是将物品用完后的包装容器再另做他用的一种包装策略。如果酱、酱菜用杯形包装，吃完后可作旅行杯使用。湖北某地生产了一种“编酒钟”，其酒瓶造型就是一个编钟，顾客喝完其中的酒后，空酒瓶还可以作为一种“古董”摆设在家中，以供欣赏。采用这种包装，一受消费者欢迎，二起广告作用，在同类产品中，其商品销路往往要比没有复用价值的商品好得多。

17. 回收包装策略

这种包装策略，一般采用两种方法：一是有形回收，企业为节省产品成本开支，将产品的包装或包装材料收回重复使用；二是无形回收，即通过某种回收手段，刺激消费者购买企业的产品。如解放前烟台啤酒厂为打开上海市场销路，采用凭一个本厂啤酒的瓶盖（必须带刻有“烟”“台”“啤”“酒”字的印记）分别可换取现金1元、2元、3元、5元的办法。于是，许多上海大饭店的服务员及消费者，均成了烟台啤酒厂的推销员，企业在使用第二种包装策略时，一般应注意这样三点：

（1）产品包装要有特色，以明显区别于同类产品；

（2）回收费用不宜太高，要使这一费用进入产品成本后的价格不超过同类产品；

（3）这种策略不宜公开，防止同类产品仿效。

18. 附赠包装策略

这种包装策略，是在产品包装物上或包装内附赠实物或奖券，以吸引消费者购买。如江苏生产的一种“芭蕾”珍珠霜在每瓶中放一颗珍珠。在香港，有的妇女为将这种珍珠串成项链，不惜成打地购买。

19. 华贵包装策略

这种包装策略，是对艺术珍品、珠宝首饰、文物古董、贵重药材等稀有名贵的商品，使用富有艺术魅力、具有较高欣赏价值的包装，以便烘托出这些商品的贵重身价。一般来说，购买这些华贵商品的顾客，都有一定的经济实力或身份地位，他们不仅要求商品本身华贵，而且要求商品包装也要雍容华贵。所以，企业在设计和制作这些商品的包装时，除要讲究包装的形状、结构、图案、色彩外，还要十分注意包装装饰的吊牌、丝带和花结等。

## 二、质量形象设计

(一) 顾客至上

企业始终要注意的第一个目标是其顾客和他们不断变化的需求和欲望。由于购买力的增加，顾客有权自由选择销售商。同时，由于顾客的口味变得越来越挑剔，他们常常处于不满的状态。你以为是稳定的顾客可能会随时随地不辞而别，这些用户，加上你的竞争对手，可以使你精心设计、十分畅销的产品一夜之间变成滞销货。所以，不进行新产品的开发，不进行技术革新的企业会被顾客抛弃。许多企业表面提倡让顾客满意，而实际上并不把顾客当作一回事，但在最佳企业的企业文化中，顾客处于至高无上的地位。这些企业的领导者常常彻夜不眠，苦思冥想如何满足顾客的需要，并预测顾客的期望和欲望，其目的是为了不让顾客落入旁人之手。如日本丰田公司亚洲分部将其顾客关系部改成顾客挽留部。这个部门的经理认为该部门真正的任务是无限制地留住顾客。这样，顾客买的第二辆和第三辆汽车也是丰田汽车，顾客的亲朋好友也都会买丰田车。

另外，我们也要看到，要使顾客满意，有时可能会失去一笔交易。因为顾客可能对已购买物品的质量与功能，没有满足他的实际所需而要求退货。对此，企业应理解，宁可失去一笔交易，也不可失去一位顾客的信心，更不能因为一位失望的顾客，而影响大家的印象，所以，必须及时答应退货，以消除这种购买错误而导致的不满。

更有代表性的，让我们看看日本松下公司的“上帝决”：对顾客不可怒目而视，也不可有讨厌的心情；注意门面的大小，不如注意环境是否良好；注意环境的良好，又不如注意商品的良好；销售前奉承，不如销售后服务，只有这样才能得到永久的用户；资金缺少不足虑，信用不足最堪忧；对一元钱的顾客同百元钱的顾客一视同仁，是商店兴旺的根本；遇有调换商品或退货时，要比卖出商品更加客气；销售优良的产品自然好，将优良产品宣传推广而扩大销售则更好；如果没有随赠之物，笑颜也是最好的赠品；对商人而言，没有繁荣萧条之别。

(二) 服务的意义在于实践诺言

服务的意义对顾客来讲，就是人们对企业服务质量的信心，亦即企业为顾客提供服务方面，实践诺言的程度。这包括及时的修改、修理，甚至退换。只要顾客不满的理由正确，甚至有的零售商店，对于退换商品无需顾客提出任何说明。服务还意味着使顾客对自己所购设备充分利用，预备随时接受顾客询问，即使是在购买较长时间以后，为保持商品的功效，必要的仍应代为修理，以使顾客满意，增强顾客对企业服务质量的信心。

### 三、竞争形象设计

在当今市场瞬息万变的情况下，企业如何才能驾驭市场，在激烈的市场竞争中赢得优势，是每个企业在生产经营过程中都必须考虑的内容。企业在进行竞争形象设计时应考虑以下几个方面的问题：

（一）树立正确的经营思想

这是企业在市场竞争中赢得优势的前提。经营思想是否正确关系到企业经营的成败，因此企业在经营实践中，应牢固树立“用户第一”、“顾客至上”、“质量是生命”的经营思想，树立市场观念、竞争观念、成本观念、利润观念、服务观念等一系列新观念，不断强化求实创新、灵活多变、居安思危、敢冒风险等经营意识，为企业在市场中取得主动权奠定良好的思想基础。

（二）决策求前

企业要在市场竞争中赢得优势，不仅要随着市场的变化作相应的调整和变化，更重要的是着眼于未来，了解和把握未来市场变化和发展的趋势，做出科学的超前决策。实现超前决策要做好三方面的工作：

1. 对竞争对手进行仔细的分析和研究，了解其经营战略、活动方式，正确估价其经济实力，从而制定出与其抗衡的对策。

2. 重视消费者的心理研究，摸准消费者的消费心理，把握消费者的消费动机，了解消费者的实际需求，从而制定满足与引导消费的对策。

3. 对市场进行调查和研究，掌握最新市场信息。摸准市场脉搏，对未来市场前景进行科学预测。

（三）产品求新

市场竞争实质上是产品的竞争，产品滞销，企业就会陷入困境；产品畅销，企业就会兴旺发达，因此企业就必须重视产品的创新。主要应抓好以下几个方面：

1. 制订出一系列新产品开发规划，使产品开发规范化；

2. 依靠科技大力开发和生产具有独特风格，有时代特色，符合市场消费潮流，符合消费者购买力和欣赏水平的新产品；

3. 重视产品的设计，要在现有技术、设备、工艺、材料的基础上，重新构思产品的结构、性能、外观和使用范围等；

4. 要借助科研和教育部门的科研力量，实施“借脑”工程，进行新产品开发。同时，加强企业自身技术力量的培养和提高。

（四）质量求优

企业要在市场竞争中取胜，最根本的是取决于产品的质量。如果产品没有质量做保证，即使能够卖出去，它也只能奏效一时，最终会受到消费者的冷遇。因此，企业必须重视提高产品的质量，创造出更多的名牌产品。主要抓好以下三个方面：

1. 不断强化员工的质量意识，提高员工的整体素质；

2. 强化质量管理，完善质量检测制度，采用先进的生产标准和检测手段，严把质量关；

3. 积极培养企业管理人才，搞好现有管理人员的岗位培训，更新管理知识，提高管理人员的业务素质。

（五）价格求廉

企业要在市场竞争中获胜，产品不仅要有高质量，而且也要物美价廉。产品价廉取决于低成本、低消耗。而要降低成本和消耗，就必须重视科技进步，不断吸收先进技术；加强对现有设备的技术改造，用先进的生产工艺改造旧的生产工艺；积极推广和应用新材料，提高产品的性能和质量；严格管理制度，加强劳动纪律；杜绝浪费，提高效率，增产节约，增收节支。

（六）商标注册求先

产品只有进行了商标注册，企业才能取得商标专用权，才能受到法律的保护。如果不重视注册，被自己的对手抢了先，就会失去商标的使用权，就会丢掉已有的市场，就会完全处于被动。因此，企业必须重视商标的优先注册，增强商标注册意识，善于运用法律手段保护自己的合法权益。

（七）推销求活

企业要在市场竞争中赢得销售优势，就必须注重搞活销售。

1. 电视广告宣传，提高产品的知名度，为销售打下良好的基础。

2. 建立推销网，有条件的企业可以多开办一些销售网点，不断扩大推销范围，以占据市场。

3. 采取灵活的推销方式，如薄利多销、分期付款推销、租赁推销、赊销等。

（八）服务求佳

售后服务在国外已被称为“二次竞争”，在产品质量有保证，价格相差无几的情况下，谁能够提供最优质服务，谁就能够赢得用户，谁就能够抢先占领市场。因此，企业要在市场竞争中赢得优势，就必须搞好售后服务。

当今企业中强手如林，万家称雄，一些著名的企业就是在激烈的竞争中树立形象，脱颖而出。

**四、企业外部形象设计**

企业外部形象设计的具体做法有：

1. 有奖征集厂名和厂徽；

2. 有奖征集商品名称和商标；

3. 有奖征集广告词。

以上三种方法一般都是在报刊上刊登“征集启事”，设一、二、三等奖和纪念奖，由专家评定。由于一般人均可应征，故这些方法花钱不多，却收效颇好。

4. 赞助体育活动。比如为运动会比赛提供运动器材、计时系统、运动服装等，并在这些实物上面印上企业名称和商标。有时企业直接赞助经费。1982 年世界杯足球赛时，日本的胜利、精工、富士、佳能四大公司就赞助 870 万美元，为企业树立了世界性的形象。

5. 以本企业名义举办体育比赛。设立比赛奖杯，与有一定知名度的运动队“联姻”，以本厂厂名、本厂产品命名该运动队，争取本产品在重大比赛被指定为专用产品等。美国可口可乐公司，柯达公司，日本丰田汽车公司都曾举办过“可口可乐杯”、“柯达杯”、“丰田杯”足球比赛。

6. 赞助艺术活动或文学活动。如我们经常可听到“‘霓虹灯’节目上海日用化学品厂特约播出”、“本节目由深圳南方制药厂提供赞助”、“……节目由太阳神领衔点播”等等。而由企业点播的电视连续剧持续七天以上，以便给公众留下较深刻的印象。

7. 若产品知名度较高，而企业知名度不高，可更换厂名，使其与产品名称一致。

8. 争取企业及产品在国内外博览会、展销会、各种比赛和评比活动中获奖。

9. 利用新产品开发成功、企业及其产品获奖、盈利指标突破大关、厂庆等机会举办新闻发布会，通过宣传媒介提高企业知名度。

10. 大力开拓国际市场，成功后在国内广为宣传，或与国内外企业合作，借国外名牌提高本厂的产品知名度。

11. 当发生公共关系纠纷时，通过新闻媒介广为宣传，改被动为主动，并开展有奖提意见或建议活动。

12. 在打入一个潜力很大的新市场时，综合应用多种广告媒介，在较短时间内强化产品及企业在顾客中的印象。

**【思考题】**

1. 简述企业形象设计的价值效应。
2. 如何通过商品的包装来提高企业形象？

**【案例】**

## 美国艾克逊公司的社会形象活动

美国的艾克逊公司认为：企业的社会责任主要包括三个方面的内容：（一）企业固有的经营责任；（二）环境保护以及消费者权益保护；（三）为社会服务的责任。这三个方面反映了企业的经营理念，同时也为企业的存在意义做出了诠释。公司认为，后两个方面的内容主要借助于组织形象的推广活动来加强，于是指定公司的副总经理或总经理来规划推广活动。活动内容主要有以下几项：

1. 资金援助计划

这一计划的内容是对社会公益事业提供资金援助，其具体项目如下：

（1）与美国剧场和公共广播电台合作，把公众喜爱的地方戏剧编成电视剧，以条例的形式介绍给公众。援助金额达 100 万美元。

（2）补助新世界交响乐团。该乐团是当时唯一不对黑人与少数民族实行差别化待遇的乐团，所以提供 2.5 万美元给乐团作为公演补助费。

（3）资助霍丹夜祭文化活动。纽约市霍丹大学的学生，每年都要举办以保护波多黎各在内的西班牙文化为目的的音乐和舞蹈夜祭。

（4）资助哈雷姆预备学校，每年 60 万美元。该校为私立预备学校，为纽约市区落后的少数民族后裔提供进入大学学习的机会。

（5）ECSJ 计划，就是公司请大学生参加本地的社会性劳动，由公司付给学生工资。目的是为学生提供了解社会的机会，同时也增加收入来源。

（6）为世界野生动物协会提供5万美元的基金，帮助维持生态平衡，避免老虎绝种。

2. 义务活动内容

员工通过广泛征集员工意见，将那些愿意参与义务劳动的员工组织起来，为社区提供社会性的服务。艾克逊公司员工参与义务活动，内容主要有以下几项：

（1）生活辅导；

（2）顾问工作；

（3）护理活动；

（4）个别指导；

（5）成人教育；

（6）环境保护活动；

（7）运动的教练。

艾克逊公司的义务活动丰富多彩、计划周详、组织有序。公司还对社会义务劳动中表现突出者颁发“社会贡献领导者奖”，从企业文化的角度看，这正是为公司塑造良好的社会形象寻找“英雄”、“典范”角色。公司还为参加劳动者举行招待午餐的集会，总经理亲自出席勉励员工。如今，义务劳动已成为艾克逊公司必不可少的重要活动，其过程有着浓厚的企业文化仪式的意味。

3. 信息的传递活动

公司将员工的义务劳动计划、资金援助计划以及企业固有的经营活动，向当地居民进行信息传达。信息传达的途径有三条：

（1）定期或不定期的刊物；

（2）宣传活动；

（3）广告。

经过有计划的持续传播，公司形象得到了有效推广。

**问题：**艾克逊公司如何使公司形象得到了有效推广？结合企业形象设计的有关内容进行说明。

# 第十二章　网络公共关系

你可以接收我的工厂，烧掉我的厂房，然而只要留下我的人，我就可以重建IBM。

——IBM前任总裁沃森的名言

**【本章要点】**

本章讲述了公共关系学的新发展，即网络公共关系。它的产生和发展是伴随着信息技术的飞速发展而发展起来的，它在许多方面都不同于传统的公共关系，因此，企业要想在市场竞争中取胜，就必须重视网络公共关系，就必须较好地策划网络公关。

**【核心概念】**

网络公关　e公关　公关网络

## 第一节　网络公共关系的发展及涵义

### 一、网络公关的发展及影响

大家还记得震惊世界的“9·11事件”吧，当世贸中心许多大公司的商务数据“灰飞烟灭”时，该中心的最大主顾之一摩根斯坦利却在灾后的第二天就进入了正常工作状态。世贸中心双子楼的轰然倒塌并没有给该公司和客户带来重大损失，这是因为网络没有中断。当灾难到来时，重要的业务信息已被完好无损地备份到几英里以外的一个办事处，“网络公关”立即“走马上任”，发挥其无可替代的作用。

美国南卡来罗纳州的Molson啤酒公司在网站中虚拟了一家小酒店，吸引需要经常碰头、交流对流行音乐和体育运动体会的20岁出头的一些“毛头小伙子”们。在现实生活中，这些人也喜欢在小酒吧迷蒙的灯光里醉醺醺地争论一些时髦话题，而网站中的这种氛围很容易勾起他们类似的情绪。

另一企业 WRAL－TV 的主页上设计了一个卡通形式的乡村院落，形成了以该地区为范围的虚拟社区。在这个站点上人们可以阅读地区新闻、天气预报，可以相互交流，在地区店购物……这实际上是该地区真实世界在网络上的映射。

值得一提的是，这并非是企业简单为宣传自己建立的网站，而是由公关公司一手策划实施的公关方案。它利用互联网的高科技表达手段营造企业形象，被称为网络公关或 e 公关。e 公关的概念在美国虽然刚刚兴起，但在结束的“2000 中国国际公共关系大会”上，却成为十分引人注目的话题。

（一）传播方式的革命导致 e 公关

在美国，公共关系是五种发展最快的职业之一。全球性的公关公司，都以每年 20%～25%的速度在增长。这一增长背后的原动力是什么？为什么人们对公共关系有如此大的需求？

公关界敏感人士看到，因特网的普及宣告了传播方式的革命，这正是 e 公关的生长点。网络传播与传统传播相比，非常突出的特征在于：交互性，网络传播不是以前那样媒体向受众单向的信息传播，不仅媒体作用于用户，用户也可以作用于媒体，他们可以对网络信息自行编辑、加工、删改。个性化——在网络世界，受众经历了从“push”（推）信息到“pull”（拉）信息的过程，人们完全凭自己的兴趣选择信息；多媒体——随着技术的发展，传播的方式“声色俱佳”，网络还能根据用户需要将同一条信息从一种媒体形式流动为另一种媒体形式；容量无限——信息传输的即时性和全球性。由此可见，网络信息传播的方式是全新的，它已成为个人传播（如电子邮件）、组织传播（如电子论坛）和大众传播的统一体。e 公关也正是对这些传播方式重新进行的整合。

奥美公关中国区董事总经理柯颖德就此提出了“360 度整合营销传播”的理念。所谓“360 度”是指一个全方位的公关手段，它包括公关、企业形象设计、广告、促销、媒介投放、媒体互动等各方面。互联网上的公关活动只是这“360 度”理念的一部分，但却是非常重要的一部分。像为波音公司设计的网站上，有一个媒体注册表，该公司在网上做的消息比在线下做得还要多。而“财富 100 强”之中，13%都有自己的网上新闻发布中心，93%的公司将非 IT 类记者的新闻稿件投入网站上发表。

（二）知名公司介入 e 公关

在美国 Reebok（锐步）公司的网站上，这样那样鞋子的照片已经不是最吸引人的内容。

人们可以看到最新流行的体能训练方式，可以在聊天室中与著名教练对话，还能了解到在别的报刊上所读不到的有关气功、体操、太极……各种专题报道，网站因此吸引了众多女性网民——你也许想不到，这一切都是由一家公关公司策划并制作完成的，它不仅为 Reebok 公司营造了良好的社会宣传效应，由于网络传播的即时性特性，企业还可以对资料数据库做动态的修改或增删。

以上只是实施 e 公关的一个小例子。e 公关也可以做得浅显易懂，比如“爱德曼”国际公关公司今年为“维达沙宣”搞了网上的发型展示。作为全球第六大公关公司，他们已多次研讨了 e 公关的战略。

该公司中国区执行总监何鑫认为，e 公关的内容应覆盖网络机构的各种编辑工作，包括编辑初稿、采访、网络聊天、网络发表和视频产品，适用于包括网络公司在内的所有公司。e 公关通过互联网宣传，增加生产商与用户之间的交流，这些，是通过网络聊天、网络发表、链接等方式实现的。它的服务应该是“有求必应”式的，它为网站访问者提供信息，如链接嵌入您的网站，免费号码或电子邮件，从而提供更多信息。

e 公关还通过对传统公关手段的翻新，实现网络潜在优势。比如将新闻发布会变成交互式网络聊天；将采访转为音频或视频稿件；将图片的发布转变为流式图像，而传统手段与网络媒体战略的结合，将获得更大预期传播范围，扩大潜在的覆盖面。

（三）为. com 公关的难题

如今，. com 公司正在以惊人的速度产生，这对公共关系意味着什么？Sicola Martin（美国知名的营销和广告公司）的公关总监大卫·坎普做了如下生动的描述：网络是公司新的名片、新的新闻夹，第一个也许是唯一的塑造最佳第一印象的机会。

1999 年，世界上名列前茅的公关公司 Manning，Selvage&Lee 对网络和电子商务的领导人进行了一次调查。调查显示，网络世界的领导品牌，如雅虎、eBay、亚马逊和“美国在线”，尽管只存在了短短几年，却在消费者中拥有诸如可口可乐等传统名牌花一个世纪时间而建立起来的认知度和尊重。而网络企业的消费者主要是通过公关工作而形成他们的观点，而不是通过传统的广告。

现任国际公关协会主席卡罗琳·法齐奥对记者说，美国经济的强劲发展和股市的大幅增长为全球范围内的公关业的发展提供了燃料。而想“一夜成名”的网络公司，也在寻找相应的公关公司。一个有代表性的好现象是，当网站企业家向风险投资商争取风险基金时，投资商的头几个问题中就有：“你的公关计划在哪儿?”“你用的是哪家公关公司?”

但是，另一个有代表性的现象是，以美国福莱克灵公关公司为例，去年他们拒绝了前来要求公关服务的.com 等公司，因为这些公司急于要找到一个“一夜成名”的解决方案。他们认为，公共关系应作为一种培养长期关系的战略，一种需要时间精心培育资源的投资，而.com 公司给公关公司出了难题：无论从哪一个角度他们都喜欢寻求短期的方案和解决办法。

## 二、网络公关的涵义和作用

未来会发生什么？著名学者米切尔·德尔特诺斯博士曾预言：信息技术将引发我们的生活与人类本身最深层次的变革。也就是说人们的生活方式、生产方式、思维方式、意识形态都将因为网络而发生巨大变化。

### (一) 网络公关的涵义

目前，大多数学者认为网络公关（PR on line）又叫线上公关或 e 公关，指企业借助联机网络、电脑通信和数字交互式媒体的威力来实现公关目标的行为。网络公关的兴起，是新科技时代公关特征与网络特征交叉促成的公关业发展的必然趋势。

网络公关并不是完全在虚拟化的空间里运作，而是数字化环境下的公共关系。它建立在传统公共关系的基础上，是公关活动在网络中的延续，是传统公共关系这棵老树上的一朵新花。所以，传统的公关目标、原则、功能等基本上都适用于网络公关。只是由于网络传播本身的特性和公关发展的需要，传统公关理论不能完全胜任对网络公关的指导。这就需要在传统公关理论的基础上，从网络的特征和公关业的需要这两个角度出发，对公关方式作重新的演绎和创新。

### (二) 网络公关的作用

#### 1. 网络公关的信息反馈

经济全球化条件下，网络使得一个企业的市场调查变得更广泛、深入和快捷，而且成本低廉。运用网络公关进行社会调查和信息传播往往是企业策划成功与竞争制胜的法宝。所谓“网络公关调查”，就是在各地建立办事处、信息站、分公司、连锁店，通过电脑联网或先进的通讯设备，随时反馈信息、获取资料的方法，这已经不是临时运用的方法，而是长期运用的日常性的信息管理方法了。在这方面，中国公关也在努力实践。据悉，一套“企业公关信息管理平台解决方案”最近被北京博能顾问公司隆重推出，并已成功运行于一家知名跨国企业的市场部。这个系统的功能在于改善大型高科技企业公关信息流程与控制系统，以实现企业统一化、延续性与高度一致的公共关系传播活动。

又如，始建于1971年的三井物产环球通讯系统，通过其设在东京、纽约、伦敦、悉尼和巴黎的五个电脑控制中心连接着驻海外87个国家和地区的149个办事处，通讯线路总长达44万公里，可环绕地球11圈。从里约热内卢到相距最遥远的约翰内斯堡，一个信息行程4万公里只需5分钟。三井物产的情报信息中心面积达12.5万平方米，信息通讯系统24小时不停运转，每天传递信息在5万件以上。从1991年10月开始，“三井”已将情报调研部独立，升格为贸易经济研究所，并进一步完善了各种职能。

当然，对大量中小型企业及社会组织来说，依靠自己的力量建立信息网络是不现实的。但信息的社会化、职业化将弥补其不足，通过咨询，任何组织或个人都可以间接地利用网络获得所需信息。

2. 网络公关中的沟通协调

在e时代，网络公关成为组织与内外公众沟通的主要方式。通过网络，组织可以及时向内部发布各方面的运作情况，并广泛征求员工的意见和建议，及时反馈给领导决策层，从而大大增强员工的主人翁责任感和组织的凝聚力。

组织的外部公众会随着组织规模和经营范围的扩大而越来越难以把握和沟通，但因特网的广泛运用使这个问题迎刃而解。现在不少大企业如海尔、长虹、上海宝钢集团、上广电等都建立了自己的销售服务信息库，利用计算机对售后服务进行一对一管理，顾客如有什么问题，只需打个电话或发一个e—mail，就会立刻得到厂商的热情帮助。在网络上，企业与公众是一对一的关系，采用的是“面对面”的销售，由于减少了营销中的环节（如免除产品新闻发布会、样品展览会、商品广告费等），节约了时间、通讯成本、人工成本，降低了价格，企业和公众皆大欢喜。当然，组织还可以通过网络聊天、网络发表、链接等方式嵌入公众的网站，增加企业与公众之间的交流。

3. 网络公关中的整合营销

网络营销策略改变了传统营销渠道，使生产商与最终消费者直面相对成为可能，因此过去营销渠道的中间商的作用有所削减；网络营销对定价、品牌、广告策略也带来不容忽视的影响，它以多角度、多板块、多手法来开展营销与服务。高露洁公司认识到“争夺眼球的工作是第一位的”，因此，该公司网站在内容上除去一般企业皆有的公司介绍、历史回顾、全球业务分布、股东投资、经营实绩和企业新闻等栏目外，其主导板块放在儿童天地、护理咨询和专家培训等核心栏目上。仅以儿童天地栏目为例，就可以发现网络营销所带来的广告效应是传统营销不可比拟的。“儿童天地”栏目以“明亮的微笑，明亮的未来”为标题，设立以牙齿保健为内容的兔医生“没有蛀牙”俱乐部，网站通过各种游戏方案设计和编辑上的独具匠心来吸引儿童的回访率。这种网上教育营销手段更具威力，没有语言障碍的绘画艺术可以建立起儿童的交流纽带，提高企业网站品牌，强化品牌辐射力和感召力，让网络使用者在游戏过程中潜移默化地完成了对产品信息和品牌的认识。

企业还可以利用网站培养潜在消费者，通过网站传递企业文化，利用各种网络手段与消费者形成持续联系（如利用电子邮件定期发送服务信息、收集消费者意见、提供技术培训、在节日发去电子贺卡等），使消费者更好地融入企业之中。

4. 网络公关中的危机处理

网络也是双刃剑，由于网络的介入，使得危机造成的负面影响也极易扩散，造成严重后果。因此，之前有一个预警系统是必不可少的。在这个系统中，我们可以设想一下企业可能会发生什么样的危机，并在其中做好什么预防准备。有了这个系统，企业便能面对突如其来的公关危机，有条不紊地拿出应对策略，使组织迅速摆脱危机。例如 1996 年 10 月，欧瓦拉果汁公司生产的一批苹果汁不慎被“0517”大肠杆菌污染后流入市场，导致 61 人中毒，其中一名儿童死亡。传媒竞相报道此事，该公司的良好形象受损。面对这突如其来的危机事件，公司决策层想到了强大的因特网。他们聘请网络专家在事故发生后 24 小时内架起了该公司的全球信息网站，清楚地向公众传达了公司的道歉、声明以及补救措施，并向顾客提供有用的网络资源，帮助焦急的消费者连上相关的医药保健站，寻找有关大肠杆菌的最新医学信息，终于在很短的时间里将事件的危害性降到最低程度，从而避免了更大的负面影响。

由此可见，要尽一切努力避免企业陷入危机，一旦遇到危机，就应该接受它，化解它。财富500强中的IBM公司，将危机公关最基本的经验归为六个字：说真话，赶快说。如何赶快说，通过网络公关不失为一条捷径。

### 三、网络公关的特征

网络公关以网络为媒介，利用网络的交互式特点，实现传统媒体无法在完全意义上实现的双向沟通，网络公关除了具有传统媒体所具有的公关作用之外，还具有以下优势：

（一）交互性

企业通过在网站上以e－mail、网上广告等形式吸引顾客参与公关活动。庞大的数据库可以实现企业与顾客之间“一对一”对话的要求，而e－mail还可以实现企业与顾客的双向沟通，并通过网络公关活动继续补充数据库内容。

（二）24/7

指一天二十四小时、一周七天在线，网络无时不在的优势可以保证网络公关的不间断运作，而不必受到传统公关朝九晚五的限制。网络浏览者职业、习惯各异，上网时间也不尽相同，全天在线可以确保浏览者随时参与公关活动。

（三）高效率

传统公关活动中，公关人员需要面对顾客所提出的诸多类似的问题。而网络公关则可以把常见的问题汇总解答，专门为之设立一个FAQ网页，并将其导航按钮放在显眼的位置，使顾客可以自主地解决问题。

（四）大范围

网络技术的发展和我国网络基础设施的完善，为网络公关提供了条件，使得网上公关可以直接面对全国的消费者，而不必像传统的公关活动一样，分区域分城市进行。

## 第二节 网络公共关系的策划与设计

### 一、从传统优势到网上优势

网络公关，顾名思义就是借助网络传媒的力量来实现与目标公众沟通的新型公关的一种方式。网络和电子商务正在成为企业新的“竞技场”。个别传统企业视之为畏途，而更多的传统企业则将其视为又一个巨大的发展机会，已经或者随时准备进入。传统企业不可避免地要在“传统”和“网上”两个竞技场同时竞争。竞争对手也不同从前，其中既有从传统地带厮杀到网上空间的老对手们，更有大量未曾交过手的网上“新生代”。不管你熟悉还是不熟悉，网上竞争——这一新的竞争课题，正在一天紧似一天地逼近传统企业。

面对多重竞争压力，借助传统优势，发展网上优势，几乎已经成为传统企业向网络和电子商务转型的“不二法门”。品牌显赫、客户众多、人才济济、产品畅销、资本强大，如此等等，很多传统企业正是“仗着”这么多的传统优势，“冲”进网络，“冲”进电子商务，力求在传统优势的坚实基础上构筑“网上优势”，锦上添花，再创辉煌。以“青旅在线”为例，作为旅游行业的佼佼者，中青旅具有品牌、客户、产品、资本等优势，以此为基础构筑“青旅在线”的网上优势，恐怕正是中青旅决心投入网络和电子商务的决策依据之一。这是再自然不过的思路。有谁会将经年累月辛苦创造的优势轻率地弃之不用呢？从传统优势到网上优势，犹如从胜利走向新的胜利，确实是许多成功的传统企业进入网络和电子商务时的信心和期望所在。

然而，需要指出的是，从传统优势到网上优势，并不是天然合理的，当然也不意味着必然成功。绝不是简简单单地将具有传统优势的业务搬到网上，就可以自然而然地为你带来网上优势。网络绝不给既有的成功者以特权，它总是在不停地变化再变化，淘汰旧思维，激励“元老们”奋发创新，又催生新思维，给“新生代”成功的机会。

传统有传统的规律，网上有网上的法则。那些“传统成功者”兼“网上失败者”们已经提供了宝贵的借鉴。首先，不要过分依赖过去的成功经验，过去的事情只能说明过去，现代社会变化太快，经验的有效期越来越短，许多时候迷信经验甚至会遭遇相反的效果。其次，不要小看网上那“两下子”，网络使得信息交流更快、更广、更丰富、更互动、更低成本，其结果不只是简单的量的不同，它的确需要一些新的感觉、新的领悟、新的思维，需要一些与传统相当不同的方法和模式，包括人才管理、资本结构、业务流程等几乎所有方面。比如客户反应速度，在传统条件下三天也许算快，而在网上超过一天恐怕就嫌慢。这些规律和教训，值得引起正在走向网络和电子商务的传统企业的注意。

## 二、网站设计与策划

在信息技术快速发展的今天，网络公关的首要任务就是策划和设计一个能够代表企业形象，最好能替代现实公关的网站。这就需要对网站的建设进行周密的设计与策划。网站太需要策划了，而这往往不被网站的拥有者和制作人所重视。许多企业在做网站时，简单从事：找一些有关企业简介及产品简介的资料，再配上几幅照片，交给制作人，叮嘱几句“做得漂亮些啊!”之类的话，余下的事就是等待验收。制作人呢，则是首先遵从客户的意见，最大限度地满足客户的要求，以网页好看为主，再加点动态效果之类，完活交差。这样的网站，可能真的漂亮，双方也都满意，但绝对称不上是一个很实用的好网站。为什么？因为它不外是一个企业的宣传画册，类似一个黑板报，它所传递的只是一些简单的信息。

一个实用的、有价值的好网站，特别是企业网站，它应该具有一定的功能，我们叫它功能型网站。功能型网站，是网络技术与企业的实际相结合的产物，它是实实在在有用的东西。举个例子：北京有一个家具市场，它的供货商在广州，投资方在承德，北京的经销商每天都要用传真发送销售报表给承德的董事长，又要随时与广州沟通，以便广州方面了解北京的库存情况，安排供货。以前，这些都是以电话、传真方式进行的，不方便，不经济，一旦对方无人接听电话传真，又很麻烦。而实际上，网站是可以实现这一功能的，即把上述的事情移到网上来进行，广州和承德方面随时随地上网，可以了解到北京方面的情况，而且可以自动进行数据的计算综合等，极其方便，成本大大降低。

这样的例子可以举出好多。概括起来说，网站的功能一般可以包括：

1. 信息传递功能；
2. 产品销售功能；
3. 物流管理功能；
4. 资金管理功能；
5. 营销管理功能；
6. 支付结算功能；
7. 办公管理功能。

一个好的企业网站的建设，其实是一个公关和营销整合的过程，它首先需要了解企业的各种需求，包括了解企业的市场状况、竞争状态、营销渠道、方式及方法等，然后，把它与互联网技术相结合，适合网上操作的，移到网上进行（当然是要比原来的网下操作更好），可以与网络结合进行的，把它结合起来。这样，这个网站的功能就是适用的、有效果的。

大多数企业，尽管它是传统公关和营销的行家，但对互联网，尤其是网络可以实现的功能并不了解，或者是没有很深入地了解，那么他也就提不出什么要求，想不到设置什么功能，这个时候，就需要网络公关或营销策划人了。而如何更简捷地体现网站的功能，这些功能又怎样地与企业的CI系统相结合等，是网站的深入策划，也是每一个好的网站所离不开的。

由此可见，网站是需要策划的。而了解市场规律，具有丰富的传统公关或营销策划经验，同时又非常通晓互联网，再加上高尚的职业道德观念，这些是一个在线公关企划人所必备的。

下面的案例是柯达网站的设计特点，感兴趣的读者可以登录柯达网站查看。

**【案例】**

## 从柯达网站，我们能学到什么

**清晰的网站定位**

柯达网站将其目标浏览者定位于：让陌生人从网站上了解柯达；让业余摄影爱好者从网站上认识柯达；让专业摄影爱好者在网站上参与柯达、享受柯达。假若柯达是家中国公司，该网站一定会将目标浏览者定位于他们的直接消费者。满屏的网络广告和弹出窗口迫不及待地向访问者推销他们的产品，毫不含蓄地向读者吹嘘他们的“企业形象”、“企业理念”、“企业领导人形象”，直到把来访者搞得晕头转向，直到让浏览者失望地关掉窗口。比较而言，柯达网站的定位显得大气得多，世界各地的摄影爱好者在享用柯达网站服务的时候，柯达的品牌已经深深印在他们的脑海里。

**醒目的网站主题**

柯达网站以首页上的“拍照，后续处理”为主题，再配上精致的照片，自然会抓住人们的眼球。如果把一个网站比做一个人，那么网站的主题就像是这个人的灵魂。国内许多企业网站的一个普遍现象是其主题立意不明，缺少精神统率，内容关联性差。网站上提供各种内容和服务，花哨的图片和色彩，访问者迷失在其中，看完之后也留不下什么深刻的印象。反之，国外许多知名企业网站，尽管不是娱乐性站点，但访问率一直很高，其中虽有多种原因，其主要原因之一，是它们都有明确反映其经营理念和定位的站点服务主题。

**网站设计，简洁就是美**

网站设计中有一个KISS原则，是“Keep It Simple And Stupid”的缩写，简洁和易于操作是网页设计的最重要的原则。毕竟，网站建立出来是用于普通网民来查阅信息和使用网络服务，没有必要在网页上设置过多的操作，堆积很多复杂和花哨的图片。www.kodak.com的页面只有不到两个屏幕的大小，六个栏目的划分（Products、Service，Support&Downloads、About Kodak、Kodak Worldwide、information、Shop@Kodak），快捷的下拉式导航可以让浏览者直接找到他们所需要的内容。而国内相当多的企业网站，动则十几甚至几十个栏目，超长的首页，混乱的信息导航和网络程序。

**网络公关，信用为重**

网络是个虚拟的世界，企业要想在这个虚拟的世界里做生意，开展公关或营销工作，首要的一点要树立起自己的信用，让浏览者感到你的网站是可以信任的。这一点是整个网络公关、电子商务开展的前提和基础。我们可以看到柯达网站如何通过细节来树立自己的信用。首先在页眉部分，网站有动态的日期提示和亲切的问候语，这些增强了网站的亲和力；其次，网站有丰富的产品信息并配有清晰的图片，详实的支援服务和联系方式，例如：柯达中国网站上提供有柯达公司在全国各地的分公司和办事处的资料，包括详细的地址、电话、传真等。最后，网站的页脚部分提供了版权声明和明确的隐私保护，告诉浏览者，哪些信息会被收集，如何被使用以及如何反馈等。其实信用很大程度是在这种一点一滴的细节中树立起来的。遗憾的是，相当一部分中国企业的老板习惯于“运筹帷幄”，顾不上细节考虑。

**全球化的思维，本地化的行动**

柯达公司是一个跨国公司，柯达网站也非常注重网站的全球化建设。Kodak.com是柯达美国网站，Kodak.com.cn是柯达中国网站，Kodak.com.jp是柯达日本网站等等，在这些网站都会有柯达全球网址（Kodak Worldwide）链接。同时，柯达公司每一个国家和地区的网站，又都会考虑本地区的文化和生活的差异。例如在柯达美国的购物网站已经开始有了圣诞节的氛围，而柯达中国的网站却在举行着“丝绸之路，中国之旅”的活动。在加入WTO以后，中国很多企业在大张旗鼓地开展全球化战略，企业的网络营销、电子商务是否也应该有全球化的考虑呢？

资料来源：潇潇雨吧潇雨论坛，http：//bbs.xxy8.com

### 三、网站 CI 形象设计

组织或企业的形象设计，我们在前面的章节中已有充分的论述。在进行网络公关的过程中，建立作为描述组织或企业形象的窗口的网站，也需要进行 CI 形象设计，以提高企业网络公关的效果。这就需要在设计中定位你的网站 CI 形象。

所谓 CI，是借用的广告术语。CI 是英文 corporate identity 的缩写，意思是通过视觉来统一企业的形象，这在前文也已经讲述过。现实生活中的 CI 策划比比皆是，杰出的例子如：可口可乐公司，全球统一的标志、色彩和产品包装，给我们的印象极为深刻。更多的例子如 SONY、三菱、麦当劳等等。

一个杰出的网站，和实体公司一样，也需要整体的形象包装和设计。准确地说，有创意的 CI 设计，对网站的宣传推广和企业或组织的形象公关有事半功倍的效果。在您的网站主题和名称定下来之后，需要思考的就是网站的 CI 形象。以下是在设计过程中需要掌握的设计步骤和技巧：

（一）设计网站的标志（logo）

首先你需要设计制作一个网站的标志（logo）。就如同商标一样，logo 是你站点特色和内涵的集中体现，看见 logo 就让大家联想起你的站点。注意：这里的 logo 不是指 88X31 的小图标 banner，而是网站的标志。

标志可以是中文，英文字母，可以是符号，图案，可以是动物或者人物等等。比如：soim 是用 soim 的英文作为标志，新浪用字母 sina＋眼睛作为标志。标志的设计创意来自你网站的名称和内容。

（1）网站有代表性的人物、动物、花草，可以用它们作为设计的蓝本，加以卡通化和艺术化，例如迪斯尼的米老鼠，搜狐的卡通狐狸，鲨威体坛的篮球鲨鱼。

（2）网站有专业性的，可以以本专业有代表性的物品作为标志。比如中国银行的铜板标志，奔驰汽车的方向盘标志。

（3）最常用和最简单的方式是用自己网站的英文名称作标志。采用不同的字体，字母的变形，字母的组合可以很容易地制作好自己的标志。

（二）设计网站的标准色彩

网站给人的第一印象来自视觉冲击，确定网站的标准色彩是相当重要的一步。不同的色彩搭配产生不同的效果，并可能影响到访问者的情绪。

“标准色彩”是指能体现网站形象和延伸内涵的色彩。举个实际的例子就明白了：IBM 的深蓝色，肯德基的红色条形，windows 视窗标志上的红蓝黄绿色块，都使我们觉得很贴切、很和谐。如果将 IBM 改用绿色或金黄色，我们会有什么感觉？

一般来说，一个网站的标准色彩不超过三种，太多则让人眼花缭乱。标准色彩要用于网站的标志、标题、主菜单和主色块，给人以整体统一的感觉。至于其他色彩也可以使用，只是作为点缀和衬托，绝不能喧宾夺主。

一般来说，适合于网页标准色的颜色有：蓝色，黄/橙色，黑/灰/白色三大系列色。

（三）设计网站的标准字体

和标准色彩一样，标准字体是指用于标志、标题、主菜单的特有字体。一般我们网页默认的字体是宋体。为了体现站点的“与众不同”和特有风格，我们可以根据需要选择一些特别字体。例如，为了体现专业可以使用粗仿宋体，体现设计精美可以用广告体，体现亲切随意可以用手写体等等。目前常见的中文字体有二三十种，常见的英文字体有近百种，网络上还有许多专用英文艺术字体下载，要寻找一款满意的字体并不困难。

需要说明的是：使用非默认字体只能用图片的形式，因为很可能浏览者的 PC 里没有安装你的特别字体，那么您的辛苦设计制作便付之东流啦！

（四）设计网站的宣传标语

也可以说是网站的精神，网站的目标。用一句话甚至一个词来高度概括。类似实际生活中的广告金句。例如：雀巢的“味道好极了”；麦斯威尔的“好东西和好朋友一起分享”；Intel 的“给你一颗奔腾的心”。

以上四个方面：标志，色彩，字体，标语，是一个网站树立 CI 形象的关键，确切地说是网站的表面文章，设计并完成这几步，你的网站将脱胎换骨，整体形象有一个提高。当然，我们只是以平面静态来设计 CI，还没有引入声音、三维立体等因素，如果把这些也考虑进去，你的网络公关已经完成了大部分。

## 四、公关网络策划的误区

说起网站建设，很多企业想到的是把企业的文字图片资料找齐交给网络公司去制作成网站就完成任务了。这其实是企业的一个误区，也使企业在网络公关的应用上大大延误。

公关网站策划应该找什么样的公司呢？有的说要找名气大的，有的说要找价格低的，其实都不对，网站策划要找专业的公共关系网站策划专家做。有的网络公司网站做得很多，应该说这样的公司在网站设计和制作上是完全能胜任的，但说到公关策划却是另外一回事了。网站策划必须精通公共关系、营销策划知识、网络传播知识、网络技术才能全面分析真正策划好一个网站。目前国内真正具备公关网站策划能力的公司极少，绝大多数网络公司究其实质是网站设计制作公司。

当您看到一家公司报给你的价格网站策划价格比设计制作还要高时，您不必奇怪。要知道一份完整全面的策划方案需要详细的数据分析、企业调研、行业调查、需求调查等，而非一份简单的文字。

在实践中，组织或企业进行公关网络的策划中，要避免出现以下几个问题：

1. 以企业领导的个人喜好或网络管理技术人员的个人偏爱来左右策划者

这是很多企业中存在的问题。要知道企业网站不是建给自己看的个人网站，而是用来进行公共关系宣传，传播企业文化和品牌的，所以网站的策划应该是围绕顾客的需求来实施。有人调查后发现，凡是企业领导或企业网络技术人员参与过多的网站，基本上效果不是很理想，而那些全权委托给公共关系公司公关人员制作的企业网站基本上都非常成功。企业网络技术人员虽然了解一定的网络知识，但从其视野知识面等各方面来说都比较欠缺，思维比较容易个人情绪化，这对企业的发展是不利的。

2. 不经调研匆匆上马

有的企业想到建网站会恨不得几天之内把网站建设好，这种急功近利的心态对企业网站建设很不利。企业网站建设应该有长期的规划和打算，如资金投入预算、人力投入等，并给公共关系网站策划公司一定的调研时间，策划公司也应该和企业多沟通。

3. 企业领导畏惧互联网，全权交给手下去做

这种敢于放权的做法是好的，但如果企业领导不去关心了解互联网，没有全局观念，公共关系网站和企业传统生产营销就会脱节，不利于企业信息化和公共关系建设。

**【思考题】**

1. 网络公关有哪些优势？
2. 网络公关的特征是什么？它与传统公关有哪些区别？

3. 公关网络应如何策划？

4. 你认为网络公关在以后能在哪些领域发挥优势？

【案例】

## 网络流言攻防战

“请将这封信转寄给你的朋友！”、“千万别去这家店！”每天打开电子信箱，都可以收到一堆这类转寄信件。网站讨论区里，也有不少这种类型的文章四处流传。

两年前，一小群人在英代尔相关讨论群中抱怨Pentium芯片有瑕疵，英代尔没有及时回应，造成数百万美元损失。在台湾，一封指称娇生公司出品的女性卫生用品，材料容易长虫，会使得女性子宫遭啃食的电子邮件，造成该产品被迫全面回收并停止生产。

“这是个平民发声的时代”，原本从事风险投资业的邱柳荣，今年初与弟弟成立“八卦王”（www.8king.com.tw）民意网站，就是看到一个有别于过去媒体的力量，而决定投入网络创业行列。

**发声权的转变**

“我们在创造新的沟通管道”，董事长邱柳荣说，“流言或八卦的传播其实是企业经营的警讯”。过去媒体是由少数记者编辑所控制，加上社会给予消费者的支持力量还不够强，民众也很害怕跟所谓的大企业沟通。但事实上很多看似不起眼的抱怨或情绪反应，都可能会是企业危机的引爆点。

邱柳荣举前阵子网络上传出某KTV按服务铃要多收费一事为例，业者在“辟谣”的同时，应该回去检讨是不是收费制度出现问题，或者是服务态度不佳。从人的心理，一定是接到讯息的人也曾有过类似经验，讯息才会如此快速流传。

由于网站名称及经营符合现实潮流，成立之初，占尽宣传优势。邱柳荣不否认取名为“八卦王”，是为了初期行销考量。他表示，在茫茫网海，必须要有很清楚的诉求点，才能吸引大众目光，而“八卦王”正好可达到这样的效果。但“八卦”一词带有负面的含意，所以只是初期吸引网友的一种经营手段。

为能够永续经营，八卦王第一个八卦频道运作稳定后，另外规划了政治王、体育王、财经王、生活王等八个不同种类的频道，以议题取向来建立社群。短期之内，广告会是重要收入来源。

生产民生用品，并以行销见长的宝侨公司（Procter&Gamble），公关经理胡馨如提醒业者，加强企业与消费者的沟通固然是件好事，但在鼓励网友发言的同时，是否能兼顾企业方面的反应，将会影响广告主刊登网络广告的意愿，“企业不会愿意花钱砸自己招牌”。

**掌握时效的网络公关**

有人替网友打抱不平，但也有人试图为企业解套。学法律的赖国钦，找来资工出身的张立杰、学管理的王雯玲等人，以极低的资本筹设了一个“谣言澄清中心”网络公司替企业进行“网络公关”。

一般公关所做的事，不外乎几项：新产品上市时，举办活动创造产品利基；或是在公司遭受危机时，发动不同的管道，争取扭转劣势的机会，最终目的就是为了与消费者之间建立起良好的沟通管道。

网络公关与过去所做的事有何不同？“谣言澄清中心”首席执行官赖国钦说，基本的精神不变，不过谣言澄清中心会特别着重在网络谣言的危机处理，因为网络公关要求的时效性比以往更高，与消费者的沟通更密切，网络公关不再像以前比的是媒体把脉，扭转形势的关键是在对网络熟悉度及时间的掌握上。“谣言澄清中心”在作法上将通过发行网络电子报、与网络媒体结盟及电子邮件网络的方式，建立企业的防护网。

曾经与“谣言澄清中心”接触过的IPO2创晔公司首席执行官苏彦豪指出：“网络公关的模式的确有吸引力，但当面对企业危机时，企业会希望产生媒体综效。”如何掌握其他传统媒体的力量？这是“谣言澄清中心”未来必须加强的部分。

楷模公关副总经理黄兆慧则认为，公关工作不仅仅是在事后补救，更要求事前预防，这必须与企业的品牌管理做密切的配合，创造消费者对品牌的信任度，才是解决谣言问题的根本之道。

从BBS、电子邮件到网站的讨论区，数字时代里的公共关系中，企业、公关人员与消费者，都共同面对一个讯息复杂的环境。如何在不同的网络疆界里，找到一个彼此都能共鸣的对话点，减少不必要的困扰，正考验着大家的智慧与良心。

资料来源：数字时代网，http：//www.bnext.com.tw

# 参　考　文　献


[1] 陈文江，何云峰主编．智者的公关．上海：上海交通大学出版社，2001

[2] 陈晓剑．企业形象设计．合肥：中国科学技术大学出版社，1993

[3] 丛杭青．公关礼仪．上海：东方出版社，1995

[4]（美）丹尼斯·威尔科克斯．公共关系的战略与战术．北京：解放军出版社，1992

[5] 范铧远，张晓舟，贺玲等．公共关系．成都：成都科技大学出版社，1991

[6] 方宪玕编．公共关系教程．杭州：浙江大学出版社，2000

[7] 冯兰．公关训练．武汉：武汉大学出版社，2003

[8] 干勤．对公共关系效果评估若干问题的探讨．西南民族学院学报·哲学社会科学版，2000，8

[9] 国家职业资格工作委员会公共关系专业委员会．公关员职业培训和鉴定教材．上海：复旦大学出版社，1999

[10] 寒波．中国脱口五人秀．广州：广东旅游出版社，2000

[11] 何修猛．现代公共关系学——理论与技巧．上海：上海复旦大学出版社，2002

[12] 侯平．公共关系学．北京：中国社会出版社，1999

[13] 胡锐，边一民．公共关系策划．杭州：浙江大学出版社，1997

[14] 黄番娇等著．公共关系学．北京：高等教育出版社，1991

[15] 黄顺力，朱仁显．现代公共关系学．厦门：厦门大学出版社，2001

[16] 黄兆龙．新编公共关系学．北京：群众出版社，1991

[17] 惠宁．企业公共关系传播理论分析．西北大学学报（哲学社会科学版），2000，8，第30卷，第3期

[18] 惠宁，霍丽．公共关系——塑造形象的艺术．西安：陕西人民出版社，1994

[19] 纪华强，杨金德．公共关系的基本原理与实务．厦门：厦门大学出版社，1999

[20] 金正昆．现代商务礼仪教程．北京：高等教育出版社，1996

[21] 居延安主编．公共关系学．上海：复旦大学出版社，2001

[22]〔英〕克里斯·迪尔登著．罗薇华译．组织管理决策．上海：远东出版社，1998

[23] 李道平等．公共关系策划．北京：中国商业出版社，1997

[24] 李兴国．公共关系实用教程．北京：高等教育出版社，2000

[25] 李元授．现代公共关系艺术．武汉：华中科技大学出版社，2002

[26] 廖为建．公共关系学．北京：高等教育出版社，2000

[27] 刘建宏．公共关系理论与实务．北京：中国广播电视出版社，2002

[28] 刘克鉴．中外企业家经营之道400例．西安：陕西科学技术出版社，1992

[29] 罗刚．公共关系学原理．合肥：安徽人民出版社，1989

[30] 彭彦琴，江波．广州：暨南大学出版社，2002

[31] 王璞，程山著．营销管理咨询实务．北京：中信出版社，1999

[32] 汪秀英．公共关系学原理与应用．北京：中国商业出版社，1991

[33] 王泽应等．公关礼仪学．武汉：中南工业大学出版社，1998

[34] 吴建勋，于建华，丁华．公共关系案例与分析教程．北京：中国物资出版社，2002

[35] 熊源伟．公共关系学．合肥：安徽人民出版社，1997

[36] 熊源伟，许晨，余明阳等．公共关系策划．广州：中山大学出版社，1991

[37] 杨爱花，苗长川主编．现代市场营销管理．北京：清华大学出版社，北方交通大学出版社，1999

[38] 杨乃定．论企业集团识别体系．管理现代化，1992

[39] 翟年祥，丁乐飞．公共关系．合肥：安徽大学出版社，2001

[40] 翟向东主编．中国公共关系教程．北京：中国商业出版社，1994

[41] 张德，吴剑平．企业文化与CI策划．北京：清华大学出版社，2000

[42] 张践．公共关系——从理论到实务．北京：人民出版社，2003

[43] 张克非．公共关系学．北京：高等教育出版社，2001

[44] 周建波著．营销管理——理论与实务．济南：山东人民出版社，1998

[45] 周业峰．公关效果评估方法介绍公关（台湾），第37期，2000，4：32~35

[46] 李兴国．公共关系概论．北京联合大学应用文理学院网，http：//www.ygi.edu.cn/

[47] 匿名．公关策划小议．中国智慧城网，http：//www.zhcchina.com/

[48] 福建师范大学网络教育学院．公共关系课程．http：//www1.fjtu.com.cn/

[49] 高厚礼．公共关系中的公众心理．http：//gljx.sdut.edu.cn/

[50] 李柠．现代商务礼仪与就业指导．中华礼仪网，www.zhlyw.net/

[51] 匿名．人际交往的心理效应．沈阳安得思坦心理健康网，http：//www.7018.com/

[52] 匿名．人际交往之禁忌．心理健康社区网，http：//www.xntc.edu.cn/

[53] 匿名．人际交往心理因素分析．教育网网站联盟．http：//202.113.65.129/

[54] 匿名．人际交往的技巧．晨洲名学研究工作轩．http：//www.woducom.com/

[55] 新华网．人际交往的技巧．http：//big5.xinhuanet.com/gate/big5/news.xinhuanet.com/

[56] 进行成功的人际交往．郑州网站制作．http：//www.cn－21.com/

[57] 克服人际交往中的心理障碍．宁波教科网，www. zgmr. com/

[58] 人际交往的技巧．http：//info. hqu. edu. cn/

[59] 陈伟．大学生心理健康之我见．中国心理教育网，http：//www. 39. net/

[60] 卢谕纬．网络流言攻防战．数字时代网，http：//www. bnext. com. tw/

[61] 作者未知．网站策划的误区．中国网络传播网，http：//www. 6mj. com/net/

[62] 作者未知．网站 CI 形象设计．中国网络传播网，http：//www. 6mj. com/net/

[63] 作者未知．建网站需要策划吗．中国网络传播网，http：//www. 6mj. com/net/

[64] 梁春晓．从传统优势到网上优势．中国网络传播网，http：//www. 6mj. com/net/

[65] 作者未知．网络公关．阿闲营销网，http：//www. axian. cn/

[66] 杜娟．直面网络公关——企业网络公关的基础理念与策略．中华传媒网，http：//academic. mediachina. net/

[67] 作者不知．e 公关发挥无可替代的作用——网络公关的魅力．新浪网，http：//www. sina. com. cn/

[68] 匿名．e 公关来了．网易网站，www. 163. com/

# 后　记

本教科书是在十分短暂的三个月时间里，在各位编者的共同努力下，编撰而成的。能够在这么短的时间里完成书稿并与读者见面，是各位编者辛勤劳动的结果。公共关系不仅是一种管理理论，更是一种管理实践。诸多优秀的组织都将公共关系活动的开展作为塑造本组织形象、赢得社会支持和信赖的重要工作内容。作为高职高专的学生应该学好这门课，将来更好地为社会各类组织的公共关系工作服务。

本教科书本着实用、简明、易懂、科学的精神精心编撰，从体系来看，分为两大部分，前半部分共分为四章，主要是介绍公共关系的基本理论，后半部分共八章，主要是讲解一些典型的公共关系实务。因此，本教科书既具有理论性，又具有实战性。

本教科书在撰写过程中，得到了合肥工业大学出版社领导的指导、鼓励、支持和鞭策，得到了安徽省部分高职高专公共关系课程任课教师的大力支持。本教材各章的编撰人员主要是：第一章（吴丽兵，段凤伟），第二章和第三章（李静），第四章、第五章和第六章（周彬），第七章（钟云霞），第八章（王静），第九章（葛为群），第十章（白云），第十一章（闻学），第十二章（罗金辉）。全书由吴丽兵、李静拿出编写计划和最终统稿，刘志迎教授负责审阅，并为本书作序。在此对以上相关支持者和编撰人员表示衷心的感谢。

在本书的撰写过程中，参阅了大量的国内外研究资料、有关论著以及众多网站上的资料，吸收了关于公共关系问题的研究成果，对这些作者和网站的资料收集者和提供者表示衷心的感谢，是您们的研究成果为本教科书的编写提供了坚实的基础。

由于编者水平有限，编写时间仓促，难免有很多不成熟的观点和粗糙之处，敬请有关专家和读者雅正并多提宝贵意见，以便于进一步修订。

合肥工业大学<br>吴丽兵<br>2004 年 8 月 28 日